박상효의
영문법 콘서트

English
Grammar
Concert

- 웹사이트: julienglish.com
- 네이버 카페: cafe.naver.com/satcafe
- 네이버 블로그: chelsea4u.blog.me/
- 브런치: brunch.co.kr/@julien
- 카카오페이지: page.kakao.com에서 '박상효' 검색
- 유튜브: 줄쌤튜브 - 박상효의 영어 공부방(youtube.com/@julientv)

박상효의
영문법 콘서트

English Grammar Concert

박상효 지음

BM (주)도서출판 성안당

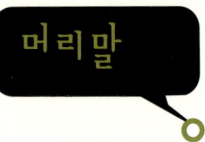

P.R.E.F.A.C.E.

'박상효의 영문법 콘서트'가 새롭게 단장하여 개정판으로 다시 인사를 드리게 되었습니다. 2010년 3월에 처음 출간되어 8년이란 시간 동안 별다른 홍보 없이도 꾸준히 베스트/스테디셀러의 자리를 지킬 수 있었던 것은 많은 분들의 공감과 지지 덕분이었습니다. 머리말을 빌어 온오프라인의 여러 학생들, 그리고 독자 분들께 깊은 감사를 드립니다.

오랜 시간을 영어권에서 생활하며 영어에 대한 노출을 엄청나게 늘리지 못하는 상황에서 모국어인 우리말의 개념과 원리가 자리잡은 한국인의 두뇌가 낯선 외국어인 영어의 개념이나 원리를 그냥 저절로 깨닫기는 매우 어렵습니다. 안타깝게도 양질의 영어는 담겨 있으되, 영어가 모국어가 아닌 한국인에게 왜(WHY) 그런지를 알려주고 그래서 어떻게(HOW) 해야 하는지를 가르쳐주는 교재들이 드물기에, 저는 그것을 저와 제 수업의 몫으로 짊어져 왔습니다. '박상효의 영문법 콘서트'는 단순히 문법 사항을 전달하는 것이 아닌 우리말과 영어의 차이와 이를 이해하고 소화하는 시각을 다루는 제 강의 내용을 활자로도 접하기 원하는 분들의 목소리로 인해 태어나게 되었습니다.

'영문법 콘서트'는 세세하고 구체적인 문법 사항을 백화점처럼 갖춘 '문법 교재'가 아닌, 전체적인 영어 능력의 향상을 위해 필요한 개념과 감각을 문장 구조라는 측면에서 풀어나간 이야기책에 더 가깝습니다. 우리가 동화를 읽으면서 캐릭터나 서사구조의 분석보다는 감동과 교훈이 먼저 다가오듯, '영문법 콘서트'를 통해 문법 규칙보다는 영어 문장 구조에 대한 큰 그림과 감각을 잡으실 수 있기를 바랍니다. 이것이 제가 '영문법 콘서트'를 쓴 이유이자 목적입니다.

다만 책 곳곳에 문법 용어나 규칙 등이 언급되어 있는데 어디까지나 기존에 들어왔거나 앞으로 마주칠지도 모르는 어려운 명칭이나 문법 사항들이 바로 이것이라는 것을 알려드리기 위한 편의상 혹은 참고용의 부연일 뿐, 절대로 핵심적인 사항이거나 암기해야 할 내용은 아닙니다.

  그리고, 본 내용에 앞서 학생들이 각 단계별로 구체적으로 어떻게 공부하고 방향을 잡아가는가에 대한 지침(How to Study)를 적었는데, 대한민국 영어 학습자들의 대표적인 질문인 '영어 잘 하려면 어떻게 해야 하나요?'에 대한 한가지 답이 될 수도 있을 것 같습니다. 모쪼록 공부하시는 데에 도움이 되기를 바랍니다.

  학생들을 만나는 것은 제게 항상 설레는 기쁨입니다. 오프라인과 온라인 강의에서의 수업은 물론이고, 인터넷 사이트(julienmethod.com & julienglish.com)와 카페(cafe.naver.com/satcafe) 및 블로그(chelsea4u.blog.me & brunch.co.kr/@julien) 등을 통한 학생들과의 교감과 소통은 제게 항상 중요한 의미로 다가옵니다. '영문법 콘서트'를 통해 맺게 된 인연들 또한 이러한 채널들을 통해 계속 꾸준히 이어지기를 바랍니다. 책에 대한 소감은 물론 내용 관련 질문 등에 대한 문은 언제나 열려 있습니다.

  끝으로 이번 '영문법 콘서트' 개정판에 대한 도움은 물론, 오랜 세월 동안 인연을 이어오면서 여러 강의와 원고마다 제게 많은 영감과 보람을 선사해 온 학생인 김아름(Lucy)님께 감사의 인사를 남깁니다. 그리고, 무엇보다 제가 계속 강단에 서고 책을 써야 하는 이유를 끊임없이 상기시키고 부여해 주시는 한 분 한 분의 학생 모두에게 이 책으로 얻을 수 있는 모든 영광을 돌립니다.

박상효 Julien Sanghyo Park

C.O.N.T.E.N.T.S

CHAPTER 01 '원래 그래요'와 '지금만 그래요' – 문장과 현재시제 ... 13

00. 동사가 없으면 문장이 안 돼! ... 14
01. be동사는 문장 해결사 ... 17
02. 원래 그런 건 동사도 원래 그대로 (Present Simple, 단순현재) ... 22
03. 얼마나 자주(Frequency Adverbs 빈도부사) ... 25
04. (be) -ing는 지금에 집중 (Present Continuous, 현재진행형) ... 28
05. -ing와 그냥 동사 (Present Continuous vs Present Simple vs 현재진행형과 단순현재 시재의 구분) ... 31
06. 그림이 되고 안 되고 General vs Specific(Action Verbs vs Non-Action Verbs) ... 33

CHAPTER 02 '했다'라고 다 똑같은 '했다'가 아니다. – 과거와 완료 ... 37

07. 시간이 뒤로 물러나요(Past Simple 단순과거) ... 38
08. 집중은 과거에서도 (Past Continuous 과거진행형) ... 41
09. 과거를 말하는 또 다른 방법, have p.p. (Present Perfect 현재완료) ... 43
10. 사람이 죽고 사는 have p.p. ... 45
11. 시제와 쿵짝이 맞는 표현들 ago, since, just, yet ... 49
12. 결과보다 과정, have been -ing (Present Perfect Continuous 현재완료진행형) ... 53
13. 시간이 한 번 더 뒤로 물러난 had p.p. (Past Perfect 과거완료) ... 56
52

CHAPTER 03 어떤 미래인지 말하라! – 미래 ... 59

14. 정해진 미래 be+-ing future ... 60
15. 징조가 보이면 be going to V ... 63
16. 막연한 미래, will ... 67
17. 현재시제로 표현하는 미래 (Simple Present for Future) ... 70
18. 그때까지는 다 해 놓을게, will have p.p. (Future Perfect) ... 73

CHAPTER 04 분위기를 잡아라 – 조동사 ... 80

19. 자신있다면 must, 아님 말구 might ... 81
20. 할 수 있다! can (가능성과 능력의 can) ... 85
21. 살짝 태도가 물러선 could와 might ... 89
22. 의무감이 팍팍, must와 have to ... 92

23. 이러는 게 낫지 않겠니? should ... 95
24. 과거지만 ~ed를 못 쓴다고? (must have p.p., should have p.p., etc.) ... 98

CHAPTER 05 영어의 상호 작용 - 능동태와 수동태 ... 102

25. 대상을 의식해봐, 자동사와 타동사 ... 103
26. 입장 바꿔 생각해봐, Active(능동) vs Passive(수동) ... 106
27. 자동사와 타동사는 외워야만 하나요? (Transitive vs Intransitive) ... 111
28. 행위의 대상이 두 개면? : Direct Object와 Indirect Object ... 114
29. 왜 영어에는 '태어나다' 란 동사가 없을까? ... 117
30. 응용 : -ing냐? p.p.냐? ... 120

CHAPTER 06 문장의 실제와 응용 - It과 의문문 ... 124

31. 큰머리가 싫으면 가주어 It ... 125
32. 의문문 만들기 ... 127
33. '왜'를 왜 why라고 하지 않나? ... 130
34. 영어는 깔끔한 게 핵심이다 ... 133
35. 대꾸만 잘해도 대화가 된다: "So do I.", Tag questions, etc. ... 136

CHAPTER 07 문장이 길어진다 - 문장 구조, 동사, 부정사, 분사 ... 139

36. 영어의 뼈대와 접착제 ... 140
37. 동사로 살붙이기, to V vs -ing ... 143
38. 편리한 접착제 to ... 148
39. 접착제로 붙인 문장에 대상이 필요해 ... 151
40. that으로 살붙이기 154
41. 말 좀 제대로 옮기라구! (Reported Speech 간접화법) ... 157

CHAPTER 08 그림을 그려라 - 명사와 대명사 ... 161

42. 그릴 수 있겠니? (Countable vs Uncountable 셀 수 있는 명사/셀 수 없는 명사) ... 162
43. 하나와 여럿 (Singular vs Plural 단수와 복수) ... 166
44. 틀에 담아 보자 (Measurement) ... 170
45. 더 말 안 해도 알지? the ... 172

46. 그림이 되다가 말다가 : school, prison, bed… 177
47. 아… 반복하기 싫어 (Pronouns 대명사) 180
48. 손가락으로 꾹꾹 눌러서 집어주기 : this, that, these, those 183
49. 그 단어만은 제발 입에 담지 말아 주세요 one/ones 187

CHAPTER 09 정확하게 그려주자 – 한정사 189

50. 많거나 혹은 적거나 : many, much, a few, a little 190
51. 확실한 것과 의심스러운 것 : some, any 193
52. 딱 잘라 말해서 '없어' : not any, no~ 196
53. '모두' 가 다 '모두' 가 아니다 : all, every 199
54. 범위를 잡아다오 : most, some, none 202
55. 커플은 커플좌석으로 가주세요 : both, either, neither 205
56. 다른 놈들은 어떻게 말할까? : other, another 208

CHAPTER 10 컬러로 말해요 – 형용사와 부사 211

57. 명사용 스티커, 형용사 (Adjective) 212
58. 다용도 스티커, 부사 (Adverb) 215
59. 장식도 순서가 있다 : place + time 219

CHAPTER 11 좀 더 선명하게 말해요 – 비교와 정도 223

60. 둘이면 비교하게 돼 (Comparative 비교급) 224
61. 셋 넘으면 누가 일등인지 궁금해 (Superlative 최상급) 227
62. 기준을 두고 비교하기, as 230
63. 제대로 비교하라 232
64. 딱 좋은 enough와 과도해도 좋지 않은 too 236
65. 도대체 어느 정도란 말야? : so, such 239

CHAPTER 12 명사를 붙여 주는 접착제 – 전치사 243

66. 경계선과 틀의 in 244
67. 닿았으니 이어지네요 on 248

68. 덩어리나 점 at — 251
69. 시간 접착제 정리 (1) — 255
70. 시간 접착제 정리 (2) — 258
71. 위치 접착제 정리 — 261
72. 정지 vs 이동 — 265
73. 힘과 수단 — 269
74. 다양하게 쓰이는 접착제 of — 272
75. 우리는 한 몸이다 : 구동사 (Phrasal Verbs) — 274

CHAPTER 13 문장과 문장의 흐름 – 접속사와 가정법 — 277

76. 이어주는 친구들 : and, but, or, etc. — 278
77. 묶어주는 친구들 : when, until, as soon as, etc. — 281
78. 이유와 목적을 밝혀라! : to, for, because, so — 284
79. 그럼에도 불구하고 : although, despite, etc. — 287
80. 더하고 덧붙이고 : in addition, furthermore, etc. — 290
81. when과 친구들 — 292
82. 포장지 없이 묶어주기, -ing phrase (분사구문) — 295
83. 두고 보면 알 일이다 (가정법 1) — 299
84. 그저 상상일 뿐 (가정법 2) — 302
85. 타임머신만 있다면… (가정법 3) — 305
86. 다양한 '만약' 표현들 : in case, etc. — 308

CHAPTER 14 좀 더 세련되게 말하기 – 관계대명사, 관계부사, 도치 — 311

87. 형용사가 너무 길다 (Relative Pronoun 관계대명사) — 312
88. 접착제를 잘 골라야 잘 붙는다 (Relative Connectors 접속사) — 315
89. 문장을 업그레이드하라! (Relative Clauses 관계사절 1) — 319
90. 콤마로 추가 설명 (Relative Clauses 관계사절 2) — 322
91. 뒤집고 엎어서 분위기를 전환하자 (Inversion 품사 전환과 도치) — 325

How to study

영어의 시간 개념 기르기 3 Steps

STEP 1 말할 때마다 항상 '동사'부터 의식하려고 노력하세요. 우선 머리 속에 '영어 동사 회로'를 만드는 것이 중요합니다.

STEP 2 동사를 의식하기 시작했다면 이제 거기에 '시간' 개념을 더하세요. 영어 동사 회로가 영어의 시간 개념대로 돌아간다면 영문법 절반 이상을 끝낸 것이나 다름없습니다. 항상 '기준 시간'을 생각해 보시고, 그것이 바로 입에서 '동사의 모양'으로 나올 수 있게 연습에 연습을 거듭하세요.

STEP 3 머리 속에 항상 '그림'을 그리세요. 말하고자 하는 문장의 내용을 시각적인 그림처럼 구체적으로 떠올리세요. 그림이 쉽게 그려지는 경우도 있고, 그렇지 않을 때도 있을 거예요. 그림이 그려지고 안 그려지고를 구분하는 것도 두뇌의 영어 회로 만들기에 중요한 작용을 합니다. 습관처럼 머리속에 그림을 그리면서 말하세요.

영어답게 말하기 2 Steps

STEP 1 동사의 형태를 그냥 암기하지 말고 느낌으로 소화하세요. -ing는 집중, 그리고 구체적이고 선명한 그림입니다. ~ed 또는 p.p.는 시간상 뒤로 한 걸음 물러나고 선택권도 없어요. 문장을 듣거나 보자마자 이러한 느낌을 자동적으로 떠올리고, 말하거나 쓸 때에 이러한 느낌대로 문장이 나오는 것이 바로 영어를 모국어처럼 말하는 첫걸음입니다.

STEP 2 영어는 깔끔하고 간결함이 특징입니다. 무조건 어렵고 복잡하게 말하려 하지 말고 깔끔하면서 의미가 명확하게 전달될 수 있는 데에 중점을 두세요. 이것만으로도 영어를 영어답게 말하는 기본기 하나가 확실하게 완성될 수 있습니다.

스스로 말할 수 있는 힘 기르기 2 Steps

STEP 1 항상 먼저 뼈대를 세우고 살을 붙이세요. 끝까지 들어봐야 안다는 우리말과 달리 영어 문장은 중요 뼈대가 먼저 오고 그 다음에 살들이 딸려 옵니다. 첫눈에 좌악 전체적인 설계도가 펼쳐져야 한다고 생각하세요. 그리고 거기에 하나 하나 자세한 사항들을 심어 넣는 겁니다.

STEP 2 구체적인 그림과 반복을 피하는 영어의 특징을 문장의 여러 요소에도 확대해 보세요. 왜 그런지를 알고, 납득하고, 그래서 나도 자연스럽게 거기에 따를 수 있게 되면, 암기하고 있는 문장만 말할 수 있는 단계를 넘어 스스로 자연스럽게 말을 만들 수 있는 힘이 갖춰집니다.

네이티브처럼 세련되게 말하기 3 Steps

STEP 1 구체적인 그림 떠오르기가 어느 정도 자리잡았다면 이제 영어의 숫자 개념을 새기세요. 단순하게 셀 수 있고 없고, 하나, 둘, 셋…이 아니라 거기서 비롯된 여러 가지 원어민의 표현 방식을 이해하고 따라보는 거죠. 영어에선 둘일 때와 둘 이상일 때의 얘기가 다릅니다. 머리속에 이 다른 그림이 그려지고 있나요?

STEP 2 이제 길고 구체적으로 말하는 연습을 해봅시다. 영어에서 말하는 구체적인 의미 표현이 무엇인지, 그리고 영어적 논리 전개가 어떤 것인지 알아보고 거기에 도전해 보세요. 이전에 배운 것들이 탄탄하다면 의외로 쉽게 할 수 있습니다.

STEP 3 이제 그 동안 다져온 영어의 감각들을 총동원하여 나의 말로 표현해 봅시다. 한 번에 하나씩이 아니라 동시에 본능처럼 느낌으로 한번에 내뱉을 수 있도록 훈련하세요. 가장 어려운 고개지만 이것만 넘는다면 여러분은 이제 자신있게 영어의 바다를 항해할 수 있는 선원의 기본 자질을 갖추었다고 할 수 있습니다.

English Grammar Concert

CHAPTER 01

'원래 그래요'와 '지금만 그래요' –
문장과 현재시제

00. 동사가 없으면 문장이 안 돼!
01. be동사는 문장 해결사
02. 원래 그런 건 동사도 원래 그대로 (Present Simple, 단순현재)
03. 얼마나 자주(Frequency Adverbs 빈도부사)
04. (be) –ing는 지금에 집중 (Present Continuous, 현재진행형)
05. –ing와 그냥 동사 (Present Continuous vs Present Simple vs 현재진행형과 단순현재 시재의 구분)
06. 그림이 되고 안 되고 General vs Specific(Action Verbs vs Non–Action Verbs)

00 동사가 없으면 문장이 안 돼!

English Grammar

대충 의미가 통한다고 모두 말이 아니고 문장이 아닙니다. 우리말도 그렇지만 영문법에서 문장의 개념은 '말'이 되는 매우 중요한 첫걸음에 해당합니다.

영어에서의 '문장'이 갖는 기본적인 틀은 다음과 같습니다.

> 문장(sentence) = S(subject, 주어) + V(verb, 동사)

단순히 단어만 늘어놓는 것이 아닌, 의미가 전달되는 '말'을 '문장'이라고 하며 이렇게 '문장'이 되도록 해주는 틀 혹은 모양새가 바로 '문법'입니다.

대부분의 문장은 위와 같이 한 개의 주어와 한 개의 동사를 기본 틀로 하고 있습니다. 좀 더 쉽게 말하면 '~는 ~다'라고 할 수 있는데, 일단 이 모양을 갖추면 '문장' 즉 '말'이 되는 것이죠. 이 중에서도 중요한 부분은 동사(verb)입니다. 따라서 문장인지 아닌지 판단할 수 있으려면 문장 중의 단어가 동사(verb)인지 아닌지부터 알아야겠죠? 동사처럼 보이지만 동사가 아닌 단어들이 더러 있거든요. 그럼 다음은 문장일까요?

Tom late.

Tom과 late이라는 두 단어로 되어 있어 아주 짧지만, 길다고 해서 문장이고 짧다고 문장이 될 수 없는 것은 아니에요.. 일단 분석해 봅시다. Tom이라는 주어는 있고, late는 '늦었다'는 의미로 동사니까 맞는 것 같다고요? 틀렸습니다. 문장이 아닙니다. late는 우리말로 해석했을 때 '~다'로 끝난다고 착각하게 되지만 동사가 아니라 형용사입니다. 따라서 문장이 될 수 없죠. 자신 있게 문장이라고 판단했다면 흔히 '동사' 자체를 못 알아봐서 아예 문장을 이해하지 못하거나 실수를 하는 경우입니다.

그럼 '동사'는 어떻게 알아볼까요? late가 동사가 아니라니, 그럼 어떻게 알아보냐고요? 우선 시간과 노력을 좀 들이셔야 합니다. 단어에 대한 모든 궁금증은 '사전'에 있으니 사전을 가까이 하세요. 영영사전을 보면 대개 단어-발음 기호 다음에 v 또는 n 등의 글자가 쓰여 있습니다. v라고 된 것이 바로 verb, '동사'라는 의미랍니다. 좀 더 빠른 방법으로는 영한사전을 보았을 때 의미가 '~다'로 끝나는 것은 '동사'라고 보면 됩니다. 우리말의 경우 '아름답다' 처럼 형용사도 '~다'로 끝나지만, 영어사전을 보면 동사만 '~다'로 끝나도록 표기되어 있습니다.

late를 확인해 보면 '늦은', '늦게' 등으로 되어 있음을 알 수 있어요. 영어에 좀 익숙한 편이라면 -ing나 -ed를 붙여보세요. 그 모양이 익숙하다면 그 단어는 '동사'에요. 하지만, 영 이상하다면 그 단어는 '동사'가 아닐 확률이 크지요. 그럼 확인해 볼까요? afraid는 동사일까요, 아닐까요? -ing를 붙여보니 어떤가요? 낯이 익은가요? 이런 형태로 써본 일이 없으니 영 이상하죠? 그 느낌이 맞는 거랍니다. afraid는 동사가 아니에요.

동사가 무엇인지 알았으니 이제 동사의 특징을 알아볼까요? 동사의 특징을 알면 동사가 눈에 더 잘 들어온답니다. 우선 동사(verb)는 문장에 따라 모양새가 다양하게 변합니다. 그리고 하나의 동사뿐만 아니라 여러 단어가 뭉쳐져서 하나의 동사 덩어리가 되어 동사 역할을 할 수 있죠.

I <u>study</u> English every day. (동사)

저는 매일 영어를 공부합니다.

I <u>studied</u> English yesterday.. (동사)

저는 어제 영어를 공부했습니다.

I <u>am studying</u> English now.. (동사)

저는 지금 영어를 공부하고 있습니다.

I <u>have been studying</u> English since I was in elementary school. (동사)

저는 초등학교 때부터 영어를 꾸준히 공부해 왔습니다.

study의 모양이 바뀌어 studied가 되기도 하고 심지어 다른 단어들이 붙어 덩어리로 쓰이기도 했는데 모두 동사라는군요. 네, am studying이나 have been studying처럼 단어들이 뭉쳐서 하나의 동사(verb) 덩어리를 이룬 것을 '동사구'라고 하며 문장에서 동사 역할을 합니다. 동사는 문장에서 가장 중요한 뼈대를 이루는 데다가, 이렇게 다양한 모양새와 덩어리로 나타나기 때문에 잘 알아둘 필요가 있습니다. 흔히 영문법의 절반은 '동사'라고 하는 이유도 바로 여기에 있습니다. 그러니 동사를 먼저 배워야 하고 그러면 영어가 한결 쉬워집니다.

동사, 이것만 알고 가자

1_ 문장(sentence)의 기본 틀은 S(subject, 주어)와 V(verb, 동사)이다.
2_ 영어에서 동사는 '~다'로 해석되고 주어의 동작이나 상태를 설명한다.
3_ 동사는 문장에 따라 모양이 변하기도 하고 여러 단어가 붙어 하나의 덩어리를 이루는 동사구로 쓰이기도 한다.

01

English Grammar

be동사는 문장 해결사

> I am human. He's human. We are all human.
> 난 인간입니다. 그도 인간이에요. 우리는 모두 인간입니다.
>
> Birds fly. They don't swim.
> 새들은 날지요. 수영을 하지는 않습니다.

동사는 문장의 척추와도 같죠. 척추가 바로 서야 몸이 서는 것처럼, 동사가 제대로 되어야 문장이 바로 섭니다.

Jenny happy.

Jenny happy.는 문장일까요, 아닐까요? 정답은 '문장이 아닙니다.' 앞에서 (00. 동사가 없으면 문장이 안 돼!) late가 동사가 아니었던 것처럼 happy 또한 동사가 아니란 걸 눈치채셨나요? 그럼 '제니가 행복하다.'라고 문장을 만들려면 도대체 어떻게 해야 하냐고요? Jenny happy. 만으로도 완벽해 보인다고요? '행복하다'라는 동사가 따로 있을까요? 그런 동사는 없습니다. 사전을 암만 뒤져도 '행복하다'라는 동사는 없죠. '제니가 행복하다'라는 의미를 전달하기 위해 필요한 단어는 Jenny와 happy인데, 이것만으로는 뜻은 통해도 문장이 안 된다면, 바로 be동사가 필요한 순간입니다.

● 사전의 기호

v	=	verb 동사
n	=	noun 명사
adj	=	adjective 형용사
adv	=	adverb 부사
prep	=	preposition 전치사
conj	=	conjunction 접속사

Jenny is happy. 제니는 행복하다.

* human [*hjú:mən*]
adj. 인간의, 인간적인
n. 사람, 인간

I human.도 마찬가지죠. '나는 인간'이라고 해서 필요한 단어는 다 있는 것 같지만 동사가 없으니 be동사를 슬쩍 넣어주면 완벽한 문장이 됩니다. 이렇게 의미상 필요한 단어는 다 있는데, 단지 '동사'가 없어 문장이 되지 못하는 경우에 짠~ 하고 등장해서 문장을 완성해 주는 것이 바로 be동사랍니다. be동사는 특이하게도 주어에 따라 모양이 바뀝니다.

I am ...
You are ...
He/She/It is ...
We/They are ...

모양뿐 아니라 be동사의 의미도 문장에 따라 아주 다양해진답니다.

They (그들은) – in the classroom (교실 안)
They are in the classroom. (그들은 교실 안에 **있다**.)
Have you ever ...? (…해 봤니?) – to Spain (스페인으로)
Have you ever been to Spain? (스페인에 **가** 봤니?)
I want to (~하고 싶다) – a doctor (의사)
I want to be a doctor. (난 의사가 **되고** 싶어.)

흔히 be동사의 의미를 '~이다'라고만 알고 있는데, 그러면 위의 문장들을 해석하기가 어렵겠죠? be동사의 의미를 이렇게 문장에 따라 유연하게 적용할 수 있어야 합니다. 실제로 be동사의 뜻이 숨어 있어서 해석상으로는 구분할 수 없는 경우도 있습니다.

I don't want to (난 원하지 않아) + late (늦은)
I don't want to be late. (난 늦고 싶지 않아.)

want to 같은 경우에 to 다음에 반드시 동사를 써줘야 하는데, late는 동사가 아니라 형용사라고 했잖아요. 이런 경우에도 be동사가 그 역할을 해줍니다. 따라서 be동사의 의미는 숨어버린 거죠. 보신 것처럼 be동사는 의미와 해석에 집착할 필요가 없습니다. 단지 동사가 필요한 자리를 매워주는 역할을 한다고 이해하시면 됩니다.

● 이렇게 be동사처럼 주어와 그 뒤에 오는 단어를 이어주는 역할을 하는 동사를 '연결동사(linking verb)'라고 합니다.

자, 이렇게 동사의 역할과 be동사에 대해서 알아봤으니 내친김에 동사가 문장에서 보여주는 모양새까지 알아봅시다. 그래야 실제로 써볼 수 있겠죠? 자동사니 타동사니, 상태동사니…. 이런 저런 동사들의 복잡한 종류들을 많이 들어 보셨을 겁니다. 일단 문장의 모양새를 기준으로 동사를 크게 둘로 나누어 봤습니다.

동사의 종류

	be-type 동사	do-type 동사
○ 일반문장	am, are, is ex I am hungry.	like, eat, run, fly.... ex I like chocolate.
× 부정문	+ not ex I am not hungry.	do + not... ex I don't like chocolate.
? 의문문	V + S? ex Are you hungry?	do...? ex Do you like chocolate?

be-type 동사에는 이미 얘기한 be동사들 외에 can, should, may, will, have(have p.p.에서만) 등이 있는데, 다른 문법책에서는 조동사라고 배우셨죠? 하지만 그런 명칭보다는 우선 각각 독립적인 '의미'를 갖지 못하는 동사들이라고 이해하세요. 예를 들어, I will...만 갖고는 무슨 의미인지 알 수 없잖아요. 그러니 will은 그냥 동사가 아니라 be-type 동사라고 따로 분류한 것입니다.

하지만 do-type 동사들은 의미를 가집니다. I study(난 공부한다), I run(난 뛴

다) 등 보통 '~하다'로 알고 있는 웬만한 것들은 다 do-type 동사라고 보면 됩니다. (do-type 동사를 기존에는 '일반동사'라고 부릅니다.) 아하, 그럼 동사에는 의미를 갖지 못한 be-type 동사와 각각의 의미를 가지고 있는 do-type 동사가 있다고 보면 되는 거군요!

* be type 동사들은 특히 말할 때 압축된 모양으로 자주 쓰입니다.
I am = I'm
You will = You'll

* cannot은 can과 not을 떼어 쓰지 않습니다.

표의 부정문(negative) 부분에서 알 수 있듯이, be-type 동사들은 '아니다'의 의미로 말할 때에는 동사 뒤에 바로 not만 붙여주면 됩니다.

I am happy. → I am not happy.
I can swim. → I cannot swim.

표의 의문문(question) 부분에서 알 수 있듯이, 물어보는 문장을 만들고 싶다면 주어와 동사의 위치를 바꾸어 주면 되죠. 간단하죠?

He is tall. → Is he tall? 그는 키가 커. → 그는 키가 크니?
They are English. → Are they English?
그들은 영국인이다. → 그들은 영국인이니?

'무엇(what)', '언제(when)', '어디서(where)', '누구(who)', '어떻게/얼마나(how)', '왜(why)' 등이 궁금하다고요? 어렵지 않습니다. 일단 질문을 만들고 맨 앞에 이 말들을 붙여주면 됩니다.

Are you late? → Why are you late? 늦었니? → 너 왜 늦었니?
Can I swim? → Where can I swim?
수영해도 돼요? → 어디서 수영할 수 있나요?

그런데 do-type 동사들은 부정문을 만들 때 그냥 not만으로는 안 됩니다. do를 빌려와서 함께 써 줘야 하죠. (그래서 do-type 동사라고 부르죠.) 그리고 동사는 그 뒤에 써주면 부정문 완성!

I get up early. → I do not get up early.
나 일찍 일어나. → 난 일찍 안 일어나.
↳ do not은 줄여서 don't로 쓸 수 있습니다. I don't get up early.

질문의 경우에는 문장의 맨 앞에 Do만 붙여주세요. 너무 간단하죠?

You speak English. → Do you speak English?
너 영어 하는구나. → 너 영어 하니?

what, where 등이 궁금하면 맨 앞에 붙여주기만 하세요.

Does he live ... → Where does he live?
그는 … 사나요? → 그는 어디 사나요?

• do는 he, she 등과 쓰일 때 does로 바뀝니다. 자세한 건 다음 [002 원래 그런 건 동사도 원래 형태로] 참고

여기까지 쉽게 따라 오셨다면 앞으로 남은 문법들도 어렵지 않게 이해할 수 있다는 뜻입니다. 이제 정리하고 다음으로 넘어갑시다.

be-type 동사와 do-type 동사, 이것만 알고 가자

1_ 의미는 통하는데 동사가 없어 문장이 되지 않을 때 동사 자리에 be동사를 쓰면 문장이 완성된다.

2_ 동사는 크게 be-type 동사와 do-type 동사로 나눌 수 있다. be-type 동사는 홀로 의미를 가지지 않는다. do-type 동사는 각각의 의미를 가진다.

3_ be-type 동사의 부정문은 not만 붙이고 의문문은 주어, 동사의 어순만 바꿔준다. do-type 동사의 부정문은 do를 추가하여 not을 붙이고, 의문문 역시 do를 문장 앞에 붙여주기만 하면 된다.

4_ '무엇, 누구, 언제, 어디' 등을 물으려면 be-type 동사나 do-type 동사 모두 의문문 문장 맨 앞에 해당 의문사를 붙여주기만 하면 된다.

02 원래 그런 건 동사도 원래 그대로
(Present Simple, 단순현재)

English Grammar

> I take a shower every morning. 나는 매일 아침 샤워를 한다.
> The earth goes around the sun. 지구는 태양 주위를 돈다.

영어는 '시간'을 매우 의식하는 언어입니다. 우리말에서는 잘 구분하지 않는 시간 개념이 영어에서는 아주 분명하고 엄격하게 구분되는 경우가 많죠. 따라서 우리나라 사람이 영어를 구사하는 데에 있어서 시간을 분명하게 의식하는 것이 영어를 영어답게 구사하는 중요한 열쇠랍니다. 그럼 영어에 이 '시간' 개념은 어떻게 드러나 있을까요? 바로 '동사'에 나타납니다. 문장의 기본 구조 S+V에서 이 동사(V)의 모양새가 문장의 '시간'을 보여주는데요, 이것을 '시제(tense)'라고 합니다. 여기서 먼저 알아둬야 할 것이 있습니다. 동사를 사용하는 방법에는 다음과 같이 크게 세 가지가 있습니다.

- 있는 모양 그대로 사용하는 것 → 보통 '동사원형(base form)'이라고 하죠.
  Birds fly.
- -ing 형태로 사용하는 것 → '현재분사(present participle)'지만 그냥 ~ing로 불러도 돼요.
  A bird is flying in the sky.
- ~ed 또는 p.p. 형태로 사용하는 것 → 동사의 과거형이라고 하는데 그냥 ~ed 형태라고 합시다.
  The bird flew away.
  The bird has flown away. → '과거분사(past participle)'로 보통 p.p.라고 합니다.

이 세 가지 중에서 먼저 '있는 모양 그대로 사용하기'를 살펴봅시다. 그럼 쉽게 설명해 보겠습니다. 예를 들어 집을 하나 바라보는데 멀찍이 떨어져서 보면 그 집만이 아닌 다른 집들까지도 한눈에 들어오잖아요?

이를 시간 그림(time line)으로 다시 표현해보면 아래와 같습니다.

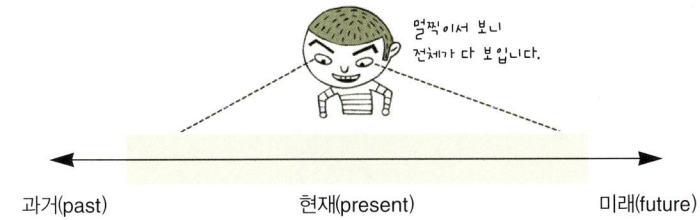

과거(past)　　　　　현재(present)　　　　　미래(future)

이처럼 지금(현재)을 기준으로 하지만 과거나 미래도 포함하여 넓게 바라보는 것이 '단순 현재시제'입니다. 보통 동사를 원래 모양 그대로 사용하므로, 의미도 보통 '원래 그런 것'이라고 보면 대개 맞습니다.

I take a shower every morning.

'(원래) 나는 매일 샤워를 한다.'는 의미이죠. 현재도 샤워를 매일 하지만 예전이나 앞으로도 매일 한다고 생각할 수 있는 거죠.

The earth goes around the sun.

지구가 태양 주위를 도는 건 지금만 그런 게 아니라 예전에도 그랬고 지금도 그러며 앞으로도 그럴 것이죠. 원래 그런 사실로 우리 모두가 알고 있는 것이네요. 이런 경우에도 동사 go를 원래 모양 그대로 씁니다. 이렇게 기준은 '지금'이지만 과거나 미래에도 특별히 다르지 않은 사실을 나타낼 때 '단순현재(present simple)'라고 합니다.

앞에서 be동사는 주어에 따라 모양이 바뀐다고 했죠?(I am/You are/He[She, It] is/We[They] are) 마찬가지로 do-type 동사로 주어에 따라 모양이 바뀌는 경우가 있습니다. S+V에서 V가 원래 모양(현재)을 쓸 때, 주어가 '나(1인칭)'와 '너(2인칭)'를 제외한 제3자(3인칭)의 단수(하나), 즉 he, she, it에 해당하는 경우 동사에 -s를 붙입니다.

• he, she, it 등 3인칭 주어에 따라 동사의 끝에 -s나 -es가 붙는 것을 '3인칭 단수 현재형'이라고 합니다.

동사의 철자에 따라 -es가 붙는 경우도 있으니 주의하세요. 너무나 쉬운 원칙이지만 습관적으로 적용할 수 있으려면 처음에는 의식적으로 3인칭 단수를 구분해서 -s를 붙여 쓰는 연습이 필요합니다.

They get up early. → **She gets up early.**
그들은 일찍 일어나요. → 그녀는 일찍 일어납니다.

부정문이나 의문문을 만드는 경우에도 이 규칙은 적용됩니다. 단, -s/-es를 붙일 때는 맨 먼저 오는 동사에 해주면 됩니다. 그래서 He works hard.의 경우 He doesn't work hard.가 됩니다. 부정문을 만들기 위해 빌려온 do가 먼저 오기 때문에 does가 되는 것입니다. 중복 표시를 할 필요는 없기 때문에 work는 모양이 원래대로 돌아옵니다. 마찬가지로 의문문은 Does he work hard?가 됩니다.

영어는 경제적이라 반복을 피하는 특징이 있어요.

• 동사 변화는 '선착순 하나만'이라고 알아두세요.

단순 현재시제, 이것만 알고 가자

1_ 미래, 현재, 과거에 변함 없이 일어나는 일에 단순 현재시제를 쓴다.

2_ 단순 현재시제의 동사는 주어가 3인칭 단수이면 -s/-es를 붙인다.

3_ 부정문이나 의문문에도 -s/-es를 붙이지만 이때는 먼저 나오는 동사, 즉 부정문, 의문문을 만들기 위해 써주는 do에 붙이면 된다. 본동사에 붙지 않는다.

03 얼마나 자주
English Grammar
(Frequency Adverbs 빈도부사)

영어는 두루뭉술하고 추상적으로 이야기하기보다는 명확하고 구체적으로 말하는 언어입니다. 그래서 듣는 사람이 알아서 이해하기보다는 말하는 사람이 콕 찝어서 자세하게 말하는 방식으로 말합니다.

원래 그런 것에 대해 말하는 방법은 이미 알고 계시죠? (Unit 02 참고) 그런데, 원래 그런 것도 종류가 다 다르답니다.

은주와 철수는 둘 다 아침형 인간입니다. (Eunjoo and Chulsoo are morning people.) 그래서 둘 다 아침 일찍 일어납니다.

Eunjoo gets up early.
Chulsoo gets up early.

그런데, 은주는 늘 일찍 일어나지만, 철수는 그렇지 않아요. 자주 일찍 일어나긴 해도 간혹 늦잠을 자거든요.

예전에도 매일, 요즘도 매일, 그리고 앞으로도 매일 일찍 일어날 것이라 예상되는 은주.
예전에도 자주, 요즘도 자주, 그리고 앞으로도 자주 일찍 일어날 것 같은 철수.

둘 다 일찍 일어나지만, 구체적으로는 좀 다르죠? 정확하게는 '얼마나 자주 (how often)' 그러느냐에 차이가 있습니다. 이를 나타내기 위해, 문장에 꾸며 주는 표현(빈도부사, frequency adverbs)을 더해 줄 수 있습니다.

Always 항상	●	●	●	●	●	●	●
Usually 보통	●	●	●	●	●		
Often 자주	●	●	●	●			
Sometimes 가끔	●	●	●				
Seldom/Rarely 드물게, 어쩌다 한번	●						
Never 결코 …않다. 0번							

일단 문장의 동사에 be (type) 동사가 있으면 이 표현들은 그 뒤에 옵니다.

My room is always clean. 내 방은 항상 깨끗하다.
I'm never late for school. 나는 학교에 절대 늦지 않는다.

문장의 동사가 do type 동사면 이 표현들은 앞에 옵니다.

I usually go to bed before 11:00. 나는 보통 11시 전에 잠자리에 든다.
They seldom watch TV. 그들은 거의 TV를 보지 않는다.

그럼, 위의 은주와 철수에 대해서도 이제 보다 영어답게 자세하게 말할 수 있 겠죠?

Eunjoo always gets up early. 은주는 항상 일찍 일어납니다.
Chulsoo often gets up early. 철수는 자주 일찍 일어납니다.

질문은 빈도부사와 상관없이 동사 타입에 맞춰 의문문을 만들어 주면 됩니다.

Henry is always on time.

→ **Is Henry always on time?** (be 동사와 주어의 자리를 바꿈)

헨리는 항상 제 시간을 지키나요?

You usually have milk in your coffee.

→**Do you usually have milk in your coffee?** (문장 맨 앞에 Do를 더해줌)

커피에 보통 우유를 넣어 드시나요?

부정문의 경우에는 보통은 not 뒤에 빈도부사 표현이 옵니다.

He's not often busy on Fridays. 그는 금요일엔 자주 바쁘지 않습니다.

I don't usually get up before nine on Sundays.

저는 일요일에는 보통 아홉 시 전에 일어나지 않습니다.

• 구어체에서는 종종 문장의 맨 앞이나 맨 뒤에 오는 경우도 있다.]

문장에서의 동사가 be type 인지 do type 인지를 인식하는 것은 말하기에 있어 매우 중요합니다. 기본 문장 구조와 시제를 이야기하는 지금 꾸며주는 말 (수식어)인 '빈도부사'를 잠깐 언급하는 이유는, 이 표현이 동사의 type 에 따라 위치가 달라지는 대표적인 부사이기 때문입니다. 자연스럽게 문장의 동사에 따라 이 표현들의 위치도 자연스럽게 달리 말할 수 있도록 많이 듣고 말해 보세요. 이는 더불어 '단순 현재' 문장을 좀 더 구체적으로, 즉 보다 영어답게 말하게 해 주는 방법이기도 합니다.

빈도 부사, 이것만 알고 가자

1_ 빈도 부사는 문장에서 be type 동사 뒤, do type동사 앞에 온다.

04 (be) -ing는 지금에 집중
(Present Continuous, 현재진행형)

> What are you doing? 너 지금 뭐 하는 거니?
> Shh! The baby is sleeping. 쉿! 아기가 자고 있잖아!

동사에 -ing가 붙으면 두 가지 사실을 기억하세요. '집중'과 '더 이상 동사가 아니다'라는 것입니다. 동사에 -ing 모양이 붙어 있으면 일단 집중한다는 느낌이 듭니다. 무엇에 집중하는 걸까요? 바로 '시간'이죠. 동사를 원래 모양 그대로 썼을 때 시간을 넓게 보던 느낌이, -ing로 표현하면 '한 때에 집중'한다는 느낌을 잡으셔야 합니다. 마치 멀찍이서 보았을 땐 주변에 있는 다른 집들까지 다 보였다가, 제대로 보기 위해 가까이 다가가자 그 집만 보이고 다른 집은 눈에 들어오지 않는 것과 같습니다.

다시 말하면 -ing는 과거와 현재와 미래를 넉넉하게 다 포함해서 보는 것이 아니라, 한 때에만 집중해서 보는 것을 말합니다. '지금'에만 집중하게 된다면 시간 그림으로는 다음과 같이 표현할 수 있습니다.

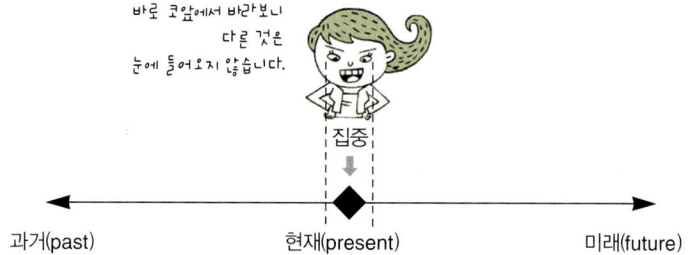

왜 하필 지금에만 집중할까요? '지금'이 특별하기 때문입니다. 과거나 미래와 뭔가 다른 게 있을 때 '지금'만 콕 집어 얘기하는 것입니다. 예를 들어 '지금 식사하는 중'이니 나중에 전화하라고 하는 상황을 생각해 보세요. 밥을 아무리 오래 먹어봐야 몇 시간이 될 리도 없고, 앞으로 몇 시간이 더 걸릴 것도 아닙니다. 과거든 미래든 쭉쭉 뻗어나갈 시간이 못 되는 거죠. 그래서 have dinner라는 표현을 '지금'에 집중하는 표현으로 바꾸면 having dinner가 되는 것입니다. 그런데 원래 동사였던 단어에 -ing를 붙이면 단어의 성질에 변화가 생깁니다. 더 이상 동사가 아닌 거죠. 명사 같이도 될 수 있고, 형용사 같이도 될 수 있는데 우선은 더는 동사가 아니라는 점만 잘 기억해두세요.

그래서 I having dinner.라고 하면 의미상 필요한 단어는 모두 있지만 뭔가 이상합니다. 문장에 '동사'가 없는 겁니다. 이때도 be동사가 들어가서 문장으로 완성해 줍니다. (Unit 01 be동사는 문장 해결사 참조)

I am having dinner now.
저는 지금 저녁식사중이에요.

● 말할 때는 줄여서
I'm having dinner now.

여기서 am은 문장에 없는 '동사' 역할을 해줄 뿐 아니라 '집중'한 시간이 '지금'이라는 것도 알려줍니다. 이렇게 be동사 am, are, is와 -ing가 함께 문장의 '동사' 역할을 하면서, '지금' 시간에 이루어지는 사건이나 활동을 표현하는 것을 '현재진행형(present continuous)'이라고 합니다. 그럼 부정문은 어떻게 만들까요? 현재진행형의 부정이라고 거창하게 생각할 것 없습니다. am, are, is가 문장의 동사로 쓰였으니 be-type 동사의 문장 형식(Unit 01 참조)대로만 하면 되는 것이죠.

I am watching TV. 나는 지금 TV 보는 중이야.
→ I am not watching TV. 나 지금은 TV 보고 있지 않아.

● 말할 때는 줄여서
I'm watching TV.
I'm not watching TV.

의문문도 마찬가지에요. be type 동사의 의문문과 마찬가지로 주어와 be동사의 위치를 바꾸어주면 됩니다.

He is taking a shower. 그는 지금 샤워하는 중이다.
→ **Is he taking a shower?** 걔 지금 샤워하는 중이야?

구체적으로 궁금한 것들(what, where, why 등)이 있다면 문장의 맨 앞으로 보내세요.

● 말할 때는 종종 What are가 What're로 축약되어 발음됩니다. What 발음 뒤에 바로 '으' 또는 '어'와 비슷한 약한 모음 소리가 딸려오는 것과 비슷합니다.

They are doing... 그들은 지금 …를 하고 있다.
→ **What are they doing?** 그들은 지금 뭘 하고 있나요?

am/are/is + -ing는 기본적으로 '지금, 즉 현재'에 초점을 두고 있지만, 좀 더 강조해주기 위해 now, at the moment 등의 표현을 함께 쓰기도 합니다.

The baby is sleeping now. 아기는 지금 자고 있다.
James is working at the moment.
제임스는 현재 근무 중입니다.

-ing, 이것만 알고 가자
1_ -ing는 시간상 '지금'에 집중하는 시제이다.
2_ 동사에 -ing가 붙으면 더 이상 동사가 아니다. 따라서 동사 자리에 오려면 be 동사의 도움이 필요하다.

05

English Grammar

-ing와 그냥 동사
(Present Continuous *vs* Present Simple *vs* 현재진행형과 단순현재 시제의 구분)

영어는 시간에 민감하다고 했죠? 우리말은 시점을 정확히 구분하지 않고 두루뭉술 표현하는 경우가 많죠. 그런데 영어는 심지어 '현재'라고 해서 다 같은 현재가 아니라 과거와 미래도 넉넉히 포함하여 '넓은 시야로 보는 현재'가 있고, 오로지 '지금에만 집중한 현재'도 있습니다. 그래서 그런 엄격한 시제가 반영되는 영어에 대해 우리나라 사람들이 특히 어려움을 느끼는 것이죠.

우리말에선 같은 상황에서 "밥 먹어."라고 하기도 하고 "밥 먹고 있어."라고도 합니다. 뜻에 별 차이가 없어서 엄격하게 구분해서 사용하지 않습니다. 그러나 영어에서는 동사의 모양이 원형(base form)일 때와 am/are/is + -ing일 때 뚜렷한 차이가 있습니다. 만일 have dinner를 그대로 쓰면, 꼭 지금이 아니어도 예전부터 지금까지 그리고 앞으로도 웬만하면 계속 반복되거나 그대로 유지되는 것을 의미합니다.

I have dinner at seven o'clock. 나는 7시에 저녁을 먹는다.
ㄴ 예전, 지금, 앞으로 계속 반복되는 행위

하지만 am/are/is having dinner라고 하면 '지금'에만 해당되는 얘기입니다.

I am having dinner. 나 지금 저녁 먹고 있어.
└, 예전이나 미래와는 상관없이 오로지 '지금' 밥 먹고 있다는 의미

마찬가지로 원래 서울 산다고 말하고 싶다면 영어로 이렇게 표현합니다.

I live in Seoul.

하지만 be -ing를 쓰면 느낌이 좀 달라집니다. 문장을 보면서 생각해보세요.

● 말할 때는 물론
I'm living in Seoul.

I am living in Seoul.

우리말에서는 "서울 살아."와 "서울 살고 있어."를 별 의미 차이 없이 쓰지만 영어에서는 다릅니다. I'm living in Seoul.이라고 말하면 '지금'이라는 시간에 집중하고 있는 것이죠. 즉, '지금' 서울에 살고 있다는 것을 강조하는 말입니다. 우리말로도 "내가 지금은 서울에 살고 있다."고 '지금'에 힘을 주어 말하면 어떤 느낌이 들까요? 아무래도 서울에 사는 시간은 지금에만 한정된다, 즉 곧 어디 다른 곳으로라도 이사 갈 듯한 뉘앙스가 되는 것이죠. 이러한 미묘한 뉘앙스를 이해하고 표현할 수 있을 때 영어가 유창해지는 것이니 많이 연습해 보세요.

be -ing와 단순 현재시제(base form)의 구분, 이것만 알고 가자
1_ be -ing는 시간상 '지금'에 집중하는 표현이다.
2_ 시간상의 구애를 받지 않는 일은 단순 현재시제로 표현한다.
3_ be -ing를 쓰면 지금의 일이고, 단순 현재시제로 말하면 원래 그렇다는 의미이므로 구분해서 써야 한다.

06 그림이 되고 안 되고 General *vs* Specific
(Action Verbs *vs* Non-Action Verbs)

English Grammar

우리말에선 다른 형태의 문장이지만 사실 의미상으론 별 차이가 없는 경우가 종종 있습니다. '알아'와 '알고 있어'를 영어로 옮기면, '알아'는 현재형으로, 그러니까 know의 원래 모양으로 표현하고, '알고 있어'는 진행형, 즉 ing를 붙여 knowing으로 써야 할 것 같죠? 그런데 실제로는 '알아'와 '알고 있어'는 둘 다 영어로 표현할 때 한 가지 형태로만 말합니다.

I know. (O)
I am knowing. (X)

"사랑해."와 "사랑하고 있어."도 마찬가지예요.

I love you. (O)
I am loving you. (X)

영어에서 동사의 원래 모양과 -ing의 차이는 시간을 가까이 다가가 보느냐(집중) 아니냐(전체)의 차이입니다. 다시 한번 복습하자면 She plays the piano. 는 그녀가 원래 피아노를 친다는 의미이죠. 하지만 She is playing the piano.는 지금 그녀가 뚱땅뚱땅 피아노를 치는 모습이 분명하게 떠오르는 묘사입니다. 그러니 평소에 피아노를 친다는 표현과 지금 이 순간 그녀가 피아노를 치고 있다는 표현은 엄연히 차이가 있는 것이죠. 그런데 play 같은 동사와는 달리 know나 love는 원래 그렇건 지금 이순간 벌어지는 일이건 사실 눈으로 확인이 불가능합니다. 가까이 쳐다보나 멀리서 보나 차이가 안 나는 것이죠. 이런 동사들을 좀 더 알아볼까요?

like, love, hate, want, know, remember, think...

● 이런 동사들은 그 동작이 보이지 않는다고 non-action verb라고 하거나 보통 상태를 이야기한다고 해서 상태동사 또는 stative verb라고 부릅니다.

이 동사들의 공통점이 보이세요? 쉽게 말하자면, 머리 속이나 가슴 속에서 벌어지는 인지, 감정 등을 나타내는 동사들입니다. 이런 동사들은 '눈에 분명히 모습이 보이는' -ing 형태를 취하지 않습니다. 그것이 설사 '지금'에 해당하는 일이라 하더라도 원래 동사형 그대로 써야 합니다.

He wants to go home now. 그는 지금 집에 가고 싶어한다.
Now I remember her name! 이제 그녀의 이름이 기억나!

여기서 잠깐! 이럴 때 꼭 묻는 질문이 있죠. I'm loving it!이라는 광고는 그럼 틀린 건가요? 모 햄버거 광고에서 이 대사가 나왔지요. 어라? 분명히 love는 -ing 모양 동사로는 쓸 수 없다고 했는데, 이럴 수가! 사실 영어 단어를 얘는 무조건 뭐, 쟤는 무조건 뭐…. 이런 식으로 외우는 것은 그다지 바람직한 방법이 아닙니다. 철썩같이 이거라고 외우고 있었는데 실제로는 전혀 다르게 쓰이는 경우도 제법 많으니까요.

이 경우도 그렇습니다. 일반적으로 love한다는 건 눈에 보이는 행동이 아니므로 -ing를 안 쓰는 것이 맞습니다. 하지만 예외적으로 -ing가 주는 느낌이나 성격을 적용할 수 있는 경우라면 -ing가 가능하지요. 햄버거 광고에서 광고주가 소비자들에게 바라는 햄버거에 대한 '사랑'은 어떤 사랑일까요? 네, 별 거 없습니다.
그저 그 햄버거를 맛있게 잘 먹어주는 것이죠. 햄버거 가게에서 햄버거를 맛있게 먹는 그런 사랑이라면 눈에 띄잖아요. 그래서 loving을 썼답니다. 마찬가지로 팝송에서도 I'm loving you. 같은 문장이 종종 들리는데, 이것도 '사랑'이 정신적이고 추상적인 그런 감정이 아닌, 눈으로 보일 정도로 열정적인 사랑이라고 생각하면 됩니다.

대개의 팝송에서 말하는 눈에 보이는 사랑은 그럼 뭘까요? 그건 바로 뽀뽀하고 안고 어루만지는 육체적인 사랑인 거죠. 어멋!

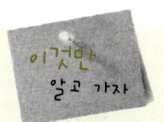

현재진행형이 안 되는 동사들, 이것만 알고 가자

1_ liki, love, hate, want, know, remember, think 등은 일반적으로 -ing를 붙일 수 없는 동사들이다.

2_ 이러한 동사들도 의미를 강조할 때는 예외적으로 -ing형으로 쓸 수 있다.

English Grammar Concert

CHAPTER 02

'했다'라고 다 똑 같은 '했다'가 아니다. -

과거와 완료

07. 시간이 뒤로 물러나요(Past Simple 단순과거)

08. 집중은 과거에서도 (Past Continuous 과거진행형)

09. 과거를 말하는 또 다른 방법, have p.p. (Present Perfect 현재완료)

10. 사람이 죽고 사는 have p.p.

11. 시제와 쿵짝이 맞는 표현들 ago, since, just, yet

12. 결과보다 과정, have been -ing (Present Perfect Continuous 현재완료진행형)

13. 시간이 한 번 더 뒤로 물러난 had p.p. (Past Perfect 과거완료)

07 시간이 뒤로 물러나요
English Grammar
(Past Simple 단순과거)

영어의 동사들은 변화무쌍합니다. 원래의 모양(base form, 동사원형)으로도 잘 쓰이지만, -ing 형태가 되기도 하고, 때로는 ~ed 형태가 되기도 하죠. 이미 -ing에 대해서는 이야기를 했으니까 이번에는 ~ed에 대해서 이야기해 볼게요.

-ing가 한마디로 '집중'이었다면, 동사의 ~ed는 '한 걸음 물러나기'라고 할 수 있습니다. 물러난다니 무슨 말이냐고요? 영어에서 동사와 시간은 뗄래야 뗄 수 없는 사이라고 했잖아요. ~ed는 우선 '시간이 뒤로 물러나는 것'이라고 생각하시면 돼요. 기준 시간인 '지금'에서 물러난다면 그 지점은 어디일까요? 설마 뒤로 물러난다는데 미래로 간다고 거꾸로 생각하는 사람은 없겠지요? 과거로 간다는 의미죠.
한 걸음이 하루만큼이라면 어제가 되겠고, 엄청 큰 걸음이라면 한 달음에 조선 시대로 물러날 수도 있습니다. 어쨌든 지금 자리(현재)는 툭 털어버리고 과거로 가는 것이 ~ed입니다. 다시 말하면 ~ed는 '지금'과는 아무 상관이 없다는 얘기죠.

따라서 말하고자 하는 내용이 '지금'이 아닌 한 걸음 물러난 과거의 어느 한 때라면 동사만 ~ed로 바꾸어주면 됩니다. 마찬가지로 ~ed로 된 문장의 시간 배경은 지금이 아닌 과거의 어느 한 때로 이해하면 됩니다.

I play*ed* tennis yesterday.
└ 시간: yesterday 동사: played

not이 들어간 부정문을 만들어 봅시다. '선착순 하나만' (Unit 02 참조)의 원칙을 기억하면 됩니다. 무조건 맨 앞에 오는 동사가 총대를 매는 거죠. 따라서 I don't play tennis.라는 문장이 '어제'로 간다면 맨 앞에 오는 동사인 don't의 do가 뒤로 물러나는 거죠. do의 ~ed는 did, 따라서 I didn't play tennis yesterday.(나는 어제 테니스를 치지 않았어.)가 됩니다. '선착순 하나만'의 원칙에 입각하여 do만 did로 변하고 play는 원래 모양 그대로 쓴다는 것을 잊지 마세요. 의문문도 마찬가지로 처음 동사 Do/Does가 총대를 매죠.

Do you watch television?
→ **Did you watch television last night?** 어제 텔레비전 봤니?

did처럼 ~ed의 모양이 특이한 동사들이 있는데, 이들을 보통 불규칙 동사(irregular verbs)라고 합니다. 이 동사들은 약간의 패턴이 있기는 하지만 그야말로 불규칙하므로 그저 열심히 반복해서 외우고 익숙해지는 수밖에 없습니다.

● 불규칙 동사의 예
have - had - had
go - went - gone
eat - ate - eaten
run - ran - run

be동사도 불규칙 동사의 대표적인 예입니다.

am/is → was   are → were

be동사의 모양만 바뀔 뿐 부정문과 의문문이 만들어지는 원리는 전혀 달라지지 않습니다.

I am tired. → I **was** tired last night.
나는 어젯밤에 피곤했다.

She isn't late. → She **wasn't** late this morning.
그녀는 오늘 아침에 늦지 않았다.

Is he here? → **Was** he here yesterday?
그가 어제 여기 있었나요?

단순 과거, 이것만 알고 가자

1_ 동사의 ~ed형은 시간이 '지금'에서 과거의 어느 한 때로 물러난 것이다.

2_ 부정문을 만들 때는 don't가 과거형 didn't로 바뀌고 뒤에 오는 동사는 모양이 바뀌지 않는다.

3_ 의문문을 만들 때는 be type 동사의 경우 주어와 동사의 위치를 바꿔 주고, do type 동사일 때는 do/does/did 를 문장(S+V) 앞에 더해 준다.

08 집중은 과거에서도
English Grammar
(Past Continuous 과거진행형)

집중의 -ing를 기억하시죠? 바로 지금 그녀가 노래를 하고 있다면, She is singing.이라고 하죠.

이 '집중'을 그럼 '과거'로 옮기게 되면 어떨까요? 예를 들어, 경찰에서 어젯밤 11시에 일어난 살인 사건 수사를 위해 그녀의 알리바이를 캐고 있다면 가장 중요한 것은 '어젯밤 11시에 그녀가 뭘 하고 있었는가'입니다. 그녀는 그때 노래방에서 열심히 노래 중이었다면? singing이죠. 시간이 '어젯밤 11시'로 물러나면? 동사가 물러나주면 되니까 ~ed. -ing는 더 이상 동사가 아니므로 be동사를 빌려와야죠. 그리고 be동사가 뒤로 물러나주면 끝입니다.

She was singing at 11:00 p.m. yesterday. 이렇게 과거 어느 한 때에 집중하여 이야기하는 것을 '과거진행형(past continuous)'이라고 합니다. 과거진행형은 한마디로 '과거+집중'이므로 was/were(과거 시간)+-ing(집중)의 모양이 됩니다. 그럼 그냥 ~ed와 was/were+-ing의 차이는 무엇일까요? ~ed가 과거의 한 때를 '전체적(general)'으로 본다면, was/were+-ing는 과거에서 한 때만 집어서 '집중'합니다(specific). 그럼, "작년에 정원에서 채소를 길렀다."라는 말을 영어로 해봅시다.

I grew vegetables in the garden last year.
I was growing vegetables in the garden last year.

첫 번째 문장은 그냥 '작년'을 전체로 보고 이야기하지만 두 번째 문장은 '작년만' 집어서 이야기하고 있습니다. 두 번째 문장은 다른 해에는 채소를 기른 적이 없다가 '작년만' 뭔가 특별하고 다르게 채소를 길렀다는 뉘앙스죠. 그럼 왜 was/were -ing를 쓸까요? was/were -ing는 ~ed와 함께 쓰이는 경우가 많습니다. was/were -ing로 우선 과거의 한 때에 '집중', 즉 귀를 기울이게 만들고 나서, 거기에 대한 얘기를 풀어갈 수가 있습니다.

양파를 썰다가 손가락을 베었다는 얘기를 하고 싶다면, "I cut my finger when I was cutting an onion."이라고 할 수 있습니다. 이것을 만일 "I cut an onion. I cut my finger."라고 하면, 양파를 썰고, 그 다음에 손을 베었다는 얘기처럼 들리죠. ~ed는 전체를 얘기하고 그걸로 끝(OVER)입니다. 따라서 ~ed 문장이 계속 이어지는 것은 일이 하나 하나 순서대로 벌어졌다는 얘기입니다. 그러나 여기서 하고자 하는 말은 그게 아니라 양파를 써는 와중에 손가락을 베었다는 얘기입니다. 양파를 써는 것과 손가락을 벤 사건의 시간이 겹치는 것입니다. 이럴 때에 was/were -ing와 ~ed를 적절히 써서 겹치는 사건을 잘 표현해줄 수 있습니다.

한마디로 was/were ~ing는 '~하다가', ~ed는 '~했다'에 해당하죠.
I cut my finger when I was cutting an onion.
    └ 베었다   └ 썰다가

이 장면을 좀 더 감각적으로 살펴볼까요? 영화를 찍는다고 상상해 봅시다. 양파를 써는 장면을 클로즈업하겠죠? 이것이 집중이니까 I was cutting an onion. 양파를 다 써는 것(OVER)이 아니라 한참 썰고 있는 중에 집중하는 것입니다. 그러다 갑자기 손을 베입니다. I cut my finger. 손을 베는 사건이 벌어졌다, OVER.

특히 어떤 이야기나 장면을 묘사할 때, 뭔가 한 가지가 완전히 다 끝나기 전에

(~ing) 다른 어떤 일들이 벌어지는 것(~ed)을 표현하는 경우가 매우 흔합니다. 이런 부분을 모조리 ~ed로만 처리한다면 이야기가 매우 맥이 빠지겠지요?

과거진행, 이것만 알고 가자

1_ 과거진행형은 과거 어느 한 때에 집중하여 이야기하는 것으로, **was/were**(과거 시간)**+-ing**(집중)의 형태로 쓴다.

09 과거를 말하는 또 다른 방법, have p.p.
English Grammar
(Present Perfect 현재완료)

아래 두 예문이 나타내는 시간의 차이를 아시겠어요?

보통 우리말로 '~했다'라고 하는 경우, 보통 called, studied와 같은 동사의 ~ed 형태를 떠올립니다. 그런데 이렇게 '~했다'라는 표현이 ~ed만 있는 게 아니랍니다. have p.p.도 있습니다.

Hey, I've found the cat! 이봐, 내가 고양이를 찾았어!

Singapore has announced details of its New Year campaign against chewing gum. 싱가포르는 새해 껌 반대 운동의 세부 사항을 발표했다.

우리말로 해석하면, 고양이를 찾았고, 싱가포르가 발표를 했다는 얘긴데, '언제' 그랬을까요? 알 수 없습니다. 분명히 그러긴 했는데 정확하게 언제인지 드러나있지 않습니다. 언제인지가 별로 중요해 보이지도 않죠. 이렇게 분명히 과거인 것 같긴 한데, 과거의 '언제'라고 딱 집어 말하지 못하는 것이 have p.p.입니다.

'시간' 개념이 우리말과 다른 영어는 '과거'에 대해서도 '시간'에 따라 말이 달라집니다. have p.p. 문장의 기준은 '지금(now)'에 있습니다. 눈을 지금에 놓고 시선의 방향을 과거로 향하면 뭐가 보일까요? 그렇습니다, 지나간 과거가 보입니다. 그런데 확실히 지나간 것인 줄은 알지만, 시선은 여전히 '지금'에 있기 때문에 그게 정확하게 언제라고 구분하기는 힘듭니다. '그랬다'는 것만 확실히 보이는 것입니다. 이것이 have p.p.입니다. 우리말로 해석할 때에는 ~ed와 별 차이가 없어 보이기 때문에 많이 헷갈려 합니다.

그럼 과거 같은데 '기준'이 지금에 있다는 게 도대체 무슨 의미일까요? 앞의 문장을 다시 잘 보면, '과거' 얘기를 마냥 흘러간 옛 이야기하듯 하는 것이 아니란 것을 알 수 있습니다. 즉, 고양이를 찾았다는 사실이 지금 중요한 것이고, 싱가포르가 그런 발표를 했다는 사실이 지금 중요한 것이라는 얘기죠. have p.p.는 '기준'이 과거가 아니라 '지금'에 있음을 의식해야 합니다.

● yesterday, five years ago와 같이 쓰여 대놓고 과거임을 드러내는 ~ed와 달리, have p.p.는 그런 일이 있었던 건 알겠는데 언제인지는 정확하게 콕 집지 못하는 '과거'라고 생각하면 쉽습니다.

영어를 잘 하려면 영어로 생각하라는 말 들어봤나요? 영어로 생각하라는 것은 영어 단어를 떠올리고 생각하는 내용을 완벽하게 영어로 번역하라는 것이 아니라 영어 방식으로 사고하라는 것입니다. 즉, 우리말을 할 때에 생각하지 못하는 점을 생각해야 할 수도 있고, 우리말에서 따지는 것을 굳이 따지지 말고 가야 할 수도 있다는 것입니다. 뭔가 지나간 것(과거)으로 떠오르는 것을 생각할 때에는 '시간'을 의식하라는 것이 have p.p.를 영어로 받아들이는 첫 번째 열쇠라는 점을 잊지 마세요.

have p.p.의 개념, 이것만 알고 가자

1_ 과거를 말하는 방법에는 두 가지가 있는데 ~ed는 정확한 과거 시점을 말하는 것이고, have p.p.는 지금을 기준으로 과거를 말하는 것이다.

10 사람이 죽고 사는 have p.p.

English Grammar

> I lived in London for 8 years, and I've lived in Seoul for 10 years.

위의 문장은 and를 기준으로 앞뒤 모두 '살았다' 라고 해석됩니다. 앞의 문장은 런던에서 8년 살았다는 얘기고, 뒤의 문장은 서울에서 10년 살았다는 얘긴데, 동사 모양이 각각 lived, have lived로 다르죠? 동사 모양이 다르니까 앞에서 배운 대로 '시간'에서 뭔가 다른 점이 있다는 느낌이 오시나요? 바로 그거죠. 문장의 동사 모양이 다르면 우리말 해석에는 드러나지 않지만 '시간'에 차이가 있다는 것이죠. ~ed는 언제인지 과거가 딱 드러나고, 그때 이야기로 끝이라는 개념입니다. 그러니까 위의 앞 문장은 lived, 즉, 이미 끝난 얘기란 것이죠. 런던에서 8년 산 것은 이미 흘러간 과거 얘기가 됩니다. 그럼 have lived는 과거 얘기가 아니란 걸까요? 과거이긴 한데 과거로 끝난 게 아니라 지금까지도 계속 서울에 살고 있다는 얘깁니다. 8년 동안의 과거와 지금 상황이 이어져 있다고 볼 수 있는 거죠.

have p.p.의 또 다른 쓰임을 볼까요? '그녀가 가버렸어'에서 그녀가 언제 갔는지를 이 문장만으로 알 수 없죠? 그래서 She has gone.이라고 합니다. 그런데 사실 그녀가 간 걸 본 것도 아닌데 어떻게 알죠? '지금' 자리에 없으니까 아는 거죠? 안 봐도 지금 그 증거가 눈에 선하게 보이는 이런 경우에도 have p.p.를 씁니다. 이런 걸 현재완료의 결과적 용법이라고 해요.

• '난 UFO를 본 적 있어' 분명히 '과거' 같은데 그게 언제인지가 확실하지 않죠? '언제인지' 보다는 '본 적이 있는지 없는지'가 중요한 문장인 거죠. 그게 바로 have p.p.의 개념이에요.
I've seen a U.F.O.
주로 어떤 행동을 해본 적이 있고 없고를 말하는 경우로, 문법 용어로 현재완료의 경험적 용법이라고 합니다.

여기저기 문법책에서 많이 얘기하니까 have p.p.의 용법을 말했지만 사실 이런 용법 구분은 별로 의미가 없어요. 결국은 과거같이 해석되지만 초점이 '지금'에 있다는 핵심에서 출발하니까요. 그러니까 과거같이 말하지만 사실 지금 '결과'에 초점을 두어서 결과적 용법인 것이고, '지금 경험이 있고 없고'에 초점을 두어서 경험적 용법이라고 이해하시면 됩니다. 그럼 완료적 용법은 지금 기준으로 막(just) 또는 이미(already) 완료되었거나 아직 안 된(not…yet) 것을 말하는 것이겠죠? 하지만 이 모든 경우가 다 '시간'이 딱 명확하게 잡히지 않거나 언제인지가 별로 중요한 문제가 아니라는 것이고요. 그럼, 앞의 문장 서울에서 10년째 살았다는 얘기는 과거부터 지금까지 계속 이어졌다는 데에 의미가 있으니까 계속적 용법이겠군요.

우리말 해석으론 별 차이도 안 나 보이는 ~ed와 have p.p.를 굳이 그렇게 엄격히 구분해야 할 필요를 이제 살짝 아시겠어요? ~ed와 have p.p.의 구분에 대해 좀 더 얘기해보겠습니다. ~ed를 대표하는 개념은 over입니다. 과거 그때 얘기로 끝났다는 것이죠.

I was tired yesterday. 나는 어제 피곤했어요.

이 문장만으로는 내가 어제 피곤했다는 것만 알 수 있습니다. 그래서 오늘도 피곤하다는 건지, 오늘은 괜찮다는 건지 알 수가 없습니다. 물론 대화라면 말투나 전후 상황을 통해 눈치를 챌 수 있지만, 문장 자체만으론 알 수가 없죠. 하지만 I have been tired since yesterday.라고 하면 얘기가 좀 달라집니다. have p.p.는 지나간 이야기와 함께 '지금'에 대해서도 이야기할 수 있으니까요. 어제도 피곤했고 오늘까지 그 피곤이 계속 이어지고 있다는 의미가 됩니다. 한 방에 과거와 지금 이야기가 다 해결되는 거죠.

모짜르트 이야기를 해볼게요.

He was a great composer. 그는 훌륭한 작곡가였다.
He composed more than 600 works. 그는 600개가 넘는 작품을 작곡했다.

모짜르트는 이미 이 세상에 없는 사람입니다. 그리고 그가 600곡이 넘는 작품을 작곡한 것도 이미 다 흘러간 이야기죠. 돌이킬 수 없는 사실입니다. 이번엔 작곡가인 내 친구 니나의 이야기를 해볼게요.

Nina is a composer. 니나는 작곡가다.
She has composed 6 songs. 그녀는 6곡의 노래를 작곡했다.

니나는 지금 살아있고, 활동 중인 작곡가입니다. 앞으로도 작곡을 할 것이기 때문에 그녀의 작품수는 계속 늘어날 거죠. 다만, '지금까지' 작곡한 곡 수는 6곡입니다. 모짜르트와 달리 니나의 경우에는 노래를 작곡한 것이 완전히 over, 끝난 것이 아니라 앞으로도 계속 이어질 수 있다는 것입니다. 만일 니나에 대한 이야기를 ~ed를 써서 She composed....라고 하면 니나가 모짜르트처럼 이미 이세상에 없는, 더 이상 작곡을 할 수 없는 사람이 되어 버리거나, 작곡을 완전히 그만둔 사람이 됩니다. 엉뚱한 사람 저 세상으로 보낼 수도 있는 것이 ~ed와 have p.p.입니다.

그렇다면, '오늘 커피 3잔을 마셨다'는 말은 어떻게 표현해야 할까요?

I drank 3 cups of coffee today.
I've drunk 3 cups of coffee today.

첫 번째 문장에서는 오늘(today) 일이 ~ed로 표현되었습니다. 즉, 과거로 이야기하고 있는 거죠. 오늘 더 이상 커피를 마실 일 없이 3잔 마신 걸로 over 임을 암시하고 있습니다. 두 번째 문장에서는 오늘을 '과거+지금'의 개념으로 바라보고 있습니다. 만일 이 말을 하는 시점이 오후 4시쯤이라면 오늘 오전은 '과거'인 거죠. 하지만 아직 4시밖에 안됐으니까 오늘이 끝나지 않은 거고 이럴 때에 have p.p.를 쓸 수 있습니다. 오늘 중에서도 지금 이 순간까지 아직 4잔, 5잔 더 마실 수 있다는 겁니다.

그런데, 사람이 죽고 사는 ~ed와 have p.p.가 별 차이 없이 쓰이는 경우가 있습니다. 대개 말이 이루어지는 상황과 관련이 있고 상황이 뻔히 '지금'이 어떤지를 보여주면 have p.p.를 굳이 쓰지 않고 ~ed로 표현하기도 합니다(특히 미국 영어에서 그렇답니다).

(당황한 얼굴로 주머니와 가방 등을 뒤지며)
I lost my watch. (=I've lost my watch.)

그러나 이런 상황(문맥)없이 그냥 문장만 놓고 보았을 때, I lost my watch. 라고 하면 시계를 잃어버렸다는 얘기지, 그래서 그 뒤에 시계를 찾았다는 건지 아닌지 알 수가 없습니다. 만일 따로 문맥이나 상황이 주어지지 않은 채, 시계를 잃어 버렸고(과거) 지금도 없다고 말하고 싶다면 I have lost my watch. 라고 해야 합니다.

여기서 잠깐 주의하세요. ~ed와 have p.p.가 상황상 어쨌든 둘 다 가능하다 하더라도, 문장에 yesterday나 when he came, four days ago 등의 표현이 들어간다면, 한 때를 콕 집어줬을 때만 쓸 수 있는 ~ed만 가능합니다.

I lost my watch last week. (O)
I've lost my watch last week. (X)

have p.p., 이것만 알고 가자
1_ 해석상으로는 -ed와 차이가 없어 보이지만 have p.p.는 '지금'을 기준으로 과거를 말한다.
2_ have p.p.의 의미를 크게 네 가지로 나누어 보면, 지금의 시점에서 과거부터 계속되는 일, 과거부터 지금까지의 경험, 과거에 일어난 일의 지금 시점에서의 결과, 지금 기준에서 완료 여부를 나타낸다.

11 시제와 쿵짝이 맞는 표현들
ago, since, just, yet

English Grammar

영어에서 문법과 어휘는 뗄래야 뗄 수 없는 관계를 갖고 있습니다. 문장 구조의 특징에 유난히 궁합이 잘 맞는 어휘가 있고 그렇지 않은 어휘가 있을 수 있습니다. have p.p.와 ~ed는 언뜻 우리말 해석은 비슷해도, 영어적 관점에서는 뚜렷한 차이가 있습니다. 이런 각각의 특징 때문에 거느리는 어휘들도 차이가 날 수 있습니다.

ago는 '~전에'입니다. 따라서 '지금'이 아닌 지나간 과거의 어느 한 때를 표현해줍니다. 그렇기 때문에 지금이 아닌 이미 끝나버린 과거를 이야기하는 ~ed와 쿵짝이 맞습니다. 반면 분명한 과거의 때를 나타내지 못하는 have p.p.와는 어울리지 못합니다.

We cleaned the house an hour ago. (O)
우리는 한 시간 전에 집을 치웠다.

We have cleaned the house an hour ago (X)

마찬가지로 질문에 있어서도 '언제'냐고 콕 집어 묻는 when은 have p.p.와는 쓰일 수가 없고 ~ed와 쓰일 수 있습니다.

When did you see her? 언제 걔를 만났니?

그럼, have p.p.는 과거의 '때'에 대해서는 전혀 이야기할 수 없는 것일까요? 그렇습니다. ~ed처럼 콕 집어 말하지는 못합니다. 하지만 그래도 어느 정도 힌트는 줄 수 있습니다. 영어는 너무 두루뭉술한 것도 좋아하지 않기 때문에, 애매한 것들은 나름 최선을 다해서 구체적이고 분명하게 표현하려고 하거든요. 과거의 모호한 때를 나타내는 have p.p.에 대해 나름대로 힌트를 주기 위해 자주 쓰이는 표현들이 바로 just, already, yet입니다.

• always, usually, never 등 '얼마나 자주'를 나타내는 표현들을 '빈도부사(frequency adverbs)'라고 합니다. (unit 03 얼마나 자주 참고)

just는 그래도 그리 오래되지 않은 과거를 암시합니다. 보통 '방금, 막' 등으로 해석하고 have 바로 뒤에 올 수 있습니다. 빈도부사(frequency adverb)처럼 be-type 동사 뒤 do-type 동사 앞에 온다고 생각하면 됩니다.

• 말할 때는
He's just arrived here.

He has just arrived here. 그는 방금 막 여기에 도착했다.

already는 생각 또는 기대한 것보다는 좀 일찍 이루어졌음을 암시합니다. 보통 '벌써, 이미' 정도로 해석하며 just와 같은 위치에 쓰면 됩니다.

• 말할 때는
They've already left.

They have already left. 그들은 이미 떠났다.

yet은 생각 또는 기대와 달리 '아직도' 이루어지지 않았음을 나타냅니다. 의문문이나 not이 포함된 부정문의 맨 뒤에 오며, 보통 '아직 아닌'의 의미로 해석합니다.

The train hasn't arrived yet. 기차가 아직 도착하지 않았다.
Have you finished your homework yet? 너 아직 숙제 안 끝냈니?

주의해야 할 것은 just, already, yet이 have p.p.와 자주 쓰이기는 하지만 have p.p.에만 쓰이는 것은 아니라는 점입니다. ~ed 문장에서도 이 표현들이 가능합니다. 이때 ~ed 문장은 have p.p.와 의미가 상당히 유사해집니다.

She just had some coffee. 그녀는 방금 커피를 마셨다.
He already arrived. 그는 벌써 도착했다.
I didn't send the letter yet. 나는 아직 그 편지를 부치지 않았다.

have p.p.의 또 다른 특징 중 하나는 우리말 해석으로는 언뜻 '했다'가 되지만, 단순히 지나간 과거만 이야기하는 것이 아니라 지금에 관련된 내용도 포함/암시하고 있다는 것입니다. 예를 들어 "서울에서 10년째 살고 있다"고 말하려면, 10년 전의 과거부터 지금까지가 모두 포함됩니다. 여기에 '10년 동안'이라는 표현은 for를 써서 표현할 수 있습니다.

I have lived in Seoul for 10 years.

● 말할 때는
I've lived in Seoul for 10 years.

또 한 가지 주의할 점! for가 have p.p.와 잘 어울리기는 하지만 have p.p.하고만 붙어 다닌다는 의미는 아니에요. ~ed와도 쓰일 수 있답니다.

I lived in London for 10 years.
ㄴ 지금은 런던에 살고 있지 않음

I've lived in London for 10 years.
ㄴ 지금도 런던에 살고 있음

2000년도부터 서울에서 살았다고 할 때에는 since를 써서 표현합니다.

I've lived in Seoul since 2000.

since는 언제부터라는 정보와 함께 그것이 '지금까지'도 이어지고 있다는 의미를 갖고 있습니다. 과거부터 지금까지를 한 번에 말해주기 때문에 과거와 지금을 모두 포함한 have p.p.와 쿵짝이 아주 잘 맞는 단어입니다. '지금까지'를 포함하기 때문에 당연히 과거에 완전히 끝나버렸음을 의미하는 ~ed와

• 언뜻 '~부터'라고 해석되지만 from을 쓰지 않는다는 점에 주목하세요. from은 단지 언제부터 인가만을 이야기해줄 뿐 그게 언제까지 이어질지에 대해서는 표현하지 못합니다.

는 어울릴 수가 없습니다.

since 뒤에는 문장이 올 수도 있습니다.

I have lived in Seoul since I was 10. 나는 10살 때부터 서울에서 살아왔다.

다양한 시간 표현과 함께 쓰일 수 있는 시제(문장의 동사 형태)를 표로 정리하자면 다음과 같습니다.

시간의 부사	~ed	have p.p.
ago	O	X
just	O	O
already	O	O
yet	O	O
since	X	O
for	O	O
when…?	O	X

시간 표현과 시제, 이것만 알고 가자

1_ ~ed 또는 have p.p.와 잘 어울리는 시간 표현들이 있다.

2_ ago는 '~전에', yet은 '아직', just는 '방금', already는 '벌써', since는 '~이래로', for는 '~동안'이라는 의미이다. (~ed, have p.p.와의 쓰임은 위의 표 참고)

12 결과보다 과정, have been -ing
(Present Perfect Continuous 현재완료진행형)

> **Hey, you've done your hair!** 야, 너 머리 했구나!

● do one's hair: (미용실 등에서) 머리를 손질하다

언제 머리를 했는지도 모르고, 그건 중요한 바도 아닙니다. 그러나 분명히 머리 '했다'라고 하므로 have done을 썼습니다. 말하는 사람은 내가 미장원에 갔는지 본 것도 아니면서 '했구나'라고 말합니다. 우찌 알고? 바로 지금 평소와 헤어 스타일이 확 달라진 내 머리를 보고 하는 말입니다. 그러니까 뒤집어 말하면, '너 지금 헤어 스타일이 새롭다'라는 말입니다. have p.p.는 이런 경우에도 쓰인답니다.

Hey, you have done your hair!
= Hey, you have a new hair style!
야, 너 지금 새로운 머리 스타일하고 있구나!

이렇게 지금을 통해 과거에 대해 '아는' 것을 have p.p.로 표현할 수 있습니다. (앞에서 현재완료의 '결과'적 용법이라고 배웠던 것들입니다.) 직접 보지 않은 것을 마치 본 것처럼 아는 것이 have p.p.입니다. 그런데 직접 보지 않은 것을 그냥 아는 정도가 아니라 아주 선명하게 '동영상'을 보듯 알 수 있는 경우도 있습니다. 이럴 때는 have p.p.에 좀 더 선명한 의미를 표현해주는 -ing가 더해집니다. -ing는 더 이상 동사가 아니므로 p.p.가 되어줄 동사 역할은 be를 빌려서 **have been -ing**의 형태로 씁니다.

● -ing는 집중하기 때문에 구체적이라 specific, 즉 선명하게 이미지가 떠올라서 graphic하다고 할 수 있어요.

예를 들어, 친구가 약속 장소에 숨을 아주 헐떡이는 모습으로 나타났다면, 이 친구가 아마도 역에서부터 여기까지 내내 뛰어왔음을 쉽게 짐작할 수 있습니다. 안 봐도 내내 뛰어온 게 눈에 '선하게' 보이는 것입니다. 이럴 때 이렇게 말할 수 있죠.

Have you been running? 너 내내 뛰어온 거니?

단지 뛰었다는 사실 정도가 아니라, 한동안 내내 죽어라 뛴 모습이 동영상처럼 머릿속에 스쳐가는 경우입니다.

얼마나 오래 머리를 했는지, 머리를 어떤 과정을 거쳐 했는지… 그런 것들은 모르겠고 그냥 머리를 했다는 사실만 알 수 있는 have p.p.보다 좀 더 극적이고 선명하게 과거의 모습이 떠오르는 것이 have been -ing입니다.

have p.p.는 '지금'이 어떤가라는 '결과'에 좀 더 무게를 둡니다. 중요한 건 지금 네 머리 스타일이 다르다는 것입니다. 반면, have been -ing는 현재보다는 과거의 모습이 아주 선명하게 떠오릅니다.

즉, 그래서 지금의 결과보다는 그로 인해 과거가 어떠했는가, 그 '과정'이나 '행동'에 좀 더 비중을 둡니다.

Tom has written eight letters. 톰은 여덟 통의 편지를 썼다.
ㄴ 지금까지 쓴 편지가 8통이라는 결과에 초점

Tom has been writing letters all day. 톰은 하루 종일 편지를 썼다.
ㄴ 지금 편지를 몇 통이나 썼는지는 중요하지 않고, 하루 종일 편지를 썼다는 행동에 초점

위의 have p.p. 문장에서 톰이 여덟 통의 편지를 쓰는 데 얼마나 많은 시간과 노력을 들였는지는 별로 중요하지도, 관심 사항이 되지도 않습니다. 오로지

'여덟 통'이라는 지금의 결과만 이야기할 뿐입니다. 그래서 have p.p.는 주로 O/×퀴즈처럼 했는지 안 했는지만을 간결하게 보여주거나, 얼마만큼 또는 몇 개나 했다는 결과물을 보여주는 표현과 잘 어울립니다.

하지만 have been -ing 문장은 지루하게 하루 종일 편지 쓰는 데에 골몰하는 모습에 집중하고 있습니다. 그래서 지금 편지를 몇 통 썼는지는 알 수가 없습니다. 한 백 통 쓰느라 하루 종일을 보냈는지 연애 편지 한 통 쓰자고 하루 종일 끙끙거렸는지 이 문장만 갖고는 모릅니다. 그리고 지금도 계속 편지를 쓰고 있다는 건지 아닌지도 알 수 없습니다. 여하튼 지금까지 내내 편지를 쓰는 '동영상'이 흘러간다는 것이 중요합니다. 그러다 보니 have been -ing는 결과보다는 '과정'에 초점을 두는 표현들과 쿵짝을 맞춰 등장합니다. 이 문장처럼 '하루 종일(all day)'이라던가 '며칠 동안 내내(for several days)' 등과 같이 주로 '얼마나 오래' 동영상이 지속되는가를 나타내는 표현들입니다.

She's been working traveling for several days.
그녀는 며칠째 여행 중이다.

I've been using my old phone for three years.
나는 내 오래된 전화기를 3년째 사용 중이다.

It's been raining since last night. 어젯밤부터 내내 비가 오고 있다.

have been -ing, 이것만 알고 가자

1_ have p.p.는 지금의 결과에 초점이 있고 have been -ing는 과거 내내 이루어진 동작에 초점이 있다.

2_ have been -ing는 '얼마나 오랫동안 그래 왔는가'를 나타낼 때 많이 쓰인다.

13 시간이 한 번 더 뒤로 물러난 had p.p.
English Grammar
(Past Perfect 과거완료)

영어는 기본적으로 과거에서 현재로, 현재에서 미래로 흐르는 시간 개념을 갖고 있습니다. 따라서 별 얘기가 없다면 문장이 나오는 순서대로 시간이 흐른다고 이해하면 됩니다.

I <u>got up</u>, <u>took a shower</u>, <u>got dressed</u>, and <u>had breakfast</u>.
　❶　　　　❷　　　　　❸　　　　　　❹
나는 일어나서 샤워하고 옷 입고 아침 먹었다.

그런데 언제나 처음부터 순서대로 말하게 되는 것은 아닙니다. 이런 경우를 생각해 봅시다.

The movie started at 7:00. 영화가 7시에 시작했다.
I arrived at the movies at 7:30. 나는 극장에 7시 30분에 도착했다.

내가 극장에 도착했을 때엔 이미 영화가 시작된 상황입니다. 이를 ~ed만으로 표현해버리면,

When I arrived, the movie started. 내가 도착했을 때 영화가 시작되었다.

이러면 내가 도착하고 나서 영화가 시작한 것이 됩니다. 그게 아니라 내가 도착했음을 먼저 언급했지만 영화가 시작한 것이 도착한 다음이 아닌 그 이전

임을 이야기해야 합니다. 이렇게 과거의 이야기가 자연스럽게 다음 순서로 흘러가는 것이 아니라 더 과거로 거슬러 올라가는 경우에 쓰는 것이 had p.p. 입니다.

When I arrived, the movie had started.
내가 도착했을 때, 영화는 (그전에 이미) 시작했다.

운전을 하다가 '후진'을 하듯, 시간 흐름대로 진행하다가 뒤로 거슬러 갈 때 쓰는 것이 had p.p.입니다. 기준이 되는 과거 시간보다 더 이전이기 때문에 보통 '그전에 이미'라는 의미로 해석이 되고, already 같은 표현이 양념으로 잘 들어갑니다.

• When I arrived, the movie had already started.

had p.p.와 ~ed의 문장을 좀 더 비교해 보세요.

As soon as I came into the apartment, I found out that there was a thief. 아파트에 들어가자마자 나는 도둑이 있음을 알았다.
ㄴ 도둑을 직접 본 상황

As soon as I came into the apartment, I found out that there had been a thief. 아파트에 들어가자마자 나는 도둑이 들었었음을 알았다.
ㄴ 도둑이 이미 다녀간 상황

have p.p.의 기준 시간이 '지금'이라면, had p.p.의 기준 시간은 문장에 주어진 '과거' 시간입니다. 따라서 특별히 기준이 되는 '과거 시간'이 문장이나 문맥상 먼저 주어지지 않은 상황에서는 had p.p.를 쓸 필요가 없습니다.

I lived in Brazil in 1980s. (O) 나는 1980년대에 브라질에서 살았다.
I had lived in Brazil in 1980s. (X)
I came back to Korea in 1990. I had lived in Brazil before then.
나는 1990년에 한국으로 돌아왔다. 그전에는 브라질에서 살았었다.

Chapter 02 과거와 완료 :: 59 ::

일단 had p.p.를 썼더라도 다시 또 그 이후 이야기로 넘어가면 다시 ~ed를 쓰면 됩니다.

When I <u>arrived</u>, the movie <u>had started</u>. I <u>watched</u> another one.
　　　　❷　　　　　　　　　❶　　　　　　❸

내가 도착했을 땐 영화가 이미 시작했다. 나는 다른 영화를 보았다.

had p.p., 이것만 알고 가자

1_ 과거의 이야기를 하다가 더 과거로 거슬러 올라가는 경우에 쓰는 것이 had p.p.이다.

2_ had p.p.는 기준이 되는 과거 시간보다 더 이전을 나타낸다.

CHAPTER
03
어떤 미래인지 말하라! -
미래

14. 정해진 미래 be+-ing future
15. 징조가 보이면 be going to V
16. 막연한 미래, will
17. 현재시제로 표현하는 미래
    (Simple Present for Future)
18. 그때까지는 다 해 놓을게, will
    have p.p. (Future Perfect)

14 정해진 미래 be+-ing future

English Grammar

미래는 아무도 모릅니다. 하지만 영어는 조금이라도 분명하고 구체적으로 표현하는 것을 좋아하기 때문에, 미래에 대해서도 좀 더 분명하게 말할 수 있는 것들은 그렇게 표현하려 합니다. 예를 들어 미래라도 이번 주말에 영화를 보러 가기로 하고 표까지 예매해 놓은 상황이라면, 아무래도 내일 비가 오겠지라고 막연히 추측하는 것보다는 영화를 볼 거라는 것이 발생할 확률이 높습니다.

이렇게 미래에 그렇게 하기로 이미 정한 것에 대해서는 be -ing를 씁니다. 언제 그렇게 하겠다거나 어디서 그렇게 하겠다는 시간과 장소를 예정한 것에 대해 특히 그렇습니다. 영어로는 arranged future(정해진 미래)라고 말합니다. 즉, 미래의 일이지만 이미 그렇게 하기로 한 계획들이 지금 진행되고 있다는 의미로 be(am, are, is) -ing인 것입니다. 아직 벌어지지는 않았지만, 이미 사전 작업이 진행 중이라고 생각하면 이해가 쉽습니다.

● see가 meet의 의미로 쓰였습니다.

I am seeing the manager tomorrow afternoon.
나는 내일 오후에 매니저를 만날 것이다.

위 예문에서 am seeing을 통해 내일 오후에 매니저를 만나기로 이미 '약속'이 되어 있음을 알 수 있습니다.

Claire and her children are arriving at 4:00.

앞의 문장은 '클레어와 그녀의 아이들이 4시에 오기로 되어 있다'는 의미입니다. 공항이나 역에서 그들이 탄 비행기나 기차가 도착하는 시간으로 이해할 수도 있습니다.

여기서 잠깐! 많은 학생들이 be -ing 미래에 대해 배우고 나자마자 묻는 질문 중에 이런 게 있습니다. 현재에 집중한 be -ing와의 구별을 어떻게 해야 하냐는 것이죠. 모양이 똑같은데 하나는 현재, 하나는 미래이니 어떻게 구별하냐고요? 과연 걱정을 해야 할까요? 대답은 No입니다. 일단 다음 문장을 봅시다.

Ben is leaving soon. 벤은 곧 떠날 거다.

위 문장을 '벤이 지금 곧 떠나고 있는 중이다'라고 이해할 사람은 없을 것입니다. 설사 그렇게 해석을 한대도 무슨 소린지 알 수가 없습니다. soon이란 말 때문에 자연스럽게 미래로 이해됩니다.

soon이나 tomorrow 같은 미래 표현이 없으면 어떡하냐고요? 아이고, 문맥은 뒀다 뭐하나요. 예를 들어 같은 What are you doing?이라도 어떤 문맥이냐에 따라 해석이 달라집니다. 보통 특별히 앞에 다른 내용이 없거나, 처음 보자마자 대뜸 하는 소리라면 '지금 뭐하냐'는 의미입니다.

(on the phone) Hey, Bill. It's me, Jack. What are you doing?
(전화상에서) 야, 빌. 나 잭인데, 지금 뭐하냐?

● 실제 대화에서는 오늘 밤처럼 아주 가까운 미래에 어떤 약속이나 할 일이 있냐고 할 때 Are you doing anything tonight?라고 많이 얘기해요.

그러나 미래에 관련된 문맥이라면 자연스럽게 미래로 이해됩니다.

Sarah and I are going to the movies this Saturday. What are you doing? 사라랑 나는 토요일에 영화 보러 가는데, 너는 뭐할 거니?

우리말로도 "배가 나무에 주렁주렁 열렸다"고 하면 그 '배'는 과일 '배(pear)'로 이해가 될 것입니다. 이 배를 물에 떠 있는 '배(boat, ship)'나 사람의 신체 부위 '배(stomach, tummy)'로 알아들을 사람은 아무도 없을 것입니다. 만일 무슨 엉뚱한 꿈 속에서 정말 물에 떠다니는 배가 나무에라도 달려 있는 것을 봤다는 얘기를 한다면, 분명히 저렇게 문장 하나로 달랑 끝내지 않고 이것 저것 설명을 붙여서 이해시킬 것입니다.

영어도 마찬가지입니다. 헷갈릴 소지가 있다면 tomorrow니 soon이니 하는 미래 표현을 넣거나, 미래임을 알 수 있는 문장들이 전후에서 문맥을 뒷받침할 것입니다. 그러니 걱정 마시라!

미래를 나타내는 be -ing, 이것만 알고 가자

1_ 미래에 그렇게 하기로 이미 정한 것에 대해서는 be -ing를 쓴다. 이를 **arranged future**(정해진 미래)라고 한다.

15 징조가 보이면 be going to V

English Grammar

be -ing가 아직 벌어지지 않은 미래이지만 이미 정해놓고 실제로는 그렇게 되기 위한 사전 작업이 착착착 '진행 중'이라는 의미라면, be going to V는 그렇게 하기로 계획이나 결심까지는 세웠는데 아직 '작업까지 진행 중은 아닌 것'에 대해 말하는 것입니다. 즉, 시간이나 장소 등에 대해 완전히 정한 (arrange) 것은 아닙니다. 그래서 그렇게 하려는 중이라는 의미로 be going to V라고 생각하면 쉽습니다.

I am going to sell my car. 나 내 차 팔 거야.
└ 이미 차 팔 결심을 했음

The house is so messy. We are going to clean it up.
집이 아주 지저분해. 우리가 집 청소를 하려고.
└ 이미 청소할 생각을 하고 있는 상태에서 말함

3인칭 주어로 be going to V를 쓰는 경우에는 '~가 …할 거래' 정도로 그들의 의사나 계획을 남에게 전하는 말이 되기도 합니다.

He's going to sell his car.
그는 차를 팔 거래.

사람의 일이 아니라 결심이나 계획으로 이야기할 수 없는 것에 대해서는 '징조'로 보면 됩니다. 아직 벌어지지는 않았으나 그럴 것이라 판단하게 만드는 '징조'가 지금 벌어지고 있다면 be going to V로 표현합니다.

Look at the black clouds in the sky! It's going to rain.
하늘에 저 시커먼 구름들 좀 봐! 비가 오겠는걸.

그런데 실제로 여러 가지 대화나 상황을 보면, 그것이 완전히 정한(arrange) 것인지 그냥 결심이나 계획 정도인지 구분이 가지 않을 수도 있습니다. 이럴 때 종종 be -ing와 be going to V가 함께 쓰일 수 있습니다.

I'm staying home tonight. (O)
I'm going to stay home tonight. (O)

둘 다 오늘 밤 집에 있겠다는 의미로 할 수 있는 말입니다. 이 말을 듣고 그것이 결심이냐 아니면 이미 예정된 것이냐를 구분하여 거기에 맞춰서 문장 형태를 정하라고 따질 사람은 없습니다. 그냥 이미 그러기로 맘을 먹고 하는 말일 수도 있고, 완전히 집에 있기로 정해서(arrange) be -ing로 말할 수도 있습니다. 그 둘의 차이가 그렇게 크지 않은 거죠.

반면에 여러분이 시험을 보고 있는 중이라면 한 쪽으로 분명한 선택을 요구할 테니 예정(arrangement)이냐 아니냐를 따져서 상황에 맞는 말을 골라야겠죠. 예를 들어 내일 비행기를 타고 밴쿠버로 떠나는 사람이라면,

I'm leaving tomorrow morning. My flight is at 7:00.

이렇게 말하는 것이 맞습니다. 이미 문장에서 비행기가 arrange되었음을 알 수 있죠. 마찬가지로 절대로 예정(arrangement)이 될 수 없는 것에 대해서는

● 만화의 대사나 그외 여러 가지 informal한 글에서는 발음대로 단어나 문장을 표기하는 경우가 많습니다. be going to V 같은 경우, 빠르게 발음하다 보면 be gonna로 들리기도 합니다. 따라서 gonna라고 쓰인 글을 본다면 going to로 이해하면 됩니다. want to가 wanna로 표기되거나 발음되는 것도 마찬가지입니다.

be -ing를 쓰지 않습니다.
It is raining soon. (X)
It's going to rain soon. (O)

be going to V가 앞으로 그럴 것이라는 지금의 결심을 나타낸다면, 과거에 그러려고 했다는 결심은 어떻게 표현할까요? 그대로 시간만 뒤로 물러나면 됩니다. 동사에다 표시해주면 되는 것이죠.

I'm going to sell my car. 나 내 차를 팔 생각이야.
I was going to sell my car. 나는 내 차를 팔 생각이었다.

그렇다면, was/were going to V는 그래서 실제로 과거에 그랬다는 것일까요, 그렇지 않았다는 의미일까요? 실제로 그랬다면 그랬다고 과거시제로 말을 했겠죠. 단지 그럴 결심/계획이었다고만 말한다면 사실은 그렇지는 못했다는 의미입니다.

I _____ you, but my phone was dead.
너에게 전화하려 했었는데, 전화기가 꺼졌어. (실제로는 전화하지 못했음)

Unit 14에서 배운 be -ing와 be going to~를 예문을 통해 의미를 비교해볼까요?

Are you doing anything tonight?
오늘 밤 하기로 한 거 있어?

We're going to London tomorrow.
우리는 내일 런던으로 갑니다.

I'm not going anywhere.
나 아무데도 안 가요.

I'm going to focus on school this year.
난 올해는 학업에 집중할 거야.

When are they going to leave?
그들은 언제 떠날 계획이래?

We were going to visit her but we couldn't.
우리는 그녀를 방문할 계획이었지만 그러지 못했다.

be going to V, 이것만 알고 가자

1_ be going to V는 시간이나 장소 등에 대해 완전히 정한(arrange) 것은 아님을 나타낸다. 그렇게 하려는 중이라는 의미가 be going to V이다.

2_ be -ing와 be going to V는 상황과 문맥에 따라 구분해서 쓴다.

16 막연한 미래, will

English Grammar

be -ing와 be going to V의 공통점이 뭘까요? 둘 다 am/are/is와 함께 -ing 모양이 들어가 있다는 겁니다. 그래서 미래에 대해서 뭔가가 '지금' 유효하다는 의미를 갖습니다. be -ing가 되면 '지금' 그렇게 되는 방향으로 착착 진행되고 있다는 의미이고, **be going to V**가 되면 지금 이미 그렇게 하기로 했거나 그렇게 될 만한 결심이나 징조가 있다는 것을 의미하죠.

그렇다면, 이렇게 '지금 이미'라는 의미와 연관이 없는 미래는 어떻게 표현할까요? 그러니까 순수하게 미래에 대해서 결심이나 계획 또는 징조 없이 그냥 이럴 것이다, 저럴 것이다… 하고 예상만 할 때 말입니다. 이럴 때는 will을 쓰세요. 특별히 그러한 예상을 객관적으로 뒷받침하는 것이 없고 오로지 주관적인 판단이나 느낌에 의해 말하는 것이기 때문에 I think, I'm sure 등의 표현과 잘 쓰입니다.

I think it **will** rain. 비가 올 것 같아.
I'm sure Jenny **will** pass the exam.
난 확실히 제니가 시험에 붙을 거 같아.

이런 저런 사실(fact)에 근거하여 예측하는 경우에도 will을 씁니다.

Ask Tina. She will lend you some money. She's quite rich.
티나에게 부탁해봐. 걔가 돈을 좀 빌려줄지도 몰라. 꽤 부자거든.

그녀가 부자라고 해서 반드시 돈을 빌려줄 것이라고 생각할 수는 없습니다. 그렇기 때문에 이렇게 사실(fact)에 근거한 예상도 일반적으로는 will을 씁니다.

will은 be-type 동사입니다. 뒤에는 다른 동사가 원래 모양 그대로 옵니다. 부정문과 의문문은 be동사와 같은 패턴을 보인다고 생각하면 됩니다.

* won't = will not

A: Eric **won't** be here tomorrow. 에릭은 내일 여기 안 올 걸.
B: Where **will** he be then? 그럼 어디에 있으려나?

다른 사람에게 어떤 예상을 묻는 경우에는 Do you think...를 많이 씁니다.

Do you think the test **will** be difficult? 네 생각엔 시험이 어려울 것 같니?

will은 또한 사전에 이미 결심한 것(be going to V)이 아닌 그 자리에서 바로 결심하면서 말할 때에도 쓸 수 있습니다. 우리말에서 주로 선뜻 또는 흔쾌히 '~할게'라는 식으로 말하는 것이 영어로 will에 해당합니다.

A: Oh, this box is too heavy. 오, 이 상자 너무 무거운걸.

* I'll = I will

B: **I'll** help you. 내가 도와줄게.

이런 경우에도 I think를 앞에 붙일 수 있습니다. I think를 굳이 해석하기보다는 그냥 '~하겠다'는 의미를 약간 누그러뜨려 말하는 정도라고만 생각하면 됩니다.

I'm not feeling well. **I think** **I'll** lie down for a while.
나 몸이 좀 안 좋아. 잠시 좀 누워 있어야겠어.

I don't think I'll stay home tonight. 오늘 밤에 난 집에 있지는 않을 거야.

식당에서 음식을 주문하는 경우에도 will을 주로 씁니다. 메뉴를 보고 그 자리에서 결정한 것을 말하는 것이니까요.

Waiter: What would you like to order, ma'am? 무엇으로 드시겠어요?
A: I'll have a T-bone steak. 티본 스테이크로 하겠어요.
B: I think I'll have a green salad. 그린 샐러드로 하겠어요.

● 주의해야 할 점은 I think 뒤에 not이 오지 못한다는 것입니다. 따라서 not이 들어간 부정문과 I think를 함께 쓸 때에는, I don't think로 표현합니다.

I don't think it will rain. (O)
I think it won't rain. (X)

미래시제, 이것만 알고 가자

1_ be -ing는 '지금' 그렇게 되는 방향으로 착착 진행되고 있다는 의미이고, be going to V는 지금 이미 그렇게 하기로 했거나 그렇게 될 만한 결심 또는 징조가 있다는 것을 의미한다.

2_ 결심이나 계획 또는 징조 없이 그냥 미래에 대해 예상하는 표현이 will이다.

17 현재시제로 표현하는 미래
English Grammar
(Simple Present for Future)

> **A: What time does the concert end tonight?**
> 오늘 밤 콘서트가 몇 시에 끝나지?
> **B: It ends at 10:00.** 10시에 끝나요.

오늘 밤은 분명히 아직 다가오지 않은 '미래'인데, 왜 will이나 be going to V 등을 쓰지 않았을까요? 자, 복잡하게 시제를 따지기 전에 대화를 떠올려 볼까요. 대화의 중심 내용은 '콘서트'이고요. 오늘 밤에 일어날 일에 대한 예상이나 전망이라기보다는 '콘서트'에 대한 정보를 묻는 겁니다. 여기서 말하는 콘서트에 대한 정보란 스케줄이죠. 콘서트가 언제 시작하고 끝나는지는 알 수 없거나 예상하는 것이 아니라 애초에 콘서트란 것이 기획되면서 정해진 것입니다. 시제를 따지고 보자면 미래에 일어날 일이지만, 미래에 일어날 일, 공연보다는 그것의 원래 정보(fact)에 대해 이야기하는 성격이 강하다는 걸 알 수 있죠. 이때에는 동사의 원래 모양(base form)으로 문장을 표현합니다. 원래 그런 것을 이야기할 때는 동사의 원래 형태 그대로 쓴다는 거, 기억나세요? '미래'의 의미라기보다 원래적인 성격이 강하다고 보기 때문에 동사의 원래 형태를 씁니다. 콘서트나 영화, 비행기, 기차 등의 스케줄 또는 시간표가 대표적인 예입니다.

The plane takes off at 12:45 from Tokyo and lands at Incheon at 14:30.
그 비행기는 도쿄에서 12시 45분에 이륙하여 14시 30분에 인천에 착륙한다.

What time does the train leave? 기차가 몇 시에 떠나나요?

The class starts at 9:00. 수업은 9시에 시작한다.

이러한 스케줄이나 시간표는 그것을 이용하는 모든 사람에게 적용되는 것이고, 그것을 이용하건 안 하건 모든 사람들에게 9시에 시작한다는 똑같은 정보를 전달할 수 있죠. 이와 달리 사적인 일정이나 계획에 대해서는 be -ing나 be going to V를 사용한다는 점에 주의하세요.

I'm going to watch a baseball game this Sunday.
이번 주 일요일에 야구경기를 보러 갈 거야.
ㄴ, 개인적인 스케줄
I go to a baseball game this Sunday. (X)

What time are they arriving? 걔들이 몇 시에 도착하지?
ㄴ, 사적인 스케줄
What time do they arrive? (X)

The bus arrives at 10:30. 그 버스는 10:30에 도착한다.

생활영어에서도 많이 사용되는 다음 표현을 표를 통해 익혀두면 편리합니다.

What time does 몇시에	the concert 콘서트가 the movie 영화가 it 그것이	start? begin? } 시작하나요 end? finish? } 끝나나요

It 그것은	starts ⎫ 시작합니다 begins ⎭ ends ⎫ 끝납니다 finishes ⎭	at 6:00. 6시에 at 11:45. 11시 45분에
What time does 몇시에	the train 기차 ⎫ the bus 버스 ⎬ 가 the plane 비행기 ⎭	leave? 떠나나요? arrive? 도착하나요? get to Seoul? 서울에 도착하나요?
It 그것은	leaves 떠납니다 arrives 도착합니다 gets to Seoul 서울에 도착한다	at noon. 정오에 at midnight. 자정에

현재시제로 표현하는 미래, 이것만 알고 가자

1_ 미래의 일이지만 원래 그렇게 정해져 있는 일인 대중교통 이용 스케줄, 공공행사 시작 시간 등은 동사원형을 써서 단순현재로 표현한다.

2_ 개인적 또는 사적인 일정이나 계획에 대해서는 be -ing나 be going to V를 사용한다.

18 그때까지는 다 해 놓을게, will have p.p.
English Grammar
(Future Perfect)

이제는 have p.p.를 미래에 적용시킬 차례네요. have p.p.는 언뜻 우리말로 '과거'같이 해석되지만 기준 시간이 '지금'입니다. 이 기준 시간을 과거의 어느 한 때로 옮긴 것이 had p.p.입니다. 기억나시죠? 그렇다면 have p.p.의 기준 시간을 미래로 옮기면 어떻게 될까요? will have p.p.가 됩니다.

will have p.p.는 미래의 어느 한 때를 기준으로 그 전이나 그때까지 뭔가가 벌어지거나 이루어지는 것을 말합니다. 시제에 따른 문장의 의미를 비교해 보세요.

● 미래의 어느 한 때를 의식하여 거기에 집중해서 말할 때에는 will be -ing를 씁니다.
I'll be out at 12:30. I'll be having lunch with Mr. Harris.
저는 12시 30분에는 밖에 있을 거예요. 해리스 씨와 점심을 먹고 있을 겁니다.

I have cleaned my room. 방 치웠어.
ㄴ 지금 기준으로 방이 치워진 상태라는 의미

I had cleaned my room when mom arrived.
엄마가 오셨을 땐 방을 이미 치웠다.
ㄴ 엄마가 오셨을 때를 기준으로 방이 이미 치워져 있는 상태

I will have cleaned my room by noon.
12시까지는 방을 치워 놓겠다.
ㄴ 12시를 기준으로 방이 치워져 있을 것이라는 의미

I **have lived** in Seoul for 17 years.
나는 서울에서 17년을 살았다.
ㄴ. 지금 기준으로 17년 살았음.

I **had lived** in Guam for 6 years when my family decided to move to Seoul.
우리 가족이 서울로 이사 가기로 결정했을 때, 나는 괌에서 6년을 살았었다.
ㄴ. 서울로 이사 가기로 결정한 때를 기준으로 그때까지 괌에서 6년을 살았다는 의미.

I **will have lived** in Seoul for 18 years next year.
나는 내년이면 서울에서 18년을 살게 된다.
ㄴ. 내년이면 18년 산 것이 된다는 의미.

즉, 미래의 어느 기준 시간부터 그 이전까지를 범위로 하는 것이 will have p.p.입니다.

I hope I **will have saved** a lot of money before I'm forty.
마흔이 되기 전까지 많은 돈을 모으고 싶어요.
ㄴ. 지금부터 마흔이 되기 전까지의 미래 시간들을 의미함.

• have been -ing의 개념을 그대로 미래 기준 시간에 응용해서 will have been -ing도 가능합니다. 미래의 어느 기준 시간까지 내내 그러고 있을 것이라는 의미가 되지요.

I'll have been waiting for an hour when he arrives.
그가 도착할 때면 나는 한 시간은 기다리고 있는 게 될 것이다.

will have p.p.에서 말하는 미래의 기준 시간을 나타낼 때 잘 쓰이는 것이 전치사 **by**입니다. by는 해당 미래 기준 시간까지를 의미하며, 전치사이므로 뒤에는 시간 명사가 옵니다. by then이라고 하면 '그때까지'라는 의미이고, by the time을 쓰면 뒤에 문장이 올 수도 있습니다.

Kim **will have finished** the report **by then**.
킴이 그때까지는 보고서를 끝낼 거예요.

I **will have gone** away **by the time** you read this letter.
이 편지를 읽으실 때면 저는 이미 멀리 떠나있을 거예요.

'~까지'라고 주로 해석되지만 by는 until과는 다르답니다. by는 그때가 마지노선이란 얘깁니다. 그러니까 그 전의 시간들도 해당될 수 있는 거죠. (Unit 70 참고)

I will stay here until you come back.
나는 네가 돌아올 때까지 여기에 머물러 있겠다.
ㄴ, 네가 돌아오면 머무르는 것이 종료됨.

I will have repaired your car by next Wednesday.
다음 주 수요일까지는 당신의 차를 고쳐 놓겠습니다.
ㄴ, 다음 주 수요일 전에라도 차가 고쳐질 수 있음.

• until이 will have p.p.와 쓰일 수 있는 경우는 다음과 같습니다.
Mr. Wong won't have finished his speech until lunchtime.
웡 씨는 점심 시간까지 그의 연설을 끝내지 않을 것입니다.
ㄴ, 점심 시간이 되어야 연설이 끝날 것임

will have p.p., 이것만 알고 가자

1_ will have p.p.는 미래의 어느 한 때를 기준으로 그 전이나 그때까지 뭔가가 벌어지거나 이루어지는 것을 나타낸다.

2_ will have p.p.에서 말하는 미래의 기준 시간을 나타낼 때 by(+시간 명사)를 쓴다. by는 해당 미래 기준 시간까지를 의미하며 by the time을 쓰면 뒤에 문장이 올 수 있다.

English Grammar Concert

CHAPTER

04

분위기를 잡아라 –

조동사

19. 자신있다면 must, 아님 말구 might
20. 할 수 있다! can (가능성과 능력의 can)
21. 살짝 태도가 물러선 could 와 might
22. 의무감이 팍팍, must와 have to
23. 이러는 게 낫지 않겠니? should
24. 과거지만 ~ed를 못 쓴다고? (must have p.p., should have p.p., etc.)

19 English Grammar
자신있다면 must, 아님 말구 might

문장에는 반드시 동사가 있어야 합니다. 동사를 쓸 때는 시간이 매우 중요해서 동사에 시제를 적용해주는 것만 잘해도 동사를 잘 활용한다 하겠습니다. 그런데 시제를 바꿔주는 것만으로 표현이 안 되는 의미들이 있습니다. '수영을 할 수 있다'라고 하면 분명히 '수영하다'라는 동사 swim을 써야 합니다. 그런데 '수영할 수 있다'라는 의미는 시제를 바꾼다고 만들어지지 않습니다. '수영하다'에 '~할 수 있다'는 의미를 더하려면 swim에 도대체 무슨 짓을 해야 하는 걸까요?

'~할 수 있다', '~일지도 모른다'와 같이 동사에 어떤 '능력', '가능성', '추측' 등의 분위기를 더해 주는 것 이것이 바로 조동사(modal verb)입니다. 주인공 동사가 아니라 분위기만 더해주는 동사라는 말이죠. 그래서 '보조'하는 조동사이고, 분위기(mode)를 씌워줘서 modal verb입니다. 도와만 준다고 해서 helping verb라고도 합니다.

어떤 행사에서도 우선 분위기부터 잡아주고 나서 주인공이 등장하듯이 문장에서 조동사는 주인공이 되는 동사 앞에 먼저 등장합니다. 조동사가 앞에서 다 준비해 놓았기 때문에 주인공은 그냥 몸만 덜렁 등장하면 됩니다. 다시 말해 조동사 다음에는 동사원형이 옵니다.

자, 그럼 분위기를 잡아주는 조동사에는 어떤 것들이 있을까요? 우선 조동사가 나타내는 분위기는 크게 세 가지가 있습니다. '추측', '가능성이나 능력', '의무'이죠. 이 중에서 먼저 '추측'에 대해 살펴봅시다.

추측에도 두 가지 분위기가 있습니다. 확신이 있는 추측과 자신 없는 추측입니다. 추측이라도 나름대로 근거가 있거나 추측에 대해 자신이 있는 경우에는 must를 씁니다.

Derek must be married. He always wears a ring.
데릭은 틀림없이 유부남이야. 항상 반지를 끼고 있거든.

● 특히 일상 대화에서 '~겠구나'라는 느낌을 표현할 때 씁니다.

You worked all night? Oh, dear. You must be exhausted!
밤새도록 일했다고요? 이런, 굉장히 피곤하시겠군요.

단지 그럴지도 몰라… 정도로 추측할 때에 쓰는 조동사는 may입니다. 그럴 수도, 아닐 수도 있는데 아니어도 할 말 없는 것이 may입니다. must만큼 확신하지 못하는 상황에서 쓰는 표현이죠.

The situation there may be worse than we think.
거기 사정이 우리가 생각하는 것보다 더 나쁠지도 몰라.
└ 사정이 더 나쁠 수도, 아닐 수도 있음

I may go to New York next year. 나 내년엔 뉴욕에 갈지도 몰라.
└ 내년에 뉴욕에 갈 수도, 안 갈 수도 있음

must나 may는 모두 be-type 동사이므로 부정문을 만들 때 바로 뒤에 not을 붙이면 됩니다.

They must not be at home. I just rang the doorbell three times, but there was no answer.
걔네들 집에 없는 게 틀림없어. 내가 방금 벨을 세 번이나 눌렀는데 답이 없었거든.

It may not rain tomorrow.
내일 비가 안 올지도 몰라.

must는 의문문 형태로 쓰는 일이 극히 드물어요. may도 May I ...? 형태를 제외하고는 의문문의 형태로는 잘 쓰이지 않습니다.

• How may I help you?라고도 많이 얘기합니다.

May I help you? (가게 등에서) 도와드릴까요?
May I sit here? 여기 앉아도 될까요?

May I ..?라고 물으면 내 행동에 대해서 내가 일방적으로 결정하지 않고 상대방의 의사를 묻는 것이므로 매우 정중하게 양해나 허가를 얻을 때 쓸 수 있습니다.

여기서 잠깐, 상대방의 추측이나 생각을 물을 때 쓰는 가장 일반적인 표현은 Do you think ...?입니다. (may 얘기는 아니지만 알아두세요.) 추측의 내용이 지금에 관련된 것이냐, 미래에 관련된 것이냐에 따라 다음과 같이 문장을 만들 수 있습니다.

Do you think he is married? 네 생각에 그 남자 유부남인 것 같니?
Do you think it will rain tomorrow? 네 생각엔 내일 비가 올 것 같니?

may 뒤의 동사 모양으로 추측하는 내용의 시간에 대해 보다 구체적으로 알 수 있습니다. may가 나타내는 시제가 현재인지, 미래인지는 문맥으로 구분합니다.

They may be Americans. 그들은 미국인일지도 몰라.
ㄴ 현재, 일반적인 쓰임

Sarah may not be studying at the moment.
사라가 지금은 공부하고 있지 않지도 몰라.
ㄴ 현재, 집중

We may visit the museum this afternoon.
우리 어쩌면 오늘 오후에 그 박물관에 가게 될지도 몰라.
ㄴ 미래

may는 종종 might 로 쓰이기도 합니다. 이 때 might는 '과거'와 상관없이 may와 동일하다고 보시면 됩니다.

The situation there might be worse than we think.
거기 사정이 우리가 생각하는 것보다 더 나쁠지도 모릅니다.

They might not be at home. 그들은 집에 있지 않은지도 모른다.

They might be Americans. 그들은 미국인일지도 몰라.

Sarah might not be studying at the moment.
사라가 지금은 공부하고 있지 않지도 몰라.

조동사, 이것만 알고 가자

1_ 조동사(modal verb)는 동사에 '능력', '가능성', '추측' 등의 분위기를 더해주는 역할을 한다. 조동사 뒤에는 동사원형을 쓴다.

2_ 자신이 있는 경우에는 must를 쓰며 그럴 수도, 아닐 수도 있다는 의미는 may를 쓴다. 부정형을 만들 때는 조동사 뒤에 not을 붙인다.

20 할 수 있다! can
(가능성과 능력의 can)

English Grammar

가능성이나 능력을 나타낼 때는 can을 쓸 수 있으며 '~할 수 있다'라는 의미입니다.

We can deliver it faster than others.
우리는 그것을 다른 사람들보다 빨리 배송할 수 있습니다.
└ 능력

I think I can help you later. 나중에 너를 도와줄 수 있을 것 같다.
└ 가능성

• can't 대신 cannot도 많이 쓰입니다. can과 not을 따로 떼지 않고 붙여서 cannot이라고 하는 것에 유의하세요.

can은 be-type 동사이므로 be동사 문장과 같은 원리로 부정문을 만들면 됩니다. 만드는 법 기억하시죠?

I can't swim. 나 수영 못해.

I can't help you, sorry. 나 너 못 도와줘, 미안.

가능성의 can이 can't가 되었을 때의 어감에 주목해 봅시다. 가능성에 대한 강한 부정의 느낌을 주면서 우리말로 '~일 리가 없다'라고 해석되는 경우가 있습니다.

Brian is getting married? That can't be true!
브라이언이 결혼한다구? 사실일 리가 없어!

How can you say no? You can't be serious!
어떻게 아니라고 말할 수 있니? 너 미쳤구나!
└ 제정신/진심일 리가 없다.

can을 이용해 질문을 할 때도 be동사와 마찬가지로 주어와 동사의 위치를 바꾸어주면 됩니다.

Can you ski? 스키 탈 줄 아니?
Can you pass me the salt please? 소금 좀 건네 주시겠어요?

Can you ...? 또는 Can I ...?는 상대방에게 부탁을 하거나 허락을 얻을 때 쓰는 말입니다. 보통 please와 함께 씁니다. please의 위치에 주목하면서 다음 문장들을 보세요.

● 부탁의 Can you ...? 질문은 좀 더 예의바른 표현 Could you ...?로 바꿔 말할 수 있습니다.
Could you pass me the salt please?

Can I have some soup please? 수프 좀 주시겠어요?
Can you please scoot a little? 조금만 비켜 주시겠어요?

● Can I have ...? 또는 Could I have ...?라고 하면 보통 원가를 달라고 부탁하는 표현이 됩니다.

● scoot: 옆으로 비켜서 자리를 내주다

can의 ~ed형인 could는 보통 '능력'을 나타내는 경우에는 시간이 뒤로 물러난 과거입니다.

When I was on the track team, I could run for miles. Now running for just 15 minutes leaves me really tired.
내가 육상부였을 때엔 몇 마일이고 달릴 수 있었다. 지금은 15분만 뛰어도 너무 힘들다.

My great grandmother could not drive.
우리 증조 할머니는 운전할 줄 모르셨다.

be able to V도 '~할 수 있다'는 의미로 해석되는데, can과는 어떤 차이가 있을까요? 우선 be able to V는 can을 쓸 수 없는 경우에 대타로 쓸 수 있습니다. 어떤 경우냐고요?

Jenny will not be able to help you after class. She has to run an errand for Mr. Harris.
제니는 수업 후에 너를 도울 수 없을 거야. 해리스 선생님의 심부름을 해야 하거든.

위 문장에서 will 뒤에는 can과 같은 조동사를 겹쳐서 쓰지 못하므로 be able to V를 써야 하는 거죠. 다음과 같은 경우도 있어요.

I haven't been able to sleep well for a week.
나는 지난 일주일간 잠을 잘 잘 수가 없었다.

can은 p.p. 형태가 없기 때문에 have p.p. 형태로 쓸 수 없으므로 be able to V를 써서 have been able to V가 되었습니다.

또한 to 뒤에도 can과 같은 조동사가 오지 못합니다.

It's really nice to be able to get together, have some food and play some music.
함께 모여서 음식도 먹고 음악도 연주할 수 있다는 건 참 좋네요.

will 다음에 can을 쓸 수 없는 것과 마찬가지로 might와 같은 조동사 뒤에도 다른 조동사가 올 수 없습니다.

• 특히 see, hear, remember 등 기본적인 신체 감각 및 인지 기능에 대해서는 can/could를 씁니다.

As soon as I came into the cellar, I could hear that noise.
지하실에 들어가자마자 나는 그 소음을 들을 수 있었다.

Keith might not be able to come to the party.
키이스는 파티에 올 수 없을지도 몰라.

can과 be able to V가 모두 가능한 경우는 일반적으로 can을 씁니다. 그러나 과거를 나타낼 때는 could와 was/were able to V의 사용이 구분됩니다. could는 과거의 일반적인 '능력'이나 '가능성'을 이야기할 때에 쓰이고, was/were able to V는 과거의 어느 특별한 상황에서만 가능했던 것을 표현합니다. 다음 두 문장을 비교해볼까요?

My grandfather could swim. 우리 할아버지는 수영을 하실 수 있었다.

My grandfather had cramps in his calves, but he was able to swim. 우리 할아버지는 종아리에 쥐가 났지만, 수영을 할 수 있었다.

could swim을 쓴 문장은 과거의 일반적인 능력을 말하는 것이고 was able to swim이라고 쓴 문장은 그때 상황에서만 가능했고, 다른 상황에서도 똑같이 가능했으리라고 장담할 수 없다는 의미입니다. 확실히 구분이 되시죠? 그러나 부정문이나 의문문에서는 could와 was/were able to V를 특별히 구분하지 않고 쓸 수 있습니다.

I couldn't speak a word then. (O)

I wasn't able to speak a word then. (O)
나는 그때 한마디도 할 수가 없었다.

조동사 can, 이것만 알고 가자

1_ can은 가능성이나 능력을 나타내며 '~할 수 있다'라는 의미이다.

2_ Can you ...? 또는 Can I ...?는 상대방에게 부탁을 하거나 허락을 얻을 때 쓰는 말로 보통 please와 함께 쓴다.

3_ can을 쓸 수 없는 경우, 즉 다른 조동사나 have p.p.와 결합해야 하는 경우 be able to V를 쓸 수 있다.

21 살짝 태도가 물러선 could와 might

English Grammar

동사의 ~ed는 '한 걸음 물러난다'는 느낌이죠. 보통 '시간'이 물러나 '과거'가 되는 것이 일반적이지만, 언제나 '시간'만 물러나는 것은 아니에요. 그 문장을 말하는 사람의 '태도'가 한 걸음 물러나 좀 더 정중하고 조심스러움을 표현하기도 하고, '현실'에서 한 걸음 떨어진 '가상'이나 '비현실'적인 것들을 표현하기도 합니다. 특히 조동사들이 '태도'나 '현실'에서 한 걸음 물러나는 경우가 많습니다. 그럴 수도 있고 안 그럴 수도 있는 추측의 may가 한 걸음 물러난 태도를 보일 때 might를 쓰면 됩니다. 그렇지만 어차피 둘 다 확신을 가진 추측은 아니기 때문에 의미가 크게 차이 나지는 않고 둘 다 쓸 수 있는 경우가 많답니다. (unit 19 참고)

I **may** call him later. (O)
I **might** call him later. (O)
나중에 걔한테 전화할지도 모르겠어.

I **may not** be able to help you.
I **mightn't** be able to help you.
너를 도와주지 못할 수 있을지도 몰라.

• might not = mightn't
mightn't는 그렇게 자주 쓰이지는 않아요.

다만, 추측하는 상황이 매우 '비현실' 적인 경우에는 현실에서 한 걸음 물러난 might만을 쓸 수 있습니다.

If I were you, I might stay home. 내가 너라면 집에 머물지도 모르겠다.
ㄴ 내가 너일 수는 없으므로 비현실적

can의 ~ed형인 could는 '가능성'을 나타내는 경우에 '태도'가 물러나게 됩니다. could가 쓰이는 가장 일반적인 것이 부탁하거나 허락을 얻는 의문문 형태입니다.

Can you please put these books away?

Could you please put these books away? 이 책들 좀 치워 주시겠어요?
ㄴ Could you ...?가 좀 더 예의바르게 들림.

어떤 가능성을 조심스럽게 점쳐볼 때 쓸 수 있는 것이 could입니다. 일종의 '제안'을 하는 방법이 될 수도 있습니다. '능력'을 나타내는 could인지 과거를 나타내는 could인지 어떻게 구분하냐고요? 형태상으로는 드러나지 않으니 문맥을 통해서 알아내는 수밖에요.

We could just wait and see what happens.
그냥 기다리면서 어떻게 될지 두고 볼 수도 있지 않을까요?

어떤 가능성을 언급하며 제안을 하는 경우에는 can도 사용할 수 있습니다. 다만, could가 좀 더 조심스럽고 덜 확신하는 느낌이 듭니다.

We can stay with Helen in New York.

We could stay with Helen in New York.
뉴욕에서 헬렌 집에 묵을 수도 있지 않을까요?
ㄴ can이 좀 더 가능하다고 확신하는 느낌이 강함.

• 가능성이 있지만, 장담할 수 없는 것도 could를 씁니다.

He could be right, but I don't think he is.
걔가 맞을 수도 있겠지만, 난 그렇게 생각하지 않아.

그러나 might와 마찬가지로 '비현실'적인 것에 대해서는 could만 쓸 수 있습니다.

I'm so hungry that I could eat a horse!
너무 배고파서 말이라도 한 마리 뜯어 먹을 수 있을 것 같다!
ㄴ 실제로 불가능함.

couldn't는 상상이나 비현실적인 것에 대한 가능성을 부정하기도 합니다.

I couldn't live in the country. I love living in a big city.
난 시골에선 못 살 거야. 대도시에 살고 있는 게 너무 좋거든.
ㄴ 지금 대도시에 살고 있고, 시골에서 사는 것은 단지 상상일 뿐임.

Things couldn't be better. 더 이상 좋을 수가 없다.
ㄴ 더 좋은 상황이 있을 수 없을 정도로 최상의 상태, 즉 더 좋은 상황이란 것은 상상이므로 비현실적임.

조동사 could/might, 이것만 알고 가자

1_ could와 might는 각각 can과 may에서 시간이 과거로 물러난 것, 또는 태도가 물러난 조심스러움, 현실에서 물러난 비현실적인 것을 표현한다.

2_ 비현실적인 상황을 나타낼 때는 could와 might만 쓸 수 있다. can과 may로 대체할 수 없다.

22 의무감이 팍팍, must와 have to

English Grammar

우리말로 보통 '~해야만 한다'로 해석될 수 있는 의무감은 must와 have to V로 표현할 수 있습니다. must와 have to V는 '꼭 할 필요가 있다'는 의미입니다. 꼭 필요한 것을 하지 않으면 문제가 생길 수 있지요? 이렇게 문제가 생길까 봐 설사 싫어도 해야 한다는 의무감을 나타내는 조동사들입니다. 종종 둘 중 어떤 걸 쓰던 큰 차이는 없지만, 보통 말할 때(구어체)는 have to V를 좀 더 많이 씁니다.

It's already 10:30 p.m. I have to go now. (O)
It's already 10:30 p.m. I must go now. (O)
벌써 밤 10시 30분이야. 지금 가야 해.

좀 더 구분해서 쓴다면, must는 개인적인 의견이나 판단에서 그래야 한다는 의무감인 경우에 쓰고, have to V는 외부적인 압력이나 객관적 상황에 의해서 그래야만 하는 의무감을 표현할 때 쓸 수 있습니다.

It's a great movie. You must see it.
그거 진짜 좋은 영화야. 너 그거 꼭 봐야 해.
ㄴ 개인적인 의견

I must stop smoking. 나 담배 끊어야겠어.
ㄴ 스스로 그렇게 느낌

I have to work overtime tonight. 나 오늘 밤은 초과근무 해야 해.
ㄴ, 어쩔 수 없는 상황

I have to stop smoking. 나 담배 끊어야겠어.
ㄴ, 의사가 지시했거나 주위 여건으로 인해 그래야 하는 상황

그런데 must와 have to V는 부정문이 되면 뜻이 판이하게 달라집니다. must는 대부분의 다른 조동사처럼 be-type 동사인 반면, have to V는 have를 do-type 동사로 본다는 점도 유의해야 합니다. 그래서 not이 붙는 형태도 달라지죠. 의미를 살펴보면, must not은 '~하면 안 된다'는 금지를 나타내고 do not have to V는 '~할 필요가 없다, ~하지 않아도 된다'는 의미입니다.

• must not = mustn't

You mustn't tell him the story. 너 걔한테 이 얘기 하면 절대 안 돼.

I don't have to get up early tomorrow. It's Sunday.
나는 내일 일찍 일어나지 않아도 됩니다. 내일은 일요일입니다.

must는 의문문으로도 잘 쓰이지 않고, 별도의 ~ed 형태가 없어서 문장 활용에 제한이 많습니다. have to V는 must가 쓰일 수 없는 문장에서 그 역할을 대신합니다.

Do I have to fill out this form?
이 양식을 작성해야만 합니까?
ㄴ, question(의문문)

Tina missed the last bus, so she had to walk home.
티나는 막차를 놓쳐서 집까지 걸어와야만 했다.
ㄴ, past(과거)

구어체에서는 종종 have to V 대신 have got to V를 쓰기도 합니다. have got to의 have는 대개 주어와 함께 축약됩니다. 만화나 발음나는 그대로 구어체 표현을 옮긴 글 등에서는 I've gotta 또는 I gotta 같은 형태도 볼 수 있습니다.

I've got to work this Saturday.
= I have to work this Saturday.
난 이번 주 토요일에 일해야 합니다.

조동사 must/have to, 이것만 알고 가자

1_ must는 개인적인 의견이나 판단에서 그래야 한다는 의무감인 경우에 쓴다.

2_ have to V는 외부적인 압력이나 객관적 상황에 의해서 그래야만 하는 의무감을 표현할 때 쓴다.

3_ must not은 강한 금지를, do not have to V는 '~하지 않아도 된다'는 의미를 나타낸다.

4_ must의 과거 의미에는 had to V를 쓴다.

23 이러는 게 낫지 않겠니? should

English Grammar

must와 have to V가 꼭 해야만 하는 의무감을 표현한다면, should는 하는 것이 좋거나 옳다는 의미로 쓰입니다. 안 할 수도 있다는 가능성을 암시하는 것이죠.

You go to bed late and look tired in the morning. You should go to bed early. 너 늦게 자서 아침에 피곤해 보여. 좀 일찍 잠자리에 드는 게 좋겠어.

should는 반드시 해야 한다는 압박감을 주지 않기 때문에 자신의 의견이나 조언을 표현하면서도 상대가 불쾌하지 않도록 얘기할 때 잘 쓰이죠.

I think you should look for another job. Your boss is terrible.
난 네가 다른 일자리를 찾는 게 나을 것 같아. 네 사장님은 너무 꽝이야.

Do you think I should buy these shoes?
네 생각엔 내가 이 신발을 사면 좋을 것 같니?

should는 be-type 동사이므로 shouldn't를 써서 부정문을 만듭니다. '그렇게 하지 않는 것이 낫거나 옳다'는 의미입니다.

• should not
= shouldn't

You shouldn't believe what he says. 걔가 말하는 건 믿지 않는 게 나아.

must/have to와 should는 우리말로는 비슷하게 해석하지만 내용이 확연히 차이가 날 수도 있습니다. 다음 두 문장을 비교해 보세요.

I should study tonight… But I think I'll hang out with Karen.
오늘 밤 공부해야 하는데… 캐런이랑 놀러 나갈 것 같아.
ㄴ, 공부하는 것이 낫거나 옳지만 반드시 그렇게 하겠다는 의미가 아님

I have to study tonight. I can't hang out with Karen.
난 오늘 밤 공부해야만 해. 캐런이랑은 놀러 나가지 못해.
ㄴ, 반드시 공부해야 하므로 선택의 여지가 없음

'~이 옳다'는 의미의 should는 종종 뭔가 일이나 상황이 잘못 돌아가고 있다고 판단할 때도 쓰입니다.

The price is wrong. It should be less than $5.
이 가격 잘못되었어. 5달러보다는 낮아야 하는 것 아냐?

The boys over there should be at school now.
저기 남자애들 지금 학교에 있어야 하는 거 아냐?

비슷한 원리로, 어떤 일이 그렇게 되기를 희망할 때에도 should를 씁니다. '그렇게 되는 것이 옳거나 맞다'는 의미이죠.

The amusement park is full of interesting rides. It should be fun! 그 놀이 공원은 재미있는 탈거리로 가득해. 재미있을 거라구!

had better ~는 have to/must보다는 약하고 should보다는 강한 어조로, 특별한 상황에서만 쓰입니다. 그 상황에서만큼은 문제가 생길 수 있기 때문에 '~할 필요가 있다'고 말하는 것입니다. should는 일반적인 경우는 물론, had

---

• 의문문의 경우에는 역시 be동사처럼 주어와 동사의 위치가 바뀝니다.
What should I do?
내가 어쩌면 좋을까요?

• 계획이나 의도, 기대 등에 맞지 않게 상황이 돌아가는 경우는 be supposed to를 쓸 수도 있습니다.
He's supposed to be here by now, but he isn't.
그는 지금쯤이면 여기 와 있어야 하는데 그렇지 않다.

• should와 비슷하게 쓰이는 표현 중에 ought to가 있습니다. should보다 느낌이 약간 강하지만 have to나 must처럼 꼭 필요하다는 것은 아닙니다.
You didn't sleep at all? You ought to go to bed now!
한 잠도 안 잤다구? 너 당장 잠자리에 들어야겠다!

better가 쓰이는 특별한 경우에도 쓸 수 있습니다. 다만, 특별한 경우에 있어서는 had better가 좀 더 강한 어조로 들립니다.

It's cold out there. You had better wear a coat before going out.
밖이 추워. 너 나가기 전에 코트를 입어야 할 것 같아.
ㄴ 지금에만 해당됨. 지금 코트를 입지 않으면 추워서 감기에 걸리거나 할 우려가 있음

You should wear a coat on cold days.
추운 날엔 코트를 입는 것이 좋다.
ㄴ 일반적인 상황

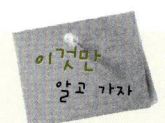

조동사 should, 이것만 알고 가자

1_ should는 '~하는 것이 좋거나 옳다'는 의미로, 안 할 수도 있다는 가능성을 암시할 수도 있다.

2_ should는 강제성이 약해 자신의 의견이나 조언을 표현하면서도 상대가 불쾌하지 않도록 얘기할 때에도 잘 쓰인다.

24 과거지만 ~ed를 못 쓴다고?
(must have p.p., should have p.p., etc.)

English Grammar

~ed는 한걸음 물러나는 것이라고 했어요. 시간이 물러날 수도, 태도가 물러날 수도, 현실에서 물러날 수도 있습니다. 그런데 시간도 물러나고 현실에서도 물러날 때엔 어떻게 할까요?

'틀림없이 ~일 거야'는 must로 표현합니다. 그렇다면 '틀림없이 ~였을 거야'는 어떻게 말할까요? 일단 must로 어느 정도 확신이 담긴 '추측'을 표현하는데, 여기에 '과거'의 의미를 더해줘야 합니다.

그런데 must는 ~ed 형태가 없습니다. 그리고 must 뒤에는 동사의 ~ed 형태를 쓸 수도 없잖아요. 원리를 곰곰이 따져보세요. 분위기 동사인 조동사가 일단 분위기를 잡아놓으면 다음에 오는 동사는 맨 몸, 즉 원형만 와야 합니다. 자, 그럼 어떻게 해야 할까요?

이럴 때 쓰기 위해 영어에 '과거'를 이야기하는 방법이 두 가지가 있죠. 기억나세요? ~ed와 have p.p.이죠. 그래서 ~ed를 굳이 '과거형'이라고 하지 않고 ~ed라고 부르는 거죠. 나머지 과거를 말하는 형태인 have p.p.가 서운할 테니까요. '과거'를 말하는 방법을 하나만 떠올리는 습관을 이제 버리실 때입니다.

must 다음에 ~ed는 못 쓰지만, have p.p.는 됩니다. have p.p.의 have가 동사의 원래 모양이잖아요!

• have p.p.는 지금을 기준으로 과거를 얘기하는 시제라고 했습니다. Unit 09를 참조하세요.

He didn't sleep at all last night. He must be sleepy.
그는 어젯밤 한잠도 안 잤어요. 틀림없이 (지금) 졸릴 거예요.
↳ now(지금)이므로 must 다음에 동사원형

- **must have p.p.**의 must have는 말할 때 보통 must've로 축약하여 발음합니다. 우리말로 '머스트(터)브'와 비슷합니다. must have been 같은 경우는 '머스텁빈'과 유사하게 발음됩니다.

He didn't sleep at all last night. He must have been sleepy.
그는 어젯밤 한 잠도 안 잤어요. 틀림없이 (어젯밤에) 졸렸을 거예요.
↳ past(과거)이므로 must have p.p.

확신 없는 추측의 might도 마찬가지입니다. 이미 태도가 물러난 might이므로 ~ed를 또 다시 붙여 쓸 수 없죠. might 뒤의 동사도 ~ed 형태로 쓸 수 없기 때문에 결국 have p.p.를 쓰면 됩니다.

She might go to the beach.
그녀는 해변으로 갈지도 몰라요.

- **might have p.p.**의 might have도 말할 때 보통 might've로 축약하여 발음합니다. 우리말로 '마이트(터)브'와 비슷해요. might have been 같은 경우는 '마이텁빈'과 유사하게 발음됩니다.

She might have gone to the beach.
그녀는 해변으로 갔을지도 몰라요.

조심스럽게 가능성을 점치는 could도 have p.p.를 더하면 과거에 대한 가능성을 이야기합니다. '그랬었을 수도 있다'라는 의미가 되죠.

We could take the subway. 지하철을 탈 수도 있을 것 같은데.
↳ 지금 그렇게 할 수 있지 않느냐는 가능성 타진

- **could have p.p.**의 could have도 말할 때 보통 could've로 축약하여 발음합니다. '쿠드(더)브'와 유사하고 could have been은 '쿠듭(덥)빈'과 비슷해요.

I could have driven this morning, but I decided to take the subway. 오늘 아침에 운전을 할 수도 있었지만 지하철을 타기로 결심했었다.
↳ 오늘 아침(과거)에 있을 수도 있었던 가능성을 이야기함.

그렇다면, '~해야만 했었다'는요? 우리말 해석은 비슷하게 들려도 영어에서는 두 가지로 다르게 이야기할 수 있습니다. 해야만 했고 실제로 그랬을 경우에는 had tov를 씁니다. 반드시, 꼭 그래야 했기 때문에 당연히 그렇게 했던 것입니다.

I had to wait long for the bus.
버스를 오래 기다려야 했다.
ㄴ, 실제로도 버스를 오래 기다렸음

그래야만 했으나 그렇지 못한 것에 대해서는 should have p.p.를 씁니다. 그래야 했던 것이 더 나았거나 옳았지만 그러지 못했기에 should와 '과거'의 have p.p.가 만난 것입니다. should도 shall의 ~ed이기 때문에 더 이상 시제가 물러날 수가 없고, 역시 조동사인지라 뒤에 ~ed가 올 수 없어 have p.p.가 옵니다.

I should have taken the subway. It wasn't a good idea to drive a car in the rush hour.
나는 지하철을 탔어야 했다. 러시아워에 차를 몬다는 건 좋은 생각이 아니었다.

• should have p.p. 역시 should have를 should've로 축약하여 발음합니다. '슈드(더)브'와 비슷하고요, should've been은 '슈듭(덥)빈'과 비슷하다고 할 수 있습니다.

이렇게 종종 시간이 한 걸음 물러나야 하지만 ~ed 형태를 못 쓰는 경우에는 have p.p.가 훌륭한 대안이 됩니다. 여기서는 조동사의 과거형과 have p.p.의 결합을 살펴보았습니다. 이 밖에도 seem이나 tell, report 같은 동사들이 과거의 일을 전달할 때도 have p.p.를 씁니다. 조동사는 아니지만 참고로 seem의 경우를 살펴보고 넘어갑시다.

seem은 '~인 것 같다, ~인 것처럼 보이다'라는 의미로 쓰이는 동사입니다.

He seems to be rich.
그는 부자인 것 같다.

그가 예전에 부자였던 것처럼 보인다고 할 때에는 어떻게 할까요? 지금 그렇게 보이므로 seem이 물러날 수는 없습니다. 이럴 때에도 have p.p.가 해결책이 됩니다.

He seems to have been rich.
그는 한 때 돈 좀 있었던 것처럼 보인다.

조동사+have+p.p., 이것만 알고 가자

1_ 조동사의 의미에, 시제가 한 걸음 물러난 과거의 의미를 나타내려면 '조동사 +have p.p.' 형태를 쓴다.

2_ must have p.p.는 '틀림없이 ~했다', might have p.p.는 '~했을지도 모른다', could have p.p.는 '~했을 수 있다', should have p.p.는 '~했어야 했다'라는 의미이다.

CHAPTER
05

영어의 상호 작용 -

능동태와 수동태

25. 대상을 의식해봐, 자동사와 타동사

26. 입장 바꿔 생각해봐, Active(능동) vs Passive(수동)

27. 자동사와 타동사는 외워야만 하나요? (Transitive vs Intransitive)

28. 행위의 대상이 두 개면? : Direct Object와 Indirect Object

29. 왜 영어에는 '태어나다'란 동사가 없을까?

30. 응용 : -ing냐? p.p.냐?

25 English Grammar
대상을 의식해봐, 자동사와 타동사

영어 문장의 기본 뼈대는 S+V입니다. 기본적으로 이 뼈대만 잘 갖추어도 훌륭한 문장이 됩니다.

Birds fly, and fish swim.
새들은 날고 물고기들은 헤엄친다.

> 이런 것을 기존 문법에서 **1형식**이라고 합니다. 이렇게 혼자만으로 만사 해결되는 동사는 자동사(intransitive verb)라고 합니다.

그러나 S+V 만으로는 문장이 영 불완전한 경우도 있습니다.

I am.

이런 경우는 한 눈에 봐도 의미가 안 떠오르기 때문에 금새 눈치챌 수 있습니다. 뭔가 뒤에 말이 더 이어져야 문장이 제대로 마무리됩니다.

> 이런 것을 기존 문법에서 **2형식**이라고 합니다. 뒤에 오는 말들을 보어(complement)라고 하죠. 이렇게 be동사처럼 그것만으로 딱 의미가 안 다가오는 애들을 불완전 자동사 또는 2형식 동사라고도 합니다.

I am + Bill Clinton.
married.
at work.

그런데 언뜻 우리말로는 그럴듯한데, 영어에서는 뭔가 부족하다고 생각하는 경우가 있습니다. 주어와 동사 말고 또 다른 대상이 필요한 문장입니다.

I like ...

like는 뭔가를 좋아한다는 의미인데, 그 뭔가가 밝혀지지 않았기 때문에 문장이 불완전합니다. 그 뭔가(대상)를 문장에서 밝혀줘야 속 시원하고 제대로 된 문장이 됩니다.

영어는 '상호작용'에 민감합니다. 뭔가 주어와 다른 대상 사이에 어떤 '작용'이 있으면 그것을 분명하게 말해 주기를 원합니다. 이 대상을 기존 문법에서는 '목적어'라고 하고, 이 대상이 들어가야 하는 문장을 3형식이라고 합니다.

I like chocolate. 나는 초콜릿을 좋아합니다.

우리말 해석을 기준으로 하면 이 '대상'이 잘 안 떠오를 때가 많죠. 영어식 사고를 위해서는 동사 뒤에 어떤 대상이 필요한 것인지를 자꾸 의식하려는 노력이 필요합니다. 이 대상은 종종 동사에 대해 '~를(을)'로 해석됩니다. 문장에서 동사에 대해 '~를'(뭘? TV를)로 물어서 답이 나온다면 대상이 들어간다고 생각할 수 있습니다.

She is watching. 그녀는 보고 있다.
→ She is watching TV. 그녀는 TV를 보고 있다.

이렇게 문장에서 바로 뒤에 '대상'을 부르는 동사를 타동사(transitive verb)라고 합니다. 타동사는 주어와 대상 사이의 상호 '관계'나 '작용'을 설명해줍니다.

The cat caught a mouse. 그 고양이는 쥐를 잡았다.
ㄴ, 서로 잡고 잡히는 관계

The boy kissed the girl. 그 남자애는 그 여자에게 키스했다.
ㄴ, 한 사람은 키스하고 한 사람은 키스받음

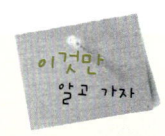

타동사와 목적어, 이것만 알고 가자

1_ S+V만으로는 문장이 불완전하여 동사의 대상(목적어)이 필요한 경우는 동사 다음에 대상을 나타내는 명사가 와야 한다.

26 입장 바꿔 생각해봐, Active(능동) vs Passive(수동)

English Grammar

영어는 상호작용에 민감합니다. 문장을 만들 때, 첫째, '상호'라는 말에 주목하세요. '상호'란 말은 둘 사이의 관계를 말합니다. 따라서 문장에 주어의 행위에 대한 또 다른 대상이 있다는 얘기죠. 문장에 주어 외의 다른 대상이 있는 경우에 꼭 문장에서 이를 밝혀줘야 합니다. 둘째, 이 둘의 관계를 정확하게 설명해야 합니다. 고양이는 쥐를 잡지만, 쥐 입장에서는 고양이에게 잡히는 거잖아요. 쥐가 고양이를 잡는 것으로 오해하지 않게 정확하게 문장에서 밝히는 것이 영어에 있어 상호작용의 핵심입니다.

이 상호작용을 정확하게 밝히는 역할은 바로 동사가 합니다. 동사의 활용에 대해 다시 한번 생각해 봅시다. 동사의 ~ed 개념은 이미 한 걸음 물러난, 즉 지금과는 완전히 끝났다는 개념인, OVER에 있습니다. 이 ~ed가 형용사 역할을 하는 것이 p.p.입니다. p.p.는 돌이킬 수 없는, 선택권이 없는 상태를 의미합니다. 이것이 바로 수동태입니다.

● 수동태는 '시제'가 아닙니다. 많은 학생들이 수동태를 시제로 혼동하는데, 수동태는 '시간'이 아닌 상호작용의 입장 또는 상태를 의미하는 것입니다. 그래서 영어로도 passive voice라고 해요.

Peter cleans the room everyday.
피터는 매일 방을 치운다.

피터는 앞으로 계속 방을 치울까요? 아마도 그렇겠죠. 아니, 여러분이나 저는 모르는 거죠. 누구 맘일까요? 피터 맘입니다. 주어인 피터에게 선택권이 있습

● 대다수의 동사들은 -ed나 p.p.의 모양이 똑같아요. 그러나 불규칙 동사(irregular verbs)들은 따로 그 모양새를 외워줘야 합니다.

니다. 이것을 능동태(active)라고 합니다. 그렇다면 '방'의 입장에서는 어떨까요? '방'에게는 선택권이 없습니다. 그래서 '방'의 입장에서 얘기하려면 선택권이 없는 p.p.인 cleaned를 써야 합니다. p.p.는 더 이상 동사가 아니기 때문에 be동사를 함께 써야 하는 것에 주의하세요.

The room is cleaned everyday.

만일 '누구에 의해서' 방이 치워지는지를 밝히고 싶다면 by를 사용합니다.

The room is cleaned by Peter everyday.

위 두 문장의 차이는 무엇일까요? 얼핏 의미는 비슷해 보이지만, 각각의 문장은 초점이 다릅니다. 문장의 초점이란 바로 문장의 중심(주체)인 subject입니다. 따라서 중심을 어디에 두느냐에 따라 다음과 같이 달라지겠죠.

Peter cleans the room everyday.
ㄴ 누가 방을 치우는가? '피터'에 초점을 두고 이야기하고 있음

The room is cleaned by Peter everyday.
ㄴ 무엇이 치워지는가? '방'을 중심으로 이야기하고 있음

수동태(passive)를 이해했다면 이제 응용해 봅시다. 만일 방이 어제 치워진 것이라면 어떻게 말할까요? 동사(be)가 '어제'로 한 걸음 물러나야 합니다.

The room was cleaned yesterday.
ㄴ 방은 어제 청소되었습니다.

늘 어지럽던 방이 어느 날 갑자기 깨끗하게 치워진 것을 보고는 어떻게 말할

수 있을까요? 언제인지는 몰라도 어쨌든 청소했다는 사실은 알 수 있으므로 have p.p.로 표현해야겠죠. 여기서의 p.p.는 동사의 p.p.입니다. be동사의 p.p.는 been입니다. (*passive의 p.p.는 건들지도 말 것!)

The room has been cleaned! 방이 싹 치워졌네!

이번엔 다른 상황을 생각해 보세요. 모처럼의 해외 여행에서 호텔에 좀 일찍 도착했습니다. 얼른 방에 들어가 좀 쉬면 좋겠는데, 지금은 방이 청소 중이라는군요. 이건 어떻게 말할까요? 누가 치우는 건 중요한 게 아니고 중심은 방에 있습니다. 그리고 '지금'이니까, -ing가 떠올랐나요? 무엇의 -ing일까요? 당연히 '동사'의 -ing입니다. 그렇다면 being이죠. 그런데 being이 되고 나니 동사가 없어져버렸네요. 그러므로 다시 be동사를 빌려 쓰면 됩니다. 자, 정리하면 이렇게 말할 수 있는 거죠.

The room is being cleaned right now. 방은 지금 청소(되고 있는) 중이에요.

새로 얻은 하숙집에서 '방은 매일매일 치워져 있을 것이다'고 말한다면? 미래에 대한 예상이므로 will을 쓰면 됩니다.

Your room will be cleaned every day. 당신의 방은 매일 청소될 것입니다.

그런데 의미로 보면 수동태가 될 것 같은데 안 되는 동사가 있습니다. 공식에 집착하지 말고 개념이 중요한 이유가 여기에 있는 거죠. 기존 영문법 교재로 공부하다 보면 두 대상 사이의 상호작용에 대한 개념을 먼저 확실히 하지 않고 무조건 자동사/타동사를 달달 외우고, 타동사는 목적어를 취하는 동사라고만 외우게 되죠. 이런 경우 무조건 타동사에 목적어만 있으면 의미는 생각도 안 하고 수동태가 가능하다고 생각하는데 천만의 말씀입니다. 대상인 목적어가 있다는 것은 외형상의 모습이고, 가장 중요한 개념은 상호작용입니다.

● 수동태(passive voice)의 문장에서 동사를 be 대신에 get으로 쓸 수도 있습니다. '그렇게 되는 순간'을 좀 더 의식하는 인상을 주며, 구어체에서 많이 쓰입니다.
Rachel doesn't often get invited to parties.
레이첼은 파티에 자주 초대되지 않습니다.
I got offered the job!
나 취직했어!
└ 그 일자리 제안 받았어!

I resemble my father.
나는 아빠를 닮았다.

The book belongs to me.
그 책은 내 것이다.

위 두 문장은 수동태가 된다고 착각하기 쉬운 대표적인 사례입니다. 얼핏 목적어가 보이고 우리말 해석을 봐도 수동태가 가능할 듯하기 때문이죠. 물론 상호작용에 대한 개념이 없는 사람들이나 속아 넘어가지, 개념이 있는 사람은 속지 않습니다.

내가 아빠를 닮은 것에는 얼핏 대상은 나와 아빠 둘이지만, 상호작용이 없습니다. 한 대상이 다른 대상에게 미치는 어떤 '힘(작용)'이 없다는 것입니다. '능동태/수동태'의 핵심은 상호작용이 있는 두 대상의 입장 바꾸기입니다. 그런데 '작용'이 없는데 뭘 바꾸고 말고 하겠어요. 아빠가 내게 무슨 힘(작용)을 써서 내가 아빠를 닮은 건가요? 원하지 않아도 닮게 태어나는 거죠.

직역으로 '그 책이 내게 속해 있다', 즉 '그 책은 내 거다'인 두 번째 문장도 마찬가지입니다. 얼핏 나와 그 책이라는 두 대상이 보이지만, 나와 내 책 사이에는 어떤 작용도 없습니다. 이 문장에서 책이 나한테 속하는 데 있어 어떤 힘이 작용한다고 느껴지세요?

마찬가지로 I have a dog. 같은 문장도 대상은 '둘'이지만, 수동태로 바꿀 수 없습니다. 나와 개 사이에 어떤 '힘'이 오고가지 않고 아무런 작용도 없기 때문이죠. 그런데 뭔가 본능적으로 이 문장은 수동태가 안 된다고 어렴풋이 감을 잡은 사람들도 이상하게 다른 동사만 들이대면 그 감을 잃어버립니다. 규칙과 개념 없는 암기 영어가 자연스러운 영어의 감각마저 마비시키는 것입니다. 그러므로 이제부터 목적어가 있네 없네, 타동사네 아니네 하고 개념도 없이 규칙만 외워서 문장을 분해하고 뜯어 맞추는 일은 그만두세요. 영어의 감을 익히는 일이 더 중요합니다.

수동태와 능동태, 이것만 알고 가자

1_ 주어와 대상의 상호작용이 문장에 정확하게 설명되어야 하며 이 역할을 동사가 한다.

2_ 수동태 문장은 be p.p.의 형태로 쓰며 완료형, 진행형, 미래형 등 시제를 나타낼 수 있다.

3_ 상호작용을 나타내지 않는 동사는 대상을 취하는 타동사여도 수동태로 만들 수 없다.

27 자동사와 타동사는 외워야만 하나요?
(Transitive vs Intransitive)

자동사와 타동사는 정녕 외워야만 하는 것일까요? 대부분 동사를 공부하면서 이건 자동사, 저건 타동사라고 달달 외우는 것이 마치 무슨 공식처럼 되어버렸습니다. 그러다 우연히 사전에서 하나의 동사가 자동사도 되고 타동사도 된다는 것을 발견하고 당황하게 되는 경우도 적지 않죠.

like처럼 웬만해서 자동사가 될 일이 없는 동사도 있지만, 상당수 영어 동사들은 자동사도 타동사도 될 수 있습니다. 달달 외우고 할 문제가 아니라는 것입니다. 그렇다면 자동사와 타동사는 어떻게 구분할까요? 왜 이런 구분이 생겼는지를 먼저 생각해봐야 합니다. 자동사, 타동사를 이해하는 키워드는 '상호작용'입니다. 타동사는 또 다른 대상을 부릅니다. 머릿속에 분명한 상호작용의 그림이 그려지게 하는 것이 타동사와 딸려오는 '대상(목적어)'입니다. 이제, 자동사와 타동사를 구분하는 감을 길러 봅시다. 잠깐만 연습해도 놀라운 효과가 있답니다.

What are you eating? 너 뭐 먹니?

여기에 대한 대답이 이렇다면 어떨까요?

I'm eating. 나 먹어.

제대로 된 대답이 아닙니다. 백이면 백 '아, 그러니까 뭘 먹는데?'라고 반문하게 될 것입니다. 따라서 제대로 답변하려면 eating의 대상을 언급해야 합니다. eat이 대상이 필요한 타동사란 얘기죠.

A: I'm eating an apple. 사과 먹고 있어.
B: A-ha. 그렇구나.

이런 경우는 어떨까요?

A: What are you doing? 뭐하니?
B: I'm eating. 식사해.

'뭘' 먹는다는 말이 필요하지 않은 경우죠. 구체적으로 입안에 무엇을 집어넣고 씹고 삼키고 있는지보다는 그냥 먹는 행위, '식사'한다는 것에 중심을 둔 것입니다. 내가 무엇을 먹고 있다는, 나와 그 음식 사이의 상호작용을 굳이 생각하지 않아도 되는 경우, 이때 eat은 '자동사'가 되는 것입니다.

좀 더 응용해 봅시다.

This detergent cleans well.
이 세제 진짜 깨끗하게 빨아준다.
ㄴ '이 세제 진짜 잘 깨끗하게 한다'고 직역하면 어색함

세제가 무엇을 깨끗하게 할까요? 재킷, 치마, 바지? 아니면 때? 얼룩? 생각할 수 있는 대상이 한두 가지가 아닙니다. 뭐를 먹건 그게 중점이 아닌 eat(뭐하냐는 물음에 대한 답변 I'm eating.)과 마찬가지로, 무엇을 깨끗하게 하건 무엇인지가 중점이 아닌 이 경우의 clean도 자동사입니다.

그러나 내가 방을 치우는 것은 나와 방 사이의 분명한 상호 관계가 그려지므로 이때의 clean은 타동사이고, 나와 방이 문장에 분명히 언급되어야 합니다.

I cleaned the room. 나는 방을 치웠다.

자동사와 타동사, 이것만 알고 가자

1_ 자동사와 타동사의 구분은 동사가 주어와 대상 사이의 상호작용을 나타내는지 여부에 있다. 타동사는 상호작용을 나타내며 뒤에 목적어(대상)가 온다.

28 행위의 대상이 두 개면? : Direct Object와 Indirect Object

English Grammar

상호작용하는 대상이 하나만으로는 충분하지 않은 타동사도 있습니다.

I gave ... 내가 줬어…

우리말로 들어도 바로 '뭘?'이라고 물어보게 될 것입니다. 그러면 이렇게 덧붙여 봅시다.

I gave the chocolate ... 내가 그 초콜릿을 줬거든…

여전히 뭔가 부족하네요. '누구한테?'라고 물어보게 되겠죠. 이렇게 '무엇을'과 '누구에게'라는 대상이 두 개 필요한 경우도 있습니다. 우리말에서는 대개 '무엇을' 줬는지 먼저 떠올리고 그 다음에 '누구에게' 줬는지 떠올리는데 영어에서는 기본적으로 '누구에게'에 해당하는 말이 먼저 나오고, '무엇을'에 해당하는 말이 다음에 옵니다.

I gave <u>Mark</u> <u>the chocolate</u>. 나 마크에게 그 초콜릿을 줬어.

물론 '무엇을'을 먼저 쓸 수도 있습니다. '누구에게'가 이미 문맥에서 드러났거나 '무엇을'에 해당하는 말이 it이나 them 같은 대명사일 때 특히 그렇습니다. 이런 경우 뒤에 오는 '누구에게'는 to와 함께 써 주세요.

• I gave Mark it.이라고는 하지 않습니다.

I gave the chocolate to Mark. 난 그 초콜릿을 마크에게 줬다구.
I gave it to Mark. 난 그걸 마크한테 줬다구.

이렇게 대상이 두 개인 경우에는, 대상을 주어로 입장 바꿔 말하기(수동태)도 두 가지 형태가 가능합니다. 다만, 동사 give 다음에 어떤 것이 오는지에 따라 모양에 차이가 있습니다.

I gave Mark the chocolate.
→ **Mark was given the chocolate.**
마크에게 그 초콜릿이 주어졌다.

I gave the chocolate to Mark.
→ **The chocolate was given to Mark.**
그 초콜릿은 마크에게 주어졌다.

이렇게 두 개의 대상을 취하는 동사들이 있습니다. 기존 문법에서 '수여동사'라고 하는데, 머리 아픈 용어 따위는 잊어버리세요. 그냥 'give와 그 친구들'이라고 해둡시다. 대개 '~에게 …해주다'로 해석할 수 있습니다.

또한 이렇게 '…에게 …를'의 순서로 대상이 두 개가 오는 문장을 4형식이라고 하죠. 그 동안 영어 공부하면서 많이 들어보셨을 거예요. '~에게'에 해당하는 대상을 '간접목적어', '~를'에 해당하는 대상을 '직접목적어'라고 하는데, 뭐 이걸 꼭 외워야 영어가 되는 건 아니죠. 그런 거 몰라도 미국 사람들은 잘만 말하잖아요.

주어	동사	~에게(간접목적어)	...를(직접목적어)
I	gave	him	money.
나는 그에게 돈을 줬다.			
He	sent	her	flowers.
그는 그녀에게 꽃을 보내주었다.			
She	showed	me	the picture.
그녀는 나에게 그 그림을 보여줬다.			
They	bought	their kids	toys.
그들은 애들에게 장난감을 사줬다.			

목적어가 두 개인 타동사와 수동태, 이것만 알고 가자

1_ 타동사 중에 '누구에게'와 '무엇을'에 해당하는 대상(목적어)을 두 개 취하는 동사가 있다.

2_ 목적어를 두 개 취하는 동사에는 give, sent, show, buy 등이 있으며 '~에게 …을 (해)주다'의 의미를 가진다. 이들은 목적어에 따라 두 가지 수동태가 가능하다.

29 왜 영어에는 '태어나다'란 동사가 없을까?

English Grammar

우리말로는 멀쩡한 능동태(active)인데, 영어 문장으로는 수동태(passive)인 경우가 있어 종종 혼란스럽죠. 가장 대표적인 것이 '태어나다'입니다.

I was born in Seoul. 나는 서울에서 태어났다.

사전을 찾아봐도 '태어나다'라는 한 단어로 된 동사를 찾을 수는 없습니다. 이유는 간단합니다. 영어에는 '태어나다'라는 단어가 없으니까요. 좀 더 정확하게 말하자면 '태어나다'라고 하는 '자동사'가 없습니다. 그렇다면 '태어나다'라는 표현에 집착하지 말고, 달리 표현하면 되겠네요. 태어난다는 것은 누군가가 낳아줬다고 바꿔 생각할 수 있죠. '내가 태어났다'를 그림으로도 떠올려봅시다. Bird fly.처럼 나만으로는 그림이 안 됩니다. 반드시 나를 낳아주는 '엄마'가 있어야 내가 태어나는 그림이 완성됩니다.

'낳다'는 동사가 바로 **bear**입니다. 따라서 '태어나다'라는 개념은 엄마와 나 사이의 상호작용입니다. 다만 우리말로도 '내가 태어났다'고 할 때 굳이 '엄마'를 언급하지 않는 것처럼 엄마를 주어로 하는 것이 아니라 나를 주어로 하는 경우가 보편적이고 자연스럽죠.

I was born in Seoul.

ㄴ, 엄마 얘기를 굳이 끼워 넣을 만하지 않습니다. 엄마가 낳아주고, 엄마에 의해서 태어나게 되지 뭐 다른 거 있나요?

다시 처음으로 돌아가서 왜 영어에 '태어나다'란 자동사가 없는 것일까요? 정답은 이미 나왔습니다. '탄생'은 상호작용 없이 생각할 수 없으므로 주어 혼자 하는 동작을 나타내는 자동사가 없는 것이 당연하죠. 그러나 '낳다'는 주어와 대상의 상호작용이 필요한 것이므로 타동사일 수밖에 없습니다. 그럼 이런 경우가 또 있을까요?

또 다른 대표적인 경우는 '무섭다'입니다. 영어의 관점에서는 '무섭다'도 결코 주어 혼자서 해결되지 않습니다. '무섭다'는 것은 무엇인가가 '나를 무섭게 만들었다'라는 의미입니다. 가만히 혼자 있어도 무섭지 않냐고요? 적어도 어제 본 영화의 좀비나 살인마가 떠올랐거나 뭔가 나타날 거 같은 기분이 들었으니 무서운 것이죠. 괜히 왜 무섭겠어요? '무섭다'는 무섭게 하는 원인과 겁을 먹게 되는 나(대상) 사이의 상호작용입니다.

He scared me! 쟤가 날 무섭게 했어요!
I was scared! 나 무서웠어요.

우리말로는 그냥 '무섭다'지만 영어로는 '무섭게 하는' 주체와 '무서움을 당하는' 대상의 복잡한 상호 관계를 나타냅니다. '태어나다'와 '무섭다'와 같은 성질을 가진 친구들을 더 알고 싶다고요? 다음 문장들을 봅시다. 그리고 우리말 해석에 의존하지 말고, 이 표현들 속에 담겨있는 상호작용을 생각해 보세요. 영어적으로 생각하는 게 다른 게 아니에요. 문장에 담긴 뜻과 원리를 되새겨 보고 응용해 보는 거죠.

Bill is interested in music. 빌은 음악에 관심 있다.

Jennifer is tired. 제니퍼는 피곤하다.

Helen was surprised at the news. 헬렌은 뉴스를 보고 놀랐다.

Victor was frightened by the dog. 빅터는 개 때문에 겁먹었다.

We were so disappointed with the movie.
우리는 그 영화에 너무나 실망했다.

자동사 같은 타동사, 이것만 알고 가자

1_ 상호작용 없이 생각할 수 없는 동사, bear, scare, interest, tire, surprise, frighten, disappoint 등은 자동사가 아니라 타동사이다.

2_ 이러한 동사들은 작용을 끼치는 원인(주어)이 문맥상 중요하지 않거나 대상(목적어)이 더 중요하므로 이를 주어로 종종 수동태로 쓴다.

30 응용 : -ing냐? p.p.냐?

English Grammar

수동태(passive) 문장인 be+p.p.가 능동태(active) 문장보다 보편적으로 쓰이면, p.p.가 아예 형용사로 정착되기도 합니다. born과 tired가 형용사로 굳어진 대표적인 경우죠. 사실 born의 경우 p.p.가 두 개라 by가 오면 아예 따로 borne을 쓰고, born 자체는 완전히 형용사처럼 씁니다. tired는 종종 능동(active) 형태가 쓰이기도 하지만 tired 자체를 특별히 수동태라고 하지 않고, I am tired.의 tired 역시 I am happy.의 happy처럼 be동사 뒤의 형용사로 보는 겁니다. 사실 이게 더 편하지 않나요?

-ing와 ~ed(p.p.)는 동사를 형용사로 만드는 방법이기도 합니다. 차이는 -ing는 능동(active)의 의미를, ~ed(p.p.)는 수동(passive)의 의미를 나타내는 형용사라는 것입니다. 즉, '상호작용'의 동사가 두 가지 형용사 형태(-ing, ~ed)로 활용될 수 있습니다.

interest 관심을 끌다
The movie is interesting. 그 영화는 흥미롭다. (능동)
I was interested in movies. 나는 영화에 관심이 있었다. (수동)

shock 놀라게 하다
The dog shocked me. 그 개는 나를 놀라게 했다. (능동 – 동사의 과거형)
I was shocked by the dog. 나는 그 개 때문에 놀랐다. (수동 – 동사의 p.p.형)

※ 이렇게 have처럼 '~하게 시키다'의 의미를 나타내주는 동사를 문법 용어로는 '사역동사'라고 합니다.

원래 상호작용을 나타내지는 않지만 어떤 대상으로 하여금 '~하게 만들다'라는 의미는 어떻게 표현할까요? 이럴 때는 '~하게 시키다'라는 의미의 동사를 쓰면 됩니다. have가 바로 그것입니다. 이때의 have는 '가지다, 밥 먹다'라는 의미를 나타내는 것도 아니며 have p.p.의 have도 아닌 '~시키다, ~하게 하다'라는 의미의 또 다른 용도의 have입니다.

I'll have him fix it. (제가) 그 사람이 그거 수리하게 할게요.

덜 격식 있는 상황에서나 구어체에서는 get을 쓸 수도 있습니다. 이때는 to가 필요합니다.

I'll get him to fix it.

그런데 이런 경우는 어떨까요? '시계를 수리할 거야.'

I'll fix my watch.

위 문장은 내가(I) 스스로 시계를 고친다면야 물론 맞는 문장이지만, 사실 시계를 고치는 것은 내가 아니라 시계 수리공일 것입니다. 그러니까 정확하게는 시계 수리공에게 시계를 고치도록 할 거라고 하는 게 맞습니다. 그런데 시계 수리공이 중요한가요? 실제로 시계를 고칠 거라고 말할 때 시계 수리공을 떠올리면서 얘기하지 않잖아요. 영어는 너무 뻔하거나 당연한 얘기도 생략합니다. 그보다 중심이 되는 대상은 시계입니다. 따라서 시계를 중심으로 말하면, '시계를 수리 받게 하겠다'고 말해야죠. 그럼 바르게 고쳐봅시다.

I'll have my watch fixed.

수리공이 시계를 수리할 경우에는 직접 행동하는(active) 것이므로 동사원형

fix로 써야 하지만, 위 문장에서는 시계가 수리를 받는다는 의미니까 수동형 (passive)인 fixed를 씁니다. 이렇게 have something p.p. 형태는 주로 어떤 서비스를 받는 것처럼 우리가 '누가' 하는지보다는 '무엇이' 그렇게 되는가에 관심을 두는 경우입니다.

Nora had her hair cut. 노라가 머리를 잘랐어.
ㄴ 노라가 직접 머리를 자른 것이 아니라 미용실에서 자른 것임

She had the door painted. 그녀가 문을 칠했어.
ㄴ 본인이 한 게 아니라 칠하는 사람을 시켰음

I will have my passport picture taken tomorrow.
내일 여권사진을 찍을 거야.
ㄴ 내가 직접 찍는 것이 아니라 사진관에 가서 찍을 것임

My neighbor is having a garage built. 내 이웃이 차고를 짓고 있어.
ㄴ 직접 짓는 것이 아니라 인부를 시켜서 하는 것임

have something p.p. 형태가 언제나 일부러 시키거나 의뢰한 것에만 쓰이는 건 아니에요. 우발적이거나 어쩔 수 없는 경우에도 쓰입니다. 이런 경우는 문맥으로 쉽게 구분할 수 있어요. 자, 구분해 볼까요?

Paula had her ankle broken. 폴라는 발목이 부러졌다.
We had all our money stolen. 우리는 가진 돈을 다 잃어버렸다.

'시키다' 라는 의미의 동사, 이것만 알고 가자

1_ -ing와 -ed(p.p.)는 동사를 '형용사' 로 만드는 방법으로, -ing는 능동(active) 의 의미를, -ed(p.p.)는 수동(passive)의 의미를 나타낸다.

2_ have something p.p.는 주로 어떤 서비스를 받는 경우에 쓰이며 '~가 …되도록 하다' 라는 의미이다.

English Grammar Concert

CHAPTER 06

문장의 실제와 응용 –
It과 의문문

31. 큰머리가 싫으면 가주어 It
32. 의문문 만들기
33. '왜'를 왜 why라고 하지 않나?
34. 영어는 깔끔한 게 핵심이다
35. 대꾸만 잘해도 대화가 된다: "So do I.", Tag questions, etc.

31 큰머리가 싫으면 가주어 It

English Grammar

영어 문장은 단순히 몇 형식이니 하는 표면적인 규칙과 구조만으로 뚝딱뚝딱 하고 만들어지는 것이 아닙니다. 애초에 이러한 규칙과 구조가 존재하는 근본적인 개념과 원리가 있고, 이 개념과 원리는 지속적으로 영어 문장에 영향을 끼칩니다. 영어 문장에는 항상 이 개념과 원리가 함께 한다고 하는 말이 더 정확할 것입니다. 영어 문장에서 subject(주어)는 '머리'라고 할 수 있습니다. 몸에 비해 머리가 너무 크면 불안정하듯 영어 문장도 마찬가지입니다. 주어가 너무 길면 전체 문장 구조가 불안정해집니다.

그런데 여기서 너무 긴 주어란 단순히 단어 수가 많다는 의미가 아니라 주어에 S+V 형태가 들어 있거나 동사가 그대로 들어가 있는 경우 등을 의미합니다. 예를 들면 '내가 그녀를 사랑한다는 것은 사실이다'라는 문장의 주어는 '내가 그녀를 사랑한다(I love her)'라는 S+V 형태의 또 다른 문장입니다. 또한 '너를 다시 만나서 반갑다'(너를 다시 만난 것은 반갑다.)라고 말하려면 '너를 다시 만나다' 라는 meet you again을 주어로 삼아야 합니다. 영어는 이러한 주어들을 '길다'고 느낍니다. 그래서 그대로 주어 자리에 두면 무겁다고 허덕거리게 되죠.

그럼 이렇게 긴 주어로 무거워진 문장은 어떻게 해야 할까요? 수학에서 15/7을 2와 1/7로 고쳐 말할 수 있는 것처럼, 영어 문장에서도 이렇게 '가분수'인 문장의 머리를 가볍게 해주는 방법이 있습니다. 무거운 머리는 문장의 뒤로 보내고 가벼운 가짜 머리 it을 붙여주는 것입니다. 이때 뒤로 보내는 긴 주어(진짜 머리)는 접착제를 사용하여 붙여주면 됩니다. S+V 형태의 머리를 문장에 붙여주려면 that+S+V, 동사 머리를 붙여주려면 to+V를 쓰면 됩니다.

● 이때 이 가벼운 가짜 머리 it을 문법 용어로 '가주어'라고 합니다.

It's true that I love her.
ㄴ I love her가 원래 머리(주어)임

It's nice to meet you again.
ㄴ meet you가 원래 머리(주어)임

● **That beautiful large glass table is very expensive.**
ㄴ 이런 주어는 썩 무거워하지 않습니다.

실제로 말을 하거나 작문을 할 때 많은 사람들이 소위 말하는 'to부정사의 명사적 용법'에 집착하여 to V 형태의 주어로 시작하는 문장을 사용합니다. 그런데 이렇게 to V로 시작하는 주어는 일반적으로 권장되는 형태는 아닙니다. to V 보다는 ~ing 또는 방금 말한 것처럼 주어자리에 it 을 쓰는 방식이 좀 더 보편적입니다.

It's advisable to eat fresh green vegetables every day.
매일 신선한 녹색 채소를 먹는 것이 권장된다.
ㄴ To eat fresh green vegetables every day is advisable.보다 자연스러워 권장하는 형태

가주어 it, 이것만 알고 가자
1_ 주어가 문장(S+V) 형태이거나 to V일 때 주어를 문장 뒤로 보내고 주어 자리에 가주어 it을 쓴다.

32 의문문 만들기

English Grammar

영어를 배우면서 힘들어하는 것 중 하나가 의문문(질문 문장) 만들기입니다. 사실 원리는 간단한데 일반 문장만큼 많이 접하고 연습하지 않기 때문에 익숙해지지 않는 거죠. 그럼 기본 사항부터 점검하고 가보죠. 기본 의문문 만들기를 간단히 복습해 봅시다. 긴장하지 마세요.

> **Closed Questions**: YES/NO로 답하는 '~이냐/하냐?'고 묻는 질문입니다. be-type 동사일 경우는 간단하게 주어와 동사의 순서를 바꿉니다. do-type 동사일 경우 문장 맨 앞에 Do/Does/Did를 더합니다.
>
> **Open Questions**: 궁금한 내용(what, where, when, who, why, how)을 묻는 질문입니다. Closed Questions 규칙대로 문장을 만들고 나서, 맨 앞에 궁금한 내용에 따라 의문사(what, how, who, when, where)를 붙입니다.

질문의 본질은 모르는 것을 묻는 것입니다. 그런데 모르는 부분이 무엇이냐에 따라 질문의 모양새가 달라질 수 있습니다.

• **have a crush on**
'~를 좋아하다'는 구어체 표현

Angie has a crush on Stephen. 앤지는 스티븐을 좋아해.

앤지가 좋아하는 사람이 누군지 모르면요? 그러니까 '스티븐'이란 답을 얻기 위한 질문은 어떻게 될까요? 그동안 배운 내용을 토대로 다음과 같이 단계적으로 접근해 봅시다.

STEP 1: Angie has a crush on ▨▨▨▨▨ .
STEP 2: Does Angie have a crush on ▨▨▨▨▨ ?
STEP 3: Who does Angie have a crush on?
         앤지가 마음에 품고 있는 게 누구래?

굳이 문법적으로 딱딱하게 말하자면 모르는 부분이 대상, 소위 목적어에 해당한다고 '목적격 의문문'이라고 하는 것입니다. 그런데 만일 누가 스티븐을 좋아하는지 모른다면요? '앤지'라고 답할 수 있는 질문은 어떻게 만들어야 할까요? 일단 위의 기본 방법대로 하면 다음과 같이 말할 수 있겠죠.

STEP 1: ▨▨▨▨▨ has a crush on Stephen.
STEP 2: Does have a crush on Stephen?
STEP 3: Who does have a crush on Stephen?

그런데 여기서 이 부분이 좀 걸리네요. Who does have a crush on Stephen?
지금까지의 기본 영어 개념을 차곡차곡 쌓아왔다면 뭔가 감을 잡으실 수도 있으실 거예요. 영어는 깔끔한 문장을 좋아하잖아요. does와 have 사이에 굳이 뭔가가 들어갈 이유가 없습니다. 그러니 does have가 이렇게 찢어져 있지 않아도 되는 거죠. 3인칭 표시를 위해 쓰는 does와 의미를 가진 동사 have를 has로 합쳐 버리면 됩니다.

Who has a crush on Stephen? 누가 스티븐을 좋아한다는 거지?

그러고 보니 애초의 문장 Angie has a crush on Stephen.에서 모르는 부분인 Angie만 Who로 바뀐 거나 다름없네요. 모르는 부분이 주어에 해당하는

※ 사실 주격 의문문이니 뭐니 하고 따로 의문문의 공식처럼 주어 자리에 의문사… 어쩌구 외우는 것이 귀찮아 그냥 처음에 배운 STEP대로 Who does have a crush Stephen?이라고 해도 말이 되기는 합니다. 다만 그 느낌이 보통의 의문문보다는 아주 강하기 때문에 일반적으로 권장되지 않습니다.

이런 질문을 '주격 의문문'이라고 합니다. 이런 주격 의문문은 모르는 주어 부분만 그것을 묻는 의문사(questions words)로 대체하면 질문이 완성됩니다. 보통 주어가 사람이라면 who, 사람이 아니라면 what이나 which가 쓰이며 '무엇이?', '뭐가?', '누가?', '어느 분이?' 등으로 문맥에 맞춰 해석됩니다. 예를 좀 더 들어볼게요.

What is happening here? 무슨 일이 여기서 일어나고 있는 게야?
└ 주어인 '무슨 일' 이 뭔지 몰라서 what을 그 자리에 넣음

Which house has got a garden? 어느 집이 정원을 갖고 있나요?
└ 주어인 '어느 집' 이 무엇인지 몰라서 which house를 그 자리에 넣음

앞의 STEP에서 have 앞에 does를 넣었던 것처럼 Who does have a crush on Stephen?과 같이 동사 앞에 do/does/did를 더하면 어감이 강해집니다.

I love you. 사랑해. → **I do love you!** 싸랑해!!!!!
Listen carefully. 잘 들어. → **Do listen carefully!** 똑바로 잘 들어!

따라서 Who does have a crush on Stephen?이라고 하면, '도대체 누가 스티븐을 좋아한다는 거야?' 하고 '좋아한다'는 부분에 아주 힘을 줘서 묻는 느낌을 줍니다. 아마도 스티븐이 굉장히 매력이 없어서 누군가가 그를 '좋아한다'는 것이 믿기 어렵다는 식의 표현이 되는 것이죠.

의문문, 이것만 알고 가자

1_ '~이냐/하냐?'고 묻는 질문은 **be-type** 동사일 경우 주어와 동사의 순서를 바꾸고, **do-type** 동사일 경우는 문장 맨 앞에 **Do/Does/Did**를 더하면 된다.
2_ 궁금한 내용을 구체적으로 묻는 질문은 위의 방식으로 문장을 만든 후에 의문사 (what, how, who, when, where)를 붙인다.

33 English Grammar
'왜'를 왜 why라고 하지 않나?

의문문을 만들면서 힘들어하는 또 다른 이유는 우리말 해석대로 되지 않는 의문사 때문입니다. 우리말의 '어떻게'가 언제나 how가 아니고, '왜'가 언제나 why가 되지 않죠. 다시 한번, 우리말 해석은 어디까지나 보조 장치로 이해하셔야 합니다. 영어의 개념과 의미를 우리말이 1:1로 정확하게 담아내지 못하는 경우가 많으니까요. 다음 문장을 봅시다.

How are you today? 오늘 어떠니?
└ 안부 인사

그렇다면 새로 온 영어 선생님이 어떠냐는 질문도 만들어 봅시다. 잘 가르쳐 주시는지 학생들에게는 친절한지 궁금해 죽겠다는 의도로 물어보는 질문입니다.

How is your new English teacher? 새 영어 선생님 어떠셔?

어라, 그런데 이 질문에 대한 대답이 좀 이상합니다.

She's not feeling very well today. 오늘 좀 컨디션이 안 좋으셔.

How are you?처럼 how가 사람에 적용되면 안부를 묻는 질문이 될 수 있습

● 사람에 대한 How ~? 질문은 안부를 묻는 경우로 해석하거나 전반적인 정보를 묻는 경우 두 가지로 해석이 가능하기 때문에 문맥이나 구체적인 상황 없이는 종종 이렇게 혼동을 줄 수 있습니다.

니다. 그럼, 안부가 아닌 그 사람의 성격이나 매너 등의 일반적인 정보를 알고 싶다면 어떻게 물어보면 될까요? 우리말로 '~ 어때?'라고 물어보는 것을 영어로는 보다 구체적으로 물어본다고 생각하면 됩니다. '무엇과 같으냐?'는 의미의 What ... like?로 물을 수 있습니다.

A: **What** is your new English teacher **like**?
새 영어 선생님 어떠셔?

B: She's really nice. We learn a lot.
정말 좋은 분이셔. 우리가 배우는 것도 많고.

마찬가지로 사람이 아닌 어제 본 영화나 날씨에 대해서도 What ... like?로 물을 수 있습니다.

● 단, 영화나 날씨처럼 사람(또는 살아있는 동물이라던가…)이 아닌 것들은 안부를 묻는 질문으로 오해할 소지가 없기 때문에 how로 물어도 혼동이 없습니다.

How was the movie yesterday?

How's the weather in Seoul today?

A: **What** was the movie **like** yesterday?
어제 본 영화 어땠어?

B: It was fantastic. I really enjoyed it.
끝내줬어. 나 정말 재미있게 봤어.

A: **What**'s the weather **like** in Seoul today?
오늘 서울 날씨는 어떻습니까?

B: Very sunny and warm. It's a perfect day for barbeque.
아주 화창하고 따뜻해요. 바비큐 파티에 딱이죠.

'어떻게'만 그런 것이 아닙니다. 우리말로는 자연스럽게 '왜?'인데 영어로는 why가 아니라 what으로 표현되는 경우가 종종 있습니다. 다시 말하지만 우리말 해석은 어디까지나 보조 수단입니다. 다음 문장들을 봅시다.

What makes you think so? 왜 그렇게 생각하니?

What brought you here in Seattle? 여기 시애틀엔 왜 온 거지요?

영어는 상호작용을 상당히 의식한다는 것 기억하시죠? 때리고 맞는 관계, 힘을 주고 힘을 받는 관계, 이러한 역학 관계는 영어를 모국어로 사용하는 이들의 사고방식에도 상당히 깊게 자리잡고 있습니다. 그래서 원인과 결과에 대해서도 상호작용에 입각하여 표현하는 경향이 있습니다.

Why do you think so?라고 해도 되는데, What makes you think so?라고도 하는 건 그렇게 생각을 하게 만든 '원인'에 대해 강하게 의식해서입니다. Why are you here?라고도 할 수 있는데 What brought you here?로 묻는 것도 이곳에 당신을 오게 만든 원인이나 계기에 대한 의식이 반영된 질문이라고 할 수 있습니다.

반면 How come ~? 같은 구어체 표현도 우리말의 '왜?'로 해석될 수 있습니다. 좀 더 느낌을 살리자면 '도대체 왜?' 라는 어감에 가깝습니다. 이런 건 '어떻게?' 또는 '어째서?' 이런 일이 생겼냐는 뉘앙스로 이해하면 됩니다.

How come he knows my phone number?
걔가 왜 내 전화번호를 알고 있는 거지? / 걔가 어떻게 내 전화번호를 알고 있는 거야?

다양한 의문사 의문문, 이것만 알고 가자

1_ how, what, why는 우리말 해석대로 적용되지 않는 경우가 있으므로 주의한다.

2_ 일반적인 정보나 의견을 묻는 '~ 어때?'는 What ... like?이다.

3_ What makes you ~? 또는 What brought you ~?, How come ~?과 같은 표현도 '왜?'라고 물어보는 질문이다.

34 영어는 깔끔한 게 핵심이다

영어는 깔끔한 게 핵심입니다. 영어는 반복을 싫어하죠. 그리고 아무리 영어에 초보자인 여러분이라 해도 이미 이 원리를 이해하고 그렇게 말하고 있습니다. 영어를 잘 못하는데 어떻게 그럴 수 있냐고요? 다음 질문에 대한 답부터 먼저 생각해보면 고개를 끄덕이실 겁니다.

Do you clean your room every day? 당신은 방을 매일 치우나요?

Yes, I do.나 No, I don't.가 아마 가장 보편적인 답일 텐데요. 그럼, 이 질문은 어떨까요?

Are you interested in politics? 정치에 관심있나요?

이번엔 Yes, I am. 또는 No, I'm not.이라고 대답할 것입니다. 이렇게 대답하셨다면 여러분이 이미 반복을 싫어하는 깔끔한 영어식 표현을 제대로 구사하고 있다는 증거입니다. 위 질문들에 대한 대답을 전체 문장(full sentence)으로 풀어보면 다음과 같습니다.

Yes, I clean my room every day. 네, 전 매일 제 방을 치운답니다.
No, I don't clean my room every day. 아뇨, 전 매일 방을 치우지는 않아요.

Yes, I am interested in politics. 네, 전 정치에 관심이 있습니다.
No, I'm not interested in politics. 아뇨, 전 정치엔 관심이 없어요.

그런데 굳이 위와 같이 완벽한 문장으로 대답하지 않아도 되는 이유는 이미 그 내용이 질문에서 다 얘기가 되었기 때문입니다. 이렇게 영어는 이미 나온 내용은 굳이 반복하지 않고 깔끔하게 문장을 정리합니다. 그런데 어떻게 정리하고 다듬어서 말해야 할까요? 전체 문장을 다 쓰건, 줄여서 쓰건 기억해야 하는 것은, 영어 문장의 기본 뼈대는 S+V라는 것입니다. 아무리 간결하게 줄여도 이 기본 구조를 잊지 않는 것이 핵심입니다.

위에서 보았듯이 be-type 동사의 문장들은 동사만 남기고 싹 정리합니다. 물론 not이 포함된 부정문이라면 not도 동사와 함께 남습니다.

Yes, I am (interested in politics)
No, I'm not (interested in politics)

do-type 동사의 문장들은 동사들을 do/does/did로 대신하고 나머지를 정리하면 됩니다. 물론 not이 포함된 부정문이라면 not은 do/does/did와 함께 남습니다.

Yes, I do (clean my room every day)
No, I don't (clean my room every day)

이러한 원리로 단순히 질문에 대한 답변뿐만 아니라 매우 깔끔하고 간결하게 문장을 구사할 수 있습니다.

I'm not tired, but others are. (tired 생략)
난 피곤하지 않지만 다른 사람들은 그렇다(피곤하다).

Sally listens to heavy metal, but her sister Dora doesn't.
(listen to heavy metal 생략)
샐리는 헤비메탈을 듣지만 그녀의 누이 도라는 그렇지 않다(헤비메탈을 듣지 않는다).

A: I have been to Paris. How about you? 난 파리에 가봤는데, 넌?
B: Me? I haven't. 나? 안 가봤지. (been to Paris 생략)

(결혼식에서 주례가 신랑 혹은 신부에게)
A: Do you swear to obey and love Jeremy for as long as you are alive? 그대는 제레미를 그대가 살아있는 한 순종하고 사랑할 것을 맹세하는가?
B: I do. (swear that I obey and love... 생략)
맹세합니다.

- 영국 영어에서는 대꾸 형태가 의문문(V+S)으로 많이 쓰입니다.
A: I'm getting married.
　나 결혼해요.
B: Are you?
　그래요?

상대의 말에 맞장구치고 대꾸할 때도 이러한 정리의 원리는 매우 유용합니다.

A: I'm getting married. 나 결혼해요.
B: You are? 그러세요? → 당신 결혼하세요?

A: He can't swim. 걘 수영 못해요.
B: He can't? 그래요? → 걔 수영 못해요?

A: Mrs. Han has four children. 한 씨는 자녀가 넷이래요.
B: She does? 그래요? → 한 씨가 자녀가 넷이래요?

A: They didn't say anything. 걔네는 아무 말도 안 했어.
B: They didn't? 그래? → 걔네가 아무 말도 안 했다구?

영어의 생략, 이것만 알고 가자

1_ 대화나 문맥 또는 질문에 대한 답변에서 반복되는 내용은 생략하고 do/did/does 또는 am/are/is로 대신하는 것이 자연스럽다.

35 English Grammar
대꾸만 잘해도 대화가 된다 : "So do I.", Tag questions, etc.

상대방 이야기를 들으면서 세련되게 맞장구 쳐주면서 쉽게 대화하는 기술을 연마해 보자고요. '~도 그렇다'고 할 때에는 too를 사용할 수 있습니다. 겹치는 부분들은 깨끗이 정리하고 S+V만 깔끔하게 남겨서 맞장구를 쳐봅시다.

A: **Paul is good looking.** 폴은 잘 생겼어.
B: **He is? Timothy is too.** 그래? 티모시도 그래.

A: **I have a crush on Kelly.** 나 켈리 좋아해.
B: **You do? I do too!** 너두? 나도 좋아하는데!

그러나 '~도 안 그렇다'고 할 때에는 too가 아니라 either를 씁니다.

A: **Max will not be here tomorrow.** 맥스는 내일 여기 안 와요.
B: **James won't either.** 제임스도 안 올 거예요.

A: **Amy and Toby didn't go to the party last night.**
에이미랑 토비는 어젯밤 파티에 가지 않았어요.
B: **We didn't either.** 우리도 안 갔는데.

• either는 미국 영어에서는 주로 [iːðər], 영국 영어에서는 [áiðər] 두 가지로 발음됩니다.

이렇게 공감을 표하는 too와 either를 문장 맨 앞으로 오게 할 수도 있습니다. 단, 이렇게 어떤 이유로 어떤 단어가 정해진 위치를 벗어나 맨 앞으로 오게 되면, 다른 단어들의 어순도 변합니다. 여기서는 일단 S+V의 위치가 바뀐다고 보면 됩니다. 단, too는 맨 앞으로 오면서 so로 변신합니다.

A: **Paul is good looking.** 폴은 잘 생겼어.
B: **He is? So is Timothy.** 그래? 티모시도 그래.

A: **I have a crush on Kelly.** 나 켈리 좋아해.
B: **You do? So do I.** 너두? 나도 좋아하는데!

either가 맨 앞에 올 때에는 not과 합쳐져서 neither가 됩니다.

A: **Max will not be here tomorrow.** 맥스는 내일 여기 안 와요.
B: **Neither will James.** 제임스도 안 올 거예요.

A: **Amy and Toby didn't go to the party last night.**
에이미랑 토비는 어젯밤 파티에 가지 않았어요.
B: **Neither did we.** 우리도 안 갔어요.

* neither는 미국 영어에서는 주로 [níːðər], 영국 영어에서는 [naiðər]로 발음됩니다.

여기서 Neither won't James.나 Neither didn't we.가 아니라는 것에 유의하세요. neither에 이미 not이 포함되어 있어 또 써줘야 할 이유가 없습니다. 왜냐고요? 이런, 영어가 반복 싫어한다고 그랬잖아요.

이제 깔끔하게 문장 쓰는 것이 어느 정도 익숙해졌다면, Tag Questions(부가의문문)로 넘어가세요. Tag Questions는 자기가 말한 것에 자기가 추임새를 넣는 것입니다. '날씨 좋다, 그지?'에서 밑줄 부분이 바로 Tag Questions입니다.

지금까지의 과정을 잘 이해했다면 Tag Questions를 만드는 요령은 그리 어렵지 않아요. 앞서 말한 문장을 다시 질문으로 만들어 붙이면 됩니다. 다만, 반복하면 보기 싫으니 do동사나 be동사로 대신하고 생략해주세요. 여기서 중요한 것! 앞에 말한 문장에 not이 없는 긍정문이면 뒤에 오는 질문에는 not을 더하세요. 앞 문장이 not이 있는 부정문이라면 질문은 긍정으로 만드세요.

They are French, aren't they? 걔네 프랑스인이지, 그렇지?
Uh-oh. I shouldn't laugh, should I? 이런. 나 웃으면 안 되는 거죠, 그렇죠?

Marie did the right thing, didn't she? 마리는 옳은 일은 한 거야, 그렇지?
I don't have to pay, do I? 나 돈 안 내도 되죠, 그렇죠?

Tag Questions는 질문 형태지만 굳이 꼭 뭘 몰라서 묻는 것은 아닙니다. 문맥에 따라 기능이 달라집니다.

You will keep the secret, won't you? 너 비밀 지킬 거지, 그렇지?
└, 다짐

He did the good job, didn't he? 걔 진짜 잘 하지 않았니, 그렇지?
└, 확인, 동의 구함

It's a nice day, isn't it? 날씨 좋다, 그렇지?
We've got time for tea, haven't we? 우리 차 마실 시간은 있는 거지, 그렇지?

● Tag Question이 질문이 아닌 경우에는 대개 억양이 내려갑니다. 그러나 잘 모르겠거나 확신이 들지 않아 묻는 성격이 강할 때는 억양이 올라갑니다.

문장의 생략, 이것만 알고 가자

1_ '~도 그렇다'는 반복되는 내용은 생략하고 '주어+do/did/does too'라고 하거나 '주어+am/are/is too'라고 한다. '~도 그렇지 않다'는 either를 쓴다.

2_ Tag Questions는 앞서 말한 문장의 반복되는 부분을 do동사나 be동사로 대신한다. 앞 문장이 긍정문이면 질문에는 not을 더하고, 앞 문장이 부정문이라면 질문은 긍정으로 만든다.

English Grammar Concert

CHAPTER
07

문장이 길어진다 –

문장 구조, 동사, 부정사, 분사

36. 영어의 뼈대와 접착제
37. 동사로 살붙이기, to V vs -ing
38. 편리한 접착제 to
39. 접착제로 붙인 문장에 대상이 필요해
40. that으로 살붙이기 154
41. 말 좀 제대로 옮기라구! (Reported Speech 간접화법)

36 영어의 뼈대와 접착제

> **Birds fly.** 새는 난다.
> **We like animals.** 우리는 동물을 좋아해요.

영어는 우선 전체를 지탱하는 큰 뼈대를 세우고, 그 다음에 조금씩 살을 붙여 가는 구조로 문장이 만들어집니다. 가장 기본적인 뼈대는 S+V입니다. 이 뼈대만 갖고도 완전한 문장이 될 수 있습니다.

동사가 상호작용을 나타내는 경우, S+V 뼈대에 동사의 작용이 미치는 대상 (object, 목적어)이 반드시 있어야 합니다. (Unit 25 참조) We like animals.의 like와 animals의 관계처럼요. 대상이 두 개가 필요한 경우도 있습니다. (Unit 28 참조)

They gave him water. 그들은 그에게 물을 주었다.

그러나 간혹 주어와 동사, 그리고 대상만으로는 부족해서 문장이 될 수 없는 경우도 있습니다. 대상이 와야 하는 동사 다음에 대상이 안 오면 썰렁하고 의미상 뭔가 빠진 것과 마찬가지로 다른 뭔가가 필요하기 때문에 그것을 채워줘야 문장이 됩니다. 소위 말하는 보어가 필요한 경우거나, 2형식 또는 5형식이라고 말하는 문장들에 보어가 있어야 문장이 완성됩니다.

I am Korean. 나는 한국인입니다.
└ Korean이 없으면 무슨 소린지 알 수 없음

Arnold became rich. 아놀드는 부유해졌다.
└ rich가 없으면 의미가 불완전함

It looks nice. 그거 좋아 보이는데.
└ nice가 없으면 의미가 불완전함

She makes me happy. 그녀는 나를 행복하게 해.
└ happy가 없으면 의미가 불완전함

I found him fun. 나는 그가 재미있다고 생각했다.
└ fun이 없으면 의미가 달라짐. '내가 그를 발견했다'가 됨. '~임을 알았다/생각했다' 등의 의미로 find를 쓰려면 반드시 '~'에 해당하는 내용, 즉 보어가 와야 함

• 소위 2형식 동사니 연결 동사니 하는 애들이 바로 대상(목적어)은 아닌데 뭔가 다른 단어(형용사, 명사 보어)가 와줘야 문장이 되는 동사들을 말하는 것입니다.

이렇게 기본 뼈대가 갖추어진 문장에 좀 더 구체적이고 자세한 의미를 전달하기 위해 여러 가지 살들이 붙게 됩니다. 그러니까, 기본 뼈대를 제대로 갖추었는가, 그리고 살을 제대로 잘 붙였나 하는 것이 영어 문장을 만드는 핵심입니다.

기본 뼈대처럼 자기 자리만 잘 찾아가면 별도의 접착제 없이 철썩 잘 들러붙는 살들은 다음과 같습니다.

I do my homework every day. 나는 매일 숙제를 합니다.
　　　└ 대명사　　　└ 부사

Most birds fly. 대부분의 새들은 난다.
└ 한정사

We like small animals very much.
　　　　└ 형용사
우리는 작은 동물들을 아주 많이 좋아해요.

Many people consider his work beautiful.
　　└ (수량)형용사　　　　　└ 소유대명사

많은 사람들이 그의 작품을 아름답다고 생각한다.

위의 most, small, very처럼 접착제 없이도 제 자리에 잘 붙는 수식어들도 있지만, 그렇지 않은 것들은 별도의 접착제가 필요해요. 그리고 어떤 것을 덧붙이냐에 따라 이 접착제의 종류도 달라집니다. 다음 문장들의 덧붙인 살과 접착제를 살펴 봅시다. (Unit 38, 66~74, 76 이하 참조)

We saw him at the bus stop. 우리는 그를 버스정류장에서 봤다.
　　　　　　└ 전치사

I'm calling to reconfirm my flight. 제 비행편을 재확인하려고 전화했습니다.
　　　　└ to(부정사)

I'm reading the book which Tracy recommended.
　　　　　　　　　└ to(관계사)

나는 트레이시가 추천한 책을 읽고 있다.

문장의 기본 구조, 이것만 알고 가자

1_ 영어 문장은 S+V에 목적어(대상), 보어(보충 설명하는 말) 등으로 기본 뼈대를 완성한다.

37 동사로 살붙이기, to V *vs* -ing

English Grammar

앞에서 문장에 무엇을 덧붙이냐에 따라 접착제가 달라진다고 했습니다. 자, 지금부터 이러한 접착제들을 하나씩 살펴볼 겁니다. 우선 다음 우리말 문장을 읽어보세요.

나는 여길 떠나기로 결심했어.
편지 타이핑하는 거 끝냈어요?

위 문장에서 동사를 찾아보세요. '떠나기로 결심하다'와 '타이핑하는 것을 끝내다' 일 것입니다. 그런데 안타깝게도 사전을 아무리 뒤져도 이런 의미의 동사는 없습니다. 따라서 위 문장들을 만들려면 각각 2개의 동사가 필요하므로 총 4개의 동사가 있어야 합니다. '떠나다'와 '결심하다' 그리고 '타이핑하다'와 '끝내다'가 있어야 하네요. 이럴 때 이 두 개의 동사를 어떻게 연결해야 할까요? 문장의 틀이 되는 동사를 먼저 찾으세요. 내가 '결심했다'는 내용과 당신은 '끝냈냐'는 것이 각 문장의 중심 메시지입니다.

I decided...
Have you finished ...?

여기에 leave와 type이 어떻게 이어지는가가 핵심입니다. 그리고 그 원리와 방법은 여러분이 이미 알고 있습니다. 정말이냐고요? 그럼요, 단지 알아채지 못하고 있을 뿐이죠. 동사는 시간과 뗄래야 뗄 수가 없는 사이입니다. 위의 두 번째 문장에서 decide와 leave의 시간 관계를 한번 살펴봅시다. decide 이후에 벌어질 동작이 leave입니다. 이렇게 한 문장에서 순차적으로 이어지는 두 가지 동작이 있을 경우, 중심 동사에다 다음 동사를 to V 형태로 연결하면 됩니다. to를 접착제로 쓰면 되는 거죠.

I decided to leave here.

문장에 동사가 나오는 순서와 동작이 일어나는 시간 순서가 일치하므로 가장 자연스럽고 실제로도 가장 보편적인 형태입니다. 아래에 정리한 것처럼, 굉장히 많은 동사들이 to V를 이끌고 옵니다.

agree, appear, arrange, ask, choose, claim, decide, fail, happen, hope, pretend, threaten, want ...

이걸 그냥 마구잡이로 외우려면 골치가 아프죠. 원리를 기억하세요. 나중에 행동으로 옮길 내용(to V)을 이끄는 동사들입니다. 그렇다 보니 의미상 '~하기를 동의하다, 요구하다, 바라다, 원하다' 등 또 다른 내용을 전달하는 '틀'이 되어주는 동사라는 걸 알 수 있네요.

그렇다면 finish와 type의 시간 관계는 어떨까요? Have you finished...라는 문장에서 finish가 먼저 나오지만, 동작이 발생하는 시간상으로 보면 type이 먼저입니다. 이렇게 뒤에 나오는 동사가 '이미 먼저' 벌어진 일일 때에는, 뒤에 오는 동사에 표시를 해줍니다. '이미'라는 말에서 눈치 채셨다면 앞에서 공부한 내용을 잘 이해하고 계신 거예요. 네, 바로 -ing 표시죠.

Have you finished typing the letter?

V + -ing 형태는 문장에서 동사의 등장 순서가 실제로 동작이 발생한 순서와 맞지 않기 때문에 V to V보다 해당되는 동사가 훨씬 적습니다.

admit, avoid, consider, enjoy, imagine, mind, postpone, suggest...

이러한 원리는 한 단어짜리 동사뿐 아니라 두 단어 이상이 모여 하나의 동사 의미를 갖는 숙어에도 적용됩니다.

I can't afford to buy a new car. 난 새 차를 사는 것은 감당할 수 없어요.

The children can't wait to go to the beach.
애들이 해변에 빨리 가고 싶어 안달이 났다.

He gave up waiting for Jean and left.
그는 진을 기다리는 것을 포기하고 떠났다.

They couldn't help laughing. 그들은 웃지 않을래야 않을 수가 없었다.

또한 뒤에 이어지는 동사도 이 원리로 또 다른 동사와 이어질 수 있습니다.

I want to avoid talking about the accident.
나는 그 사고에 대해 말하는 것을 피하고 싶다.

She denied threatening to kill the baby.
그녀는 그 아기를 죽이겠다고 위협한 것을 부정했다.

그런데 원어민들도 시간 관계를 분명히 정리하지 못하는 동사들이 있습니다. 예를 들어 '비가 오기 시작했다'라고 하면 '오다'가 먼저일까요? '시작하다'가 먼저일까요? 이렇게 그 전후를 따지는 것이 별 의미가 없는 동사들은 to V와 -ing 형태를 모두 취하기도 합니다.

> ● 여기서 잠깐! mind나 enjoy, suggest 같은 일부 동사들은 시간 순서로 생각했을 때 고개를 갸웃할 수도 있습니다. 지금은 왜 그런지 잘 이해가 안 되더라도 일단은 그렇게 기억하고 많이 접하고 사용함으로써 익숙해지는 것이 중요합니다. 나중에 좀 더 심화된 단계에서 다시 한번 따져보면 이해가 될 것입니다.

It started **raining**.
It started **to rain**. 비가 오기 시작했다.

She continued **to read** the letter.
She continued **reading** the letter. 그녀는 계속해서 편지를 읽었다.

I like **to bungee-jump**.
I like **bungee-jumping**. 난 번지 점프 하는 것을 좋아합니다.

이런 동사에는 like, love, start, begin, continue 등이 있습니다.

to V와 -ing 두 가지 다 올 수 있는데 뜻이 달라지는 경우가 있습니다.

remember, stop, forget, try 등은 뒤에 오는 형태에 따라 의미가 확연히 달라지므로 확실히 알고 써야 합니다.

I remembered **to set** up my alarm clock.
나는 알람시계 맞추는 걸 기억했다.

remember 다음에 to set up, 따라서 내일이 시험이라던가 일찍 비행기 시간에 맞춰 공항에 가기 위해 시계를 미리 맞춰놔야 한다는 사실을 기억해낸 것이죠. 기억한 다음 행동이 알람을 맞추는 일임을 알 수 있습니다.

I remembered **setting** up my alarm clock.
나는 알람시계를 맞춰놓은 걸 기억했다.

setting up이 먼저, 그 다음에 remember, 따라서 알람을 맞춰놓은 것이 기억났다는 것입니다. 알람 맞춰놓은 것을 까맣게 잊고 있다가 갑자기 시계가

---

* like, prefer, hate 등의 동사에는 to V와 -ing가 다 올 수 있지만, would like, would prefer처럼 would가 앞에 올 때에는 오로지 to V만 올 수 있습니다.

I would like to bungee jump one day.
난 언젠가는 번지 점프를 하고 싶다.

울리는 바람에 그제서야 시계를 맞춰놓았다는 사실을 기억해낸 겁니다.

try는 to V가 오면 '~하기 위해서 애를 쓰다'이고, -ing가 오면 '~를 시도해 보다'입니다. regret은 -ing가 오면 이전에 한 일을 후회하는 표현이지만, to V가 오면 주로 격식있는 편지 등에서 유감스러운 말을 하기 전에 쓰는 표현이 됩니다.

I tried to stay awake. 나는 깨어 있으려고 애썼다.
I tried pressing the button. 나는 그 버튼을 한번 눌러봤다.

He regrets wasting his time. 그는 시간을 낭비한 것을 후회한다.
We regret to inform you that your account has been suspended.
귀하의 계정이 정지되었음을 알려드리게 되어 유감입니다.

동사 연결, 이것만 알고 가자

1_ 한 문장에서 순차적으로 이어지는 두 가지 동작이 있을 경우, 중심 동사에다 다음 동사를 to V 형태로 연결한다. to V 형태를 취하는 동사에는 agree, appear, arrange, ask, choose, claim, decide, fail, happen, hope, pretend, threaten, want 등이 있다.

2_ 두 개의 동사를 연결할 때, 이미 일어난 일을 나타내는 동사는 -ing 형태를 취한다. -ing 형태를 취하는 동사에는 admit, avoid, consider, enjoy, imagine, mind, postpone, suggest 등이 있다.

3_ remember, stop, forget, try 등은 to V와 -ing 두 가지 다 올 수 있는데 뜻이 달라지는 경우다.

38 편리한 접착제 to

to는 한마디로 동사를 붙이는 접착제입니다. 문장의 가장 큰 틀이자 뼈대인 S+V에 동사(V)가 추가되는 경우 일단 기본적으로 to를 접착제로 쓴다고 기억해두세요. 소위 to부정사의 몇 가지 용법이라 해서 달달달 외우는데 사실 용법에 맞추어서 말하는 사람은 몇이나 될까요? 우리말 할 때 이 용법, 저 용법 생각하면서 말하는 거 아니잖아요. 사실 이 용법이란 건 실제로 일단 말이 되고 난 것들을 쭈욱 모아보니 이런 저런 양상이 나타나더라 하고 정리한 것에 불과하죠. to는 동사를 추가로 붙이는 접착제라는 것을 염두에 두고 '나는 책을 사러 서점에 갔다.'라는 문장을 만들어 봅시다.

> **STEP 1**: 가장 큰 틀을 찾습니다. I went to the bookshop.
> **STEP 2**: 여기에 더해야 하는 것이 '책을 산다'는 buy some books입니다. 동사 buy가 동사 went에 이어지므로 to를 접착제로 쓰면 됩니다.

I went to the bookshop to buy some books.

이 문장에서 I went에 추가로 붙은 to the bookshop을 빼고 보면, went to buy, 즉 V to V의 모양이 됩니다. 이렇게 V to V의 형태가 될 때 보통 '뒤의 V를 하기 위해 앞의 V하다'라고 해석합니다.

● 이것이 바로 to부정사의 목적격 용법으로 목적을 나타낸다고 하죠. 뒤의 V가 앞에 있는 V의 이유나 목적이 되기 때문입니다.

to V가 덧붙여진 다른 문장들을 좀 더 봅시다.

① Would you like something to drink?
② We're pleased to meet you.

①의 기본 뼈대는 Would you like something입니다. 여기에 to drink가 붙어, Noun(명사) to V의 모양이 되었습니다. 이런 경우 보통 'V할 Noun' 이라고 해석합니다. 위 문장은 'drink할 something'이니까, '마실 것 좀 드시겠어요?'라고 해석하면 됩니다.

• 보통 문법책에서 to부정사의 형용사적 용법이라고 하는 경우죠. to V가 형용사처럼 앞의 명사를 꾸며준다는 의미로 붙인 이름입니다.

②의 기본 뼈대는 We're pleased입니다. 따라서 pleased to meet you 즉, Adj(형용사) to V의 형태입니다. 이런 경우에는 'V해서 Adj하다'로 해석합니다. 적용해보면, 위 문장은 '우리는 당신을 만나게 되어 기쁩니다.'로 해석되네요.

• 보통 문법책에서 to부정사의 부사적 용법이라고 합니다. 형용사를 꾸며주는 부사 같은 역할을 to V가 한다는 의미입니다.

다시 한번 to가 기본 뼈대에 붙는 패턴을 정리해 봅시다.

> S + V + to V
> S + V + N + to V (ex. I have nothing to do.)
> S + V + Adj + to V (ex. I'm glad to hear that.)

위 패턴들이 하나의 덩어리로 인식되면 독해할 때 상당히 도움이 됩니다. 굳이 to 이하를 먼저 해석하고 다시 앞으로 와서 해석하는 수고 없이 단번에 통째로 의미를 이해할 수 있도록 많은 문장을 접하고 시야를 넓히는 훈련을 하세요.

그런데, to부정사의 명사적 용법은 왜 안 다루냐고요? 그거 어따 쓰게요? 대표적인 to부정사의 용법이라며 학생들이 들고 오는 문장이 이런 것입니다. To eat fast food is not good for your health. 그런데 실제로 이렇게 말하지 않고, It's not good for your health to eat fast food.라고 하는 것이 더 자연스럽습니다. 영어는 가분수를 싫어하니까요. (Unit 31 참조) 굳이 명사적 용법 어쩌구에 뜯어 맞추어서 문장을 만들지 마세요. 정작 문장의 의미는 생각 않고 용법에 억지로 문장을 뜯어 맞춰봐야 영어를 모국어로 쓰는 사람들에게는 고개를 갸웃하게 만드는 어색한 문장이 될 뿐입니다.

to V, 이것만 알고 가자

1_ 문장의 기본 뼈대에 동사를 덧붙여주는 to V는 세 가지 패턴으로 사용한다.

S + V¹ + **to V²**는 'S가 V²하기 위해/하려고 V¹하다'의 의미이다.
S + V¹ + **N to V²**는 'S가 V²할/하는 N을 V¹하다'의 의미이다.
S + V¹ + **Adj to V²**는 'S가 V²하여/하다니 Adj하다'의 의미이다.

39 접착제로 붙인 문장에 대상이 필요해

English Grammar

영어 문법은 한마디로 '기본 뼈대를 잘 세우고 거기에 살을 제대로 잘 붙이는 것'이라고 할 수 있습니다. 아무리 길고 복잡한 문장도 그 기본 뼈대를 먼저 잘 파악하고, 필요한 살들을 차례로 잘 정리하면 거뜬하게 소화해낼 수 있습니다. 한번 살펴볼까요?

I want to buy a new car. 나는 새 차를 사고 싶다.

위 문장에서의 기본 뼈대는 I want입니다. 그런데 내가 차를 사고 싶은 게 아니라 우리 아빠가 새 차를 사기를 원한다면 어떻게 말할까요? 아빠라는 대상이 문장에 꼭 필요하므로 기본 뼈대에 아빠(father)를 추가하면 됩니다.

I want my father to buy a new car. 나는 아빠가 새 차를 사기를 원합니다.

이렇게 want처럼 대상을 추가하여 그 대상이 하는 행동을 to V로 덧붙일 수 있는 동사에는 would like, would prefer 등이 있습니다.

I would like to watch the news. 나는 뉴스를 보고 싶다.
I would like you to watch the news. 나는 네가 뉴스를 봤으면 좋겠다.

반면 항상 대상과 함께 to V를 써줘야 하는 동사들도 있습니다. advise,

allow, ask, enable, encourage, expect, order, persuade, recommend, tell 등은 대상이 빠지면 말이 안 됩니다. 따라서 동사 뒤에 대상부터 써 준 뒤에 추가 내용이 와야 합니다.

They didn't allow him to leave the room.
그들은 그가 방을 나가는 것을 허락하지 않았다.

I never expected her to show up.
나는 그녀가 나타나리라고는 절대 예상하지 못했다.

이러한 동사들은 의미를 보면 상호작용을 암시하기 때문에 자연스럽게 대상을 포함하고, 그 뒤에 동사를 to로 이어줄 수 있는 것이죠. 단, advise, allow, encourage, recommend와 같은 동사는 그 대상이 너무 뻔하거나 일반적인 경우에 대상을 넣지 않고 대신 뒤에 -ing 형태를 취할 수도 있습니다.

They allow parking here. 그들은 여기에 주차하는 것을 허락한다.
ㄴ allow 다음에 대상이 누가 되건 상관없으므로 특별히 지정되지 않음

● 여기서는 Lisa는 dancing의 실질적 주어(주체)이기도 합니다. ~ing의 실제 주어를 바로 앞에 더해줄 수 있다고 보아도 됩니다.

뒤에 -ing를 취하는 동사들도 마찬가지로 대상이 필요하면 바로 추가할 수 있습니다.

I can't imagine Lisa dancing on the floor.
난 리사가 무대 위에서 춤추는 건 상상도 못하겠어.
ㄴ imagine의 대상은 Lisa

영문법책이나 영어 회화책을 보면 무조건 공식으로 외우라고 제시하는 문장 패턴 중에 하나가 바로 '~하는 데 … 걸리다'라는 표현입니다. 외울 때 외우더라도 어떻게 그렇게 되는 건지는 알고 외워야겠죠? 그래야 훨씬 더 잘 외워지고, 오래 기억되고, 응용도 가능해집니다.

'부산가는 데 4시간이 걸린다'고 말하려면 우선 S+V부터 파악해야 합니다. S는 '부산가는 것(get to Pusan)', V는 '시간이 걸린다'는 의미로 쓸 수 있는 동사 take입니다.

get to Pusan + take

그런데 주어가 가분수네요. 저 뒤로 보내고 앞에서 배운 대로 가벼운 가짜 머리를 붙여주면 되겠네요. (Unit 31 참조)

It takes 4 hours + get to Pusan

get이 동사이므로 to로 이어주면 만사 OK.

It takes 4 hours to get to Pusan.

그런데 무언가를 하는 데 드는 시간도 사람마다 다를 수 있습니다. 부산 가는 거야 한정된 교통수단을 이용하므로 누가 가든 일정한 시간이 걸리지만, 어떤 책 한 권을 읽는 데 걸리는 시간은 사람마다 천차만별일 수 있습니다. 이런 경우에는 대상을 분명히 해줄 필요가 있습니다. 이때도 대상은 동사 다음에 붙여주면 됩니다.

It took me three days to read the book. 그 책 읽는 데 난 3일 걸렸어.

to V의 대상, 이것만 알고 가자
1_ 본동사의 대상이 하는 행동을 to V로 덧붙일 수 있다. want/would like/would prefer+대상+to V
2_ advise, allow, ask, enable, encourage, expect, order, persuade, recommend, tell 등은 'V+대상+to V' 형태를 취하거나 경우에 따라 대상 없이 -ing를 취한다.

40 that으로 살붙이기

English Grammar

문장에 동사를 더하는 법을 배웠습니다. 그럼, 문장에 또 다른 문장이 들어가는 경우는 어떻게 할까요? 무슨 말이냐고요? 일단 동사 더하는 법을 복습하는 차원에서 아래 문장을 보세요.

His writing is difficult to read. 그의 작문은 읽기가 어렵다.

위 문장에서 read라는 동사를 더하기 위해 to를 이용한 것이 보이시죠? 네, 앞에서 배웠으니 이쯤은 문제없죠. 덧붙이려는 말이 동사가 아니고 문장이라면 어떻게 할까요?

'내가 걜 좋아하는 건 사실이야'라고 말해봅시다. 일단, 주어(subject)는 '내가 걜 좋아하다(I like her)'입니다. 가분수네요. 동사가 속에서 그대로 살아서 펄떡 펄떡 뛰고 있습니다. 뒤로 보내고 가벼운 머리 it을 쓰세요.

It's true.

그런데 I like her는 어떻게 붙여주죠? 동사를 붙여주는 to를 여기에도 쓸 수 있을까요? I like her는 S+V 구조를 가진 완전한 문장입니다. 이렇게 문장이 문장 속에 이어져야 할 때 쓰는 대표적인 접착제는 **that**입니다. 따라서 It's true that I like her.라고 하면 됩니다. 좀 더 예를 들면,

It's not true that men are more aggressive than women.
남자가 여자보다 더 공격적이라는 것은 사실이 아니다.

다만 that은 종종 생략이 됩니다. that이 없어도 문장 속의 S+V를 바로 인식할 수 있는 눈을 키우세요. 이번에는 문장 속에 '질문'을 넣어봅시다.

What did he say? 걔가 뭐라고 그랬지?

'걔가 뭐라고 그랬는지 기억나니?' 또는 '걔가 뭐라 그랬는지 기억 안나…'라고 말하려면 어떻게 해야 할까요? 우선 질문, 즉 의문문을 만드는 기본 원리를 되새겨 봅시다. be-type 동사의 의문문은 주어와 동사의 순서가 뒤바뀌고, do-type 동사의 의문문은 문장의 맨 앞에 Do/Does/Did를 더해주면 됩니다. 그런데 의문문이 다른 문장 속에 포함되게 되면 what, where 등과 같은 의문사를 제외하고 주어와 동사의 어순이 원래 평서문 대로 돌아갑니다. What did he say?는 what he said로 만들어서 중심 문장에 더해주면 됩니다.

Do you remember what he said? 걔가 뭐라고 했는지 기억나니?
I don't remember what he said. 걔가 뭐라고 했는지 기억 안 나.

이렇게 질문을 통째로 담은 문장들의 형태를 몇 개 더 살펴봅시다.

Can you please tell me where the post office is?
← **Where is the post office?**
우체국이 어디 있는지 좀 말해 주실래요?

Do you know when the movie starts?
← **When does the movie start?**
영화가 언제 시작하는지 아세요?

• 이렇게 직접적으로 묻지 않고 다른 문장 속에 질문을 담아서 묻는 것을 '간접의문문(indirect questions)'이라고 합니다.

질문이 What, Where 등으로 시작하지 않고, Do, Can, Be 등으로 시작하는 Yes/No Questions는 if로 이어주는데, if가 없으면 의미가 달라지므로 주의해야 합니다.

Does she live in Boston? 그녀는 보스턴에 사나요?

Do you know if she lives in Boston? 그녀가 보스턴에 사는지 아시나요?

***Do you know (that) she lives in Boston?**
그녀가 보스턴에 산다는 사실을 아시나요?

영어의 살붙이기, 이것만 알고 가자

1_ 문장 속에 또 다른 문장의 의미가 들어가는 경우 that+S+V 형태로 덧붙이며, 이때 that은 자주 생략된다.

2_ 문장 속에 질문이 들어가는 경우(간접의문) 묻는 내용을 '의문사+S+V'의 어순으로 넣어주면 된다.

41 말 좀 제대로 옮기라구!
(Reported Speech 간접화법)

남의 말을 인용하는 소위 '간접화법(reported speech)'은 문장 속에 또 하나의 문장이 들어 있는 대표적인 경우입니다.

우선 기본 틀(S+V)에 써야 할 동사부터 생각해봅시다. '말하다'는 의미로 쓸 수 있는 동사 중에 '누가 ~라고 말했다'라고 할 때 쓸 수 있는 대표적인 동사는 say와 tell입니다. 특히 say는 전달하는 말의 '내용'에 중점을 둡니다. say 바로 뒤에 그 내용이 딸려오는 거죠.

Say kimchi! '김치' 하세요!
ㄴ 사진 찍으며 하는 말

굳이 그 대상을 밝히고자 한다면 to를 써서 말할 수 있습니다.

Don't say that to me. 내게 그런 말 하지 마요.

tell로 표현할 때는 전달하는 내용도 중요하지만 그 말을 전하는 대상(누구에게)도 중요합니다. 그래서 반드시 대상이 먼저 오고 내용이 따라옵니다. 예전에 이런 영화 제목이 있었죠?

Tell me something. 내게 뭔가 말해봐.

따라서 보통 '누구에게' 말했나를 굳이 말하지 않아도 뻔히 알거나 그게 별로 중요하지 않은 경우에 일반적으로 say를 씁니다. 동화책이나 소설책 등에 He said, She said...를 자주 볼 수 있지요.

다음으로 옮겨질 말의 내용을 살펴봅시다. 우선 문장을 이어주는 접착제 that은 생략될 수 있습니다. 말을 옮길 때에는 그 말은 '이미' 지나간 과거라는 점을 기억해 봅시다. 따라서 옮겨질 문장의 시간이 한 걸음씩 물러나게 됩니다. 이때 사람이 바뀌는 것에 유의하세요. 그가 '나는 ~'라고 말한 것이 내가 옮길 때에는 '그가 ~'라고 하게 됩니다.

Jenny said, "The meal is expensive."
→ Jenny said (that) the meal was expensive.
제니는 음식이 비싸다고 말했다.

Eric said, "I'm going to move to New York."
→ Eric said (that) he was going to move to New York.
에릭은 그가 뉴욕으로 이사갈 거라고 말했다.

단, 옮기는 말의 시제가 -ed인 경우에는 그대로 두거나 had p.p.가 될 수 있습니다. 옮기는 말의 시제가 had p.p.인 경우에도 변화가 없습니다.

They said, "We were late."
→ They said (that) they were late. / They said that they had been late. 그들은 그들이 늦었다고 말했다.

He said, "My money had run out when I moved to Sydney."

→ He said (that) his money **had run** out when he moved to Sydney. 그는 시드니로 이사했을 때 돈이 다 떨어졌었다고 말했다.

만일 옮기려는 말의 내용이 전달하는 시점까지도 변화가 없는 사실이라면 시제를 바꾸지 않을 수도 있습니다. (꼭 그러라는 것은 아니에요. 말을 옮기는 지금도 그것이 사실인지 아닌지 모르겠다면 그냥 한 걸음 물러나면 됩니다.) 특히 누가 봐도 너무나 뻔한 불변의 사실은 시제를 바꾸지 않는 것이 자연스럽죠.

The professor said, "The earth **goes** around the sun."
→ The professor said (that) the earth **goes** around the sun.
교수님은 지구가 태양 주위를 돈다고 말씀하셨다.
↳ the earth went around the sun.이라고 하지 않음

명령문 같이 주어가 생략된 문장은 어떻게 옮길까요? 우선 명령이나 지시는 어떤 지정된 대상에게 하는 말입니다. 따라서 그 대상을 밝힐 수 있는 **tell**을 사용합니다. 부탁을 하는 경우라면 **ask**를 쓸 수 있습니다. 명령하거나 지시하는 내용은 주어가 생략된 동사 형태로 표현된 것이므로 간접화법으로 바꾸면서는 **to**로 연결된다는 점에 주목하세요.

● Don't로 시작하는 부정 명령문은 to 앞에 not을 붙여 주면 됩니다.
The police officer said to the man, "Don't move."
→ The police officer told the man not to move.
그 경찰관은 그 남자에게 움직이지 말라고 했다.

I said to him, "Look at it."
→ I told him **to look** at it. 나는 그에게 그것을 보라고 말했다.
I asked her, "Help me."
→ I asked her **to help** me. 나는 그녀에게 도와달라고 부탁했다.

간접화법, 이것만 알고 가자

1_ 남의 말을 인용, 전달할 때 say, tell, ask 등의 동사 다음에 전달 내용을 that 절로 이어 붙이면 된다. 전달하는 내용의 시점과 말하고 있는 시점을 고려하여 전달 동사(say, tell, ask...)와 that절의 시제를 결정한다.

English Grammar Concert

CHAPTER 08

그림을 그려라 –

명사와 대명사

42. 그릴 수 있겠니? (Countable vs Uncountable 셀 수 있는 명사/셀 수 없는 명사)
43. 하나와 여럿 (Singular vs Plural 단수와 복수)
44. 틀에 담아 보자 (Measurement)
45. 더 말 안 해도 알지? the
46. 그림이 되다가 말다가 : school, prison, bed…
47. 아… 반복하기 싫어 (Pronouns 대명사)
48. 손가락으로 꾹꾹 눌러서 집어주기 : this, that, these, those
49. 그 단어만은 제발 입에 담지 말아 주세요 one/ones

42 그릴 수 있겠니?
English Grammar
(Countable *vs* Uncountable 셀 수 있는 명사/셀 수 없는 명사)

영어는 구체적이고 명확한 것을 좋아하는 언어입니다. 우리말이 여백의 미 속에 추상적인 의미와 보는 이의 해석에 많은 가능성을 담는 수묵화와 같다면, 영어는 구체적이고 다양한 색상과 그림자, 배경까지도 섬세하고 사실적으로 표현하는 서양화와도 같습니다. 영어 문장 하나 하나를 그림으로 생각해보세요. 영어적인 문장은 서양화처럼 분명하고 구체적입니다.

우리말은 말하는 이보다 듣는 이가 똑똑해야 합니다. 알아서 눈치껏 이해하지 못하면 '사오정'이라고 핍박 받는데, 영어에선 듣는 사람이 제대로 못 알아듣는 건 일차적으로 말하는 사람이 애초에 정확하게 말하지 못해서입니다. 그러니 '사오정'이라는 개념 자체가 영어에선 좀 낯선 거죠.

명사는 문장이라는 그림에 등장하는 모든 것이라고 할 수 있습니다. '무엇?'이라고 묻는 말에 대답이 될 수 있는 모든 것들이 명사입니다. 자, 그럼 영어적으로 명사를 받아들여 봅시다. 그냥 그 단어를 안다고 가만히 있지 말고, 머릿속에 구체적으로 그것을 그려보세요.

먼저 집(house)입니다. 그림을 떠올려보세요. 다음으로, 정보(information)는 어떤가요? '집'이라고 말했을 때는 초가집이건 기와집이건 아무튼 뭔가 떠올릴 수가 있었는데, '정보'라고 했을 때는 뭔지는 분명히 아는데 그림으로 떠올릴 수가 없습니다. 영어는 명사를 이렇게 그림이 되는 것과 그림이 되지 않는 것으로 나눕니다. 구체적으로 명확하게 표현되는 것과 그렇지 않는 것입니다.

구체적인 것들은 윤곽선이 있습니다. 즉, 그리라고 하면 어쨌든 일정한 모양이 있으니 표현할 수 있다는 얘기에요. 윤곽선을 기준으로 하나, 둘, 셋하고 셀 수 있는 거죠. 그래서 이들을 '셀 수 있는 명사'라고 합니다. 집(house), 개(dog), 나무(tree)… 이런 것들이 대표적인 셀 수 있는 명사입니다.

그러나 그림이 되지 않는 것들은 어떤 모양 자체를 아예 떠올릴 수가 없습니다. 떠올릴 수가 없으니 셀 수도 없습니다. 그래서 이들을 '셀 수 없는 명사'라고 합니다. 정보(information), 사랑(love)과 같이 추상적인 개념이나, 사물이라도 액체, 기체, 가루, 모양이 일정하지 않는 덩어리처럼 그 모양이 고정되어 있지 않은 것들도 셀 수 없는 명사입니다. 대표적인 것들로는 다음과 같은 명사들이 있습니다.

● '셀 수 있는 명사'와 '셀 수 없는 명사'를 가산명사와 불가산명사라고도 하는데, 명칭이 중요한 게 아니라 왜 영어에 이런 명사의 구분이 있는가를 이해하는 것이 중요합니다.

- 추상적인 개념: information, love, music, electricity…
- 액체: water, juice, coffee, tea, cola…
- 기체: air, gas, steam…
- 가루: rice, sand, flour, sugar, salt…
- 모양이 일정하지 않은 덩어리: meat, bread, beef, pork…

그런데 좀 더 많은 명사들을 접하다 보면 어떤 것들은 왜 셀 수 있는 것이고 어떤 것들은 왜 셀 수 없는 것인지 이해하기 어려운 것들도 있습니다. 우리에게 없는 개념이다 보니 단편적인 사항만으로는 판단할 수 없는 경우가 많죠. 자꾸 영어적인 측면에서 왜 그렇게 구분하는지를 생각하여 생각의 방향이 영어적으로 흘러갈 수 있도록 꾸준히 노력할 필요가 있습니다.

우리말로는 뜻이 같은데, 어떤 단어는 셀 수 있는 명사이고 어떤 단어는 그렇지 않는 경우가 있습니다. 이런 경우에는 표면적인 해석만을 볼 게 아니라 좀 더 그 의미를 깊이 들여다볼 필요가 있습니다. 좋은 사전과 친해져야 할 이유가 여기에도 있는 것입니다.

예를 들어, '일'이라고 보통 알고 있는 단어 중 일반적으로 job은 셀 수 있는 명사이고, work는 셀 수 없는 명사로 쓰입니다. 왜 그럴까요? job은 보통 직업이나 구체적인 업무를 의미합니다. 낮에는 전화 교환원으로 일을 하면서 저녁에는 케이크를 굽는 일을 한다면 job이 둘인 것입니다. 투잡(two jobs)이 바로 이런 것이죠. 반면 work는 그야말로 '노동'입니다. 노동을 하나 둘 셋… 하고 셀 수는 없지 않아요? 또한 구체적인 회사나 사무실 등이 아닌, 일을 하는 곳이라는 개념의 '직장'이란 의미도 있습니다. 역시 하나, 둘, 셋하고 셀 수 없는 개념입니다.

> **jive** /dʒaɪv/ n [U] 1 informal speech of black Americans 2 (dance performed to) a kind of popular music with a strong beat ◆ vi dance to jive music
> **job** /dʒɒb/ n 1 [C] regular paid employment: *out of a job* (= unemployed) 2 [C] piece of work 3 [C] sl crime, esp. a robbery 4 [S] something hard to do: *You'll have a job getting it open.* 5 [S] one's affair; duty: *It's not my job to interfere.* 6 [C] infml example of a certain

셀 수 있는 명사로 알았는데, 앞에 a도 없고 그렇다고 the가 있는 것도 아니고 복수를 나타내는 -s가 붙지도 않은 경우도 있습니다. 가장 대표적인 경우가 go to bed입니다. 침대는 분명히 셀 수 있으니 어떤 침대인지 콕 집어서 the bed라고 하건, 모르면 한 개라고 a bed라고 하건 아니면 여러 개라고 beds라고 해줘야 하는 것 아닐까요?

누누이 얘기하지만 '이 단어는 이렇다'는 식의 고정관념에 얽매이지 마세요. 물론 bed는 일반적으로 하나, 둘, 셋 셀 수 있는 침대가 맞지만 go to bed처럼 아무런 표시 없이 쓰일 수도 있어요. 왜냐고요? 다른 데서 a를 붙이거나 복수형 -s를 붙이건, 셀 수 있는 명사이기 때문인데, 그렇지 않다는 건 go to bed의 bed가 셀 수 없는 명사, 즉 더 이상 침대가 아니라는 것이죠.

그럼 bed의 의미를 추적해 봅시다. 셀 수 없는 명사는 가루나 액체 아니면 추상적인 개념인데, bed가 바로 그 추상적인 개념이 된 것입니다. bed의 본질이 뭔가요? 잠자는 곳이죠. 꼭 매트리스가 있고 기둥 네 개짜리 다리가 달린 그런 가구의 한 종류일 필요는 없습니다. 타잔이 나뭇잎 수북이 쌓아놓고 거기서 자면 그에게는 그것이 bed입니다. 모양이 일정하지 않고 잠자거나 쉬는 곳의 의미로 bed를 썼기 때문에 더 이상 한 개, 두 개 세지 않게 되는 것입니다. 그래서 go to bed가 '잠자리에 들다', '자러 가다'라는 의미가 되는 것입니다. 나는 침대가 없으니 go to bed라고 못하는 거 아닐까 걱정할 필요가 없는 것입니다.

chicken도 셀 수 있는 명사도 되고 셀 수 없는 명사가 되는 단어입니다. 한 마리, 두 마리 하고 마릿수를 셀 수 있을 때에는 셀 수 있는 명사지만, '닭고기'의 의미일 때에는 셀 수 없는 명사로 쓰이죠.

He kept chickens in the back yard. 그는 뒷마당에 닭을 길렀다.

He had fried chicken for dinner.
그는 저녁으로 닭튀김을 먹었다.

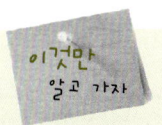

명사의 개념, 이것만 알고 가자

1_ 명사는 '무엇?'이라고 묻는 말에 대답이 될 수 있는 모든 것이라고 생각하면 된다.

2_ 명사는 셀 수 있는 명사와 셀 수 없는 명사로 나눌 수 있으며, 같은 명사라도 쓰임이나 문맥에 따라 셀 수 있는 명사일 때는 a/an/the가 붙거나 복수형 -es/s 형태로 써야 하며 셀 수 없는 명사일 때는 the가 붙거나 아무 것도 붙이지 않은 형태로 쓴다.

43 하나와 여럿
English Grammar
(Singular *vs* Plural 단수와 복수)

셀 수 있는 명사는 머릿속에서 구체적으로 그림이 그려집니다. 따라서 문장에서도 그만큼 구체적으로 표현합니다. 윤곽선이 하나 있는 것과 여러 개 있는 것은 그림부터가 달라집니다. 그래서 영어의 문장에서도 달라집니다. 우리말로는 '사과다!'라고 하면 사과인 것만 알지, 사실 사과가 한 개인지 여러 개인지는 알 수도 없고 별로 중요한 문제도 아닙니다. 그런데 영어에서는 사과가 한 개인지 여러 개인지가 문장에 분명하게 드러납니다.

She's eating an apple.
그녀는 사과를 하나 먹고 있다.

There are many apples in the basket.
바구니에 사과가 많다.

- 하나라는 것 말고는 특정하게 무엇이라고 알려주지 않기에 a/an을 '부정관사'라고 합니다.

- uniform의 발음 기호 [júːnəfɔːrm]

한 개인 것은 보통 a를 앞에 붙여서 한 개임을 명확히 합니다. a는 어떤 것인지는 몰라도 적어도 그게 '하나'라는 의미이고 이를 단수(singular)라고 합니다. 다만 단어가 모음으로 시작하면 an을 붙입니다. 보통 a, e, i, o, u로 시작하면 모음 소리로 시작한다고 알고 있는데, 꼭 그렇지는 않습니다. 실제로 발음을 해봐야 하는 경우도 있습니다. uniform 같은 단어는 발음해보면 우리말로는 모음으로 생각되지만, 실제 영어에서는 자음 소리로 봅니다. 따라서 a uniform이라고 해야 합니다. 발음 기호를 보면 j와 비슷한 기호가 있는 것을 알 수 있습니다.

He's wearing a uniform. 그는 제복을 입고 있다.

또한 hour 같은 단어는 h로 시작하지만 막상 발음은 되지 않습니다. 따라서 an hour라고 해줘야 합니다.

I'll be back in an hour. 한 시간 뒤에 돌아올게요.

> a를 붙이는 명사: a banana, a house, a book, a kite, a table, a uniform, a window ...
> an을 붙이는 명사: an apple, an egg, an interesting book, an octopus, an umbrella, an hour

다음과 같이 헷갈리는 경우도 있어요.

a European country, a yoyo
ㄴ, 모음 글자로 시작하지만 실제 발음은 [j]로 시작.

an H, an M
ㄴ, 모음 글자지만 알파벳 이름으로 읽을 때는 모음 소리임

여러 개라면 그 숫자를 앞에 붙여주면 됩니다. 일곱 개면 일곱 개(seven)라고 열두 개면 열두 개(twelve)라고 하면 됩니다. 그런데 일단 수가 많아지면 여러 개란 것만 알지 항상 정확하게 몇 개인지 알 수 있는 것은 아니죠. 밤하늘에 별들이 있다고 하면, 일단 별이 많다는 건 알지만 몇 개인지 아는 건 불가능하잖아요. 몇 개인지가 그리 중요한 문제가 아니라면 명사 앞에 아무것도 붙여주지 않아도 됩니다. 대신 명사의 뒤에 -s를 붙여줍니다. 셀 수 있는 명사 뒤에 -s가 붙어 있다는 것은 하나가 아닌 여러 개라는 의미입니다. (물론 숫자가 앞에 있는 경우에도 뒤에 -s가 붙습니다.)

Stars are in the sky. 별들이 하늘에 떠있다.
ㄴ, 별이 하나만 딸랑 하늘에 떠 있을 리가 없으므로 복수

There are two chairs. 2개의 의자가 있다.
ㄴ, 확실한 수를 아는 경우

* potato → potatoes
  bus → buses

어쨌든 위의 두 예문 모두 뒤에 -s가 붙어 있습니다. 이 -s를 복수(plural)의 -s 라고들 합니다. 명사의 철자에 따라 -s가 아닌 -es가 붙는 경우도 있습니다.

그런데 간혹 간단하게 -s를 붙이는 것이 아니라 모양이 아예 다르게 바뀌거나, 변하지 않는 명사들도 있습니다. 이런 명사들도 잘 기억해 두세요.

* women은 o가 /i/로
  발음되는 점에 주의

> a child → children
> a woman → women
> a foot → feet
> a tooth → teeth
> a fish → fish
> a sheep → sheep

그런데 셀 수 있는 명사 중에는 항상 복수로만 쓰이는 것들이 있습니다. 웬만해선 따로 안 놀고 쌍으로만 다니는 것들이 대표적입니다. 이런 명사들은 자연스럽게 늘 복수 형태로 쓰는 것에 익숙해지는 것이 좋습니다. 이러한 명사가 주어로 쓰일 경우 함께 오는 동사는 is가 아니라 **are**가 되어야 하고, does가 아니라 **do**가 되어야 한다는 것도 중요합니다.

a scissor (X)   **scissors** (O)

a pant (X)   **pants** (O)
ㄴ, 두 다리가 들어가는 바지 종류는 모두 항상 복수로 쓰임(trousers, shorts)

glasses (안경)
ㄴ, 참고로 a glass는 '유리잔'의 의미

여기서 잠깐! 바지 한 벌도 pants, 두 벌도 pants면 어떻게 구분할까요? 쌍으로 다니는 명사들은 a pair of를 써서 개수를 구분할 수 있습니다. 바지 한 벌이라면 a pair of pants, 두 벌이라면 two pairs of pants라고 하면 됩니다.

이외에도 police 같은 단어도 항상 복수로 취급합니다.

The police are investigating the crime.
경찰이 범죄를 조사하고 있다. (복수 개념)

경찰관 한 명을 말하고 싶다면 a police officer를 쓰면 됩니다.

A police officer stopped me for a sobriety test.
경찰관 한 명이 음주 측정을 위해 내 차를 세웠다.

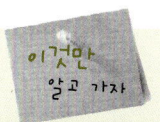

명사의 단수/복수, 이것만 알고 가자

1_ 셀 수 있는 명사가 단수일 때는 보통 a를 앞에 붙이며 an은 명사의 첫 발음이나 뒤에 오는 단어의 첫 발음이 모음인 경우에 쓴다.

2_ 셀 수 있는 명사가 복수일 때는 복수형 어미 -s 또는 -es를 붙인다.

44 틀에 담아 보자
English Grammar
(Measurement)

영어는 분명하고 명확한 것을 좋아합니다. 그런데 셀 수 없는 명사나 셀 수 있지만 정확하게 그 윤곽선을 기준으로 몇 개라고 말할 수 없는 복수 명사들을 분명하게 표현하고 싶다면 어떻게 해야 할까요? 그림으로 말하자면 윤곽선이 없거나 모호해서 뚜렷하게 그릴 수가 없는 것들입니다. 이런 명사들은 모양이 있는 틀에 담아 세면 됩니다. 다양한 틀을 알아두면 모호한 명사들을 다루는 데에 매우 유용합니다.

용기를 틀로 사용한 경우

- a carton of milk 우유 한 통
- two jars of jam 잼 두 병
- a bottle of water 물 한 병
- a box/packet of cereal 시리얼 한 상자
- a tube of toothpaste 치약 한 개(튜브)
- a glass of water 물 한 잔
- a cup of coffee 커피 한 잔(컵)

모양을 틀로 사용한 경우

- a piece/slice/loaf of bread 빵 한 조각
- a bar of chocolate 초콜릿 한 개
- a sheet/piece of paper 종이 한 장

- a piece of wood 나무 한 조각

무게, 길이 등의 측량 단위를 틀로 사용한 경우
- a kilo of cheese 치즈 1킬로그램
- five meters of cable 케이블 5미터
- thirty liters of gas 가솔린(차 연료) 30리터
- one pound of butter 버터 1파운드
- a dozen of eggs 계란 한다스

information이나 advice 같은 추상명사들에 대해서는 a piece of, a bit of, an item of를 쓸 수 있습니다.

I need a piece of advice. 나는 충고가 필요해.

I have an item of news that might interest you.
내게 네가 흥미로워할 소식 하나가 있다.

There are several pieces of information. 여러 가지 정보가 있다.

이러한 틀을 쓰지 않고, some을 쓰기도 합니다. (Unit 51 참조)

Can I have some water? 물 좀 주시겠어요?

I need some paper. 나는 종이가 좀 필요해.

* some advice, some information도 가능합니다.

She gave me some advice.
그녀는 나에게 충고를 구했다.

We've got some information.
우리는 정보를 가지고 있어.

셀 수 없는 명사의 수, 이것만 알고 가자

1_ 낱개로 세기 곤란한 명사들은 용기(그릇), 모양, 단위, some 등을 이용하여 수량을 표현할 수 있다.

45 더 말 안 해도 알지? the

English Grammar

문장이라는 그림 속에서 명사는 하나 또는 여럿이라는 윤곽선을 갖죠. 이럴 때 단수엔 a/an, 복수엔 -s를 붙인다고 했어요. 윤곽선이 모호하거나 없는 경우도 있는데 이럴 땐 틀을 빌려와서 표시해 줍니다. 그런데 틀을 빌려오는 것도 여의치 않을 때는 아무런 표시 없이 명사만 달랑 쓰기도 합니다. 아래 명사들을 보세요.

There is a house over there. 저쪽에 집이 한 채 있다.
Pandas live in China. 판다는 중국에 산다.
I need a glass of water. 나는 물 한 잔이 필요해.
Love is a wonderful thing. 사랑은 좋은 거야.

house, panda, water는 각각 단/복수로 쓰거나 틀에 담아서 수량을 명확하게 구분을 해주었네요. 그런데 love는 어떤가요? 아무리 생각해도 윤곽을 그릴 수 없는 추상적인 개념이죠. 그래서 아무런 표시 없이 썼습니다. 명사를 쓸 때는 이런 방법들이 있다는 것을 정리하고 다음으로 넘어가 볼까요?

이렇게 듣거나 읽는 이에게 그림 속 대상에 대한 분명하고 명확한 정보를 제공하는 것이 명사의 본질입니다. 그런데 영어는 수고를 좋아하지 않는 언어이기도 합니다. 불필요한 반복을 싫어하고, 뻔한 것도 일일이 읊고 싶어 하지 않습니다. a나 복수형의 -s 등은 명사에 대한 최소한의 정보를 주는 장치입니다. 그런데 이미 충분한 정보가 주어져서 표시가 필요없다면 어떨까요?

There lived a girl in a far away land. 먼 나라에 한 소녀가 살았다.

동화책 등이 시작할 때 흔히 나오는 문장입니다. 여기서 girl은 누구일까요? 알 수 없죠. 그저 소녀가 한 명이라는 것이 이 문장을 듣거나 읽는 사람에게 주어지는 정보의 전부입니다. 세상의 수 많은 소녀 중의 하나일 뿐, 누구라고는 딱히 정보가 없습니다. 그러나 다음 문장에서 girl은 다릅니다.

Did you actually talk to the girl? 너 진짜로 그 소녀랑 얘기한 거야?

여기서의 girl은 이미 말하는 사람과 듣는 사람이 알고 있는 소녀입니다. 학교에 새로 전학 온 매력적인 친구를 의미할 수도 있고, 옆 동네 사는 매우 조용하고 말없는 소녀를 말하는 것일 수도 있습니다. 여하튼 누군지 분명히 '지정해놓고' 이야기하는 것이 바로 the girl입니다.

A: There lived a girl in a far away land. 먼 나라에 한 소녀가 살았어요.
B: Who is the girl? 그 소녀는 누군데요?

처음에 그저 '한 소녀'였던 girl이 두 번째 문장에서는 콕 집을 수 있는 '소녀'로 바뀌었습니다. 어떤 소녀냐고요? 방금 전에 얘기한 먼 나라에 산다는 그 소녀지 누군 누구겠어요?

한 마디로 the는 명사에 대해 어떤 것이라고 콕 집어주는 장치입니다. 듣거나 읽는 사람이 이미 알거나, 쉽게 알 수 있다는 의미입니다. the는 셀 수 있는 명사, 셀 수 없는 명사 모두에 쓸 수 있습니다. 다만 셀 수 있는 명사의 경우에 단수/복수 형태를 구분하여 the를 붙입니다.

• the는 문법 용어로 '정관사'라고 합니다.

Can you pass me the salt please? 거기 소금 좀 건네주시겠어요?
ㄴ 듣는 사람 쪽에 있는 소금임이 분명

The students in my class are very smart.
우리반 학생들은 아주 똑똑해요.
ㄴ 우리반 학생이라고 콕 집어주고 있음

Turn off **the TV** if you're not watching it. 보고 있지 않다면 TV 끄세요.
ㄴ 어떤 TV인지 분명함

좀 더 구체적인 경우를 볼까요? 말하는 사람과 듣는 사람에게 공통으로 가까운 대상의 경우에 보통 the를 씁니다.

The floor is quite slippery, isn't it? 바닥이 좀 미끄럽다, 그지?
Can you please turn **the TV** on? TV 좀 켜주시겠어요?

일반적으로 단 하나밖에 없거나, 둘로 나뉜 것 중 하나에도 the를 씁니다.

The sun is shining. 태양이 빛난다.
I would like to live in **the country**. 나는 시골에서 살고 싶다.
ㄴ 도시를 제외하고 남은 곳이 the country임

'가장' 또는 '제일 ~하다' 는 의미의 최상급이나 순서를 나타내는 서수도 the와 함께 쓰입니다.

Julie is **the sweetest girl** in the world.
줄리는 세상에서 가장 다정한 여자애야.
We live on **the seventh floor.** 우리는 7층에 살아요.

공공 서비스를 제공하는 장소의 경우에 보통 the와 함께 씁니다.

We often go to the movies. 우리는 종종 영화관에 간다.
└ 문화 서비스

He is in the hospital. 그는 병원에 입원해 있다.
└ 의료 서비스

• 영국 영어에서는 in hospital이라고 합니다.

I'll see you at the station at 9:00. 9시에 역에서 보자.
└ 교통 서비스

방위, 방향, 위치를 나타내는 말에도 the가 자주 쓰입니다.

The sun rises in the east. 태양은 동쪽에서 뜬다.
Lori is sitting on the left. 로리는 왼쪽에 앉아 있다.
Write your name at the top of the page. 종이 맨 위에 이름을 쓰세요.

반면, 오로지 하나에만 붙어있는 고유한 이름에 대해서는 일반적으로 the를 쓰지 않습니다. the를 붙이지 않아도 단박에 무엇인지 분명하게 알 수 있기 때문입니다. 사람의 이름, 도시나 나라 등의 지명, 공항이나 역, 대학 등의 이름 등이 그것입니다. (이런 것들을 고유명사라고 합니다.)

Himiko is from Japan. 히미코는 일본 출신이다.

I've been to Kennedy Airport before.
난 전에 케네디 공항에 가본 적이 있어.

Did Bill Gates graduate from Harvard University?
빌 게이츠가 하버드 대학을 졸업했나요?

나라의 이름에 그 나라의 타입이 명시되어 있다면 the를 씁니다.

I'm from the Republic of Korea. 저는 대한민국 출신입니다.

• republic은 '공화국'이란 의미에요.

• kingdom은 '왕국'이란 의미입니다.

The United Kingdom is made up of England, Wales, Scotland and Northern Ireland.
영국은 잉글랜드, 웨일즈, 스코틀랜드, 북아일랜드로 구성되어 있다.

땅에 붙는 이름인 지명은 the가 붙지 않는 것이 일반적이지만, 물에 붙는 이름에는 the가 붙습니다.

The Pacific Ocean is the largest sea in the world.
태평양은 세계에서 가장 큰 바다이다.

• 사막과 호수는 예외적으로 the가 붙지 않습니다.

Is Sahara the largest desert in the world?
사하라가 세상에서 가장 큰 사막인가요?

Last summer I went to Lake Placid.
작년 여름에 나는 플래시드 호수에 갔다.

The Nile is in Africa. 나일강은 아프리카에 있다.

복수의 의미가 들어간 지명에는 보통 the를 씁니다.

Have you ever been to **the Bahamas**?
바하마 제도에 가본 적 있나요?

'… 집안 사람들'이란 의미를 나타낼 때에는 The + 성 + s의 형태로 말합니다.

The Jacksons are always at home on Sunday.
잭슨네 사람들은 일요일이면 언제나 집에 있는다.

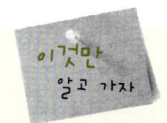

명사와 the, 이것만 알고 가자

1_ 명사를 쓸 때는 단/복수로 쓰거나 틀에 담아서 정도를 명확하게 구분해주며, 추상명사와 같이 윤곽을 그릴 수 없는 경우는 아무런 표시 없이 쓴다.

2_ 문맥을 통해 언급이 된 명사, 서로 알고 있는 명사, 유일한 것, 최상급 표현, 공공장소, 방위, 방향 등에는 the를 붙인다.

46 그림이 되다가 말다가 :
school, prison, bed…

영어는 분명하지 않는 것에 윤곽선을 주고, 틀에 담아 명확하게 전달하려고 하지만, 반대로 분명하고 명확한 것들을 윤곽선을 지우고 모호하게 표현하기도 합니다.

bed는 '침대'입니다. a bed로 쓰건, beds로 쓰건, 아니면 the bed나 the beds로 쓰건 앞뒤 어디에건 뭔가가 붙을 수밖에 없습니다.

I need a bed. 난 침대가 하나 필요해요.
There are two beds in the room. 방에는 침대가 둘 있어요.
The bed is not mine. 그 침대는 내 것이 아니에요.
The beds in the room are quite small. 그 방의 침대들은 꽤 작아요.

규칙 암기를 좋아하는 학생들이 철석같이 외우고 있는 규칙 중의 하나가 '가산명사의 단수형은 반드시 관사와 함께 오거나 복수형으로 쓰인다'인데요… 그럼 이건 뭘까요?

Willy is asleep in bed now. 윌리는 지금 침대에서 잠들어 있다.

bed 앞에 관사도 없고, 그렇다고 복수형으로 쓰이지도 않았네요. 이렇게 앞에 아무것도 없거나 복수형으로도 쓸 수 없는 것이 무엇일까요? 셀 수 없는

• **I go to bed at 10:40.**
난 10시 40분에 잠자리에 든다.
ㄴ 침대가 아니어도 됨. 추상적인 개념으로서의 잠자리임

명사입니다. 셀 수 있는 명사 bed가 셀 수 없는 명사 흉내를 내고 있는 것입니다. 대개 셀 수 없는 명사들은 모호하거나 추상적입니다. 즉, bed가 더 이상 매트리스와 다리 기둥 네 개로 이루어진 가구 종류의 하나인 침대가 아니란 의미입니다. 침대는 '잠자리'입니다. 자거나 쉬기 위한 장소/물건으로서의 본질을 갖고 있습니다. 사실 이러한 본질만 있다면 매트리스와 다리 기둥 네 개는 별로 중요하지 않습니다. 많은 한국인들은 따뜻한 온돌 바닥에 요를 깔고 거기에 누워 잡니다. 한국인들에게는 이것이 bed(잠자리)입니다.

이렇게 일반적으로 구체적이고 분명한 명사라도, 그보다는 그것이 가진 보다 본질적인 또는 추상적인 개념에 의미를 둔 경우에는 그 특징에 맞게 셀 수 없는 명사처럼 쓰일 수 있습니다. (Unit 42 참고)

There are quite many schools in this town.
이 마을엔 꽤 많은 학교들이 있다.

School begins at 9:00. 학교 수업은 9시에 시작한다.
ㄴ '수업'을 의미하는 셀 수 없는 개념

The building over there is a prison. 저쪽에 있는 건물은 감옥이다.

Phil went to prison because he stole a car.
필은 차를 훔쳤기 때문에 감옥에 갔다.
ㄴ 수감 상태(징역)를 의미하므로 셀 수 없는 개념

셀 수 없는 명사도 셀 수 있는 개념으로 쓰이면 a가 붙거나 복수형이 됩니다.

Fight fire with fire. 불은 불로 다스린다.
ㄴ '눈에는 눈, 이에는 이'라는 의미로, 셀 수 없는 '불'을 의미

There was a fire last night. 어젯밤에 화재가 한 건 있었다.
ㄴ 구체적인 한 건의 '화재'의 의미

Paper is made from wood. 종이는 나무로 만들어진다.
└, 셀 수 없는 '종이'의 의미

Don't throw these papers away. I haven't read them yet.
이 신문들 버리지 말아요. 아직 안 읽었거든요.
└, 신문, 논문, 서류 등을 의미할 때에는 셀 수 있음

구체적인 의미냐 추상적인 의미냐에 따라서 단어가 아예 별도로 쓰이는 경우도 있습니다.

I'm looking for a job. 일자리를 찾고 있습니다.
I'm looking for work.
└, (Unit 42 참조)

Houses are expensive here. 여기는 집이 비싸다.
└, 구체적인 건물로서의 집

There is nothing like home. 집만한 곳은 없다.
└, 가족이 있고 안식을 취할 수 있는 가정이란 개념으로서의 집

I'm not good at operating machines.
난 기계 작동하는 것을 잘하지 못합니다.
└, 구체적인 기계

There is a lot of equipment in the laboratory.
그 실험실엔 많은 장비가 있다.
└, 모호한 전체적인 개념의 기계류/장비

● 구체적인 하나 하나를 통틀어 지칭하는 명사는 셀 수 없는 것들이 많습니다.
· a chair, a desk, a dresser → furniture
· a bag, a briefcase, a suitcase → luggage
· an apple, a banana, a peach → fruit

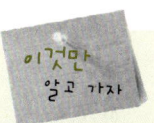

명사의 개념 변화, 이것만 알고 가자

1_ 단수형으로 a나 the를 붙이거나, 복수형 -s/es 형태로 써야 하는 가산명사라도 문맥상 추상적인 개념을 나타내는 명사로 쓰이면 관사를 쓰지 않고 복수형으로도 쓰지 않는다.

47 아… 반복하기 싫어
English Grammar
(Pronouns 대명사)

자, 지금까지 함께 공부하면서 영어가 반복을 좋아하지 않는다는 거 뼈저리게 느끼실 겁니다. 그래서 반복을 피하는 여러 가지 장치가 문법 속에 마련되어 있습니다. 그 중 대표적인 것이 대명사입니다. 대명사는 상대방이 이미 알고 있는, 또는 이미 이전에 언급된 명사를 반복하지 않기 위한 것입니다.

대명사의 형태에 대해서는 사실 어느 정도 문장을 보다 보면 자연스럽게 익숙해져 있기 마련입니다. 주격이니 목적격이니 하는 명칭에 집착하지 말고, 이미 알고 있거나 접했던 문장에서의 위치에 따라 대명사가 어떤 모양으로 쓰였는지를 잘 생각해 봅시다.

문장의 주어로 쓰이는 대명사는 I, you, he, she, we, they, it입니다. 같은 의미라도 동사 다음이나 전치사 뒤에 오는 대상일 때에는 me, you, him, her, us, them, it이 쓰입니다. 반면 명사 앞에서 '~의'라는 의미의 소유를 나타낼 때에는 my, your, his, her, our, their, its가 쓰이고, 소유되는 명사까지도 생략해서 아예 '누구의 것'이라고 말해버릴 때에는 mine, yours, his, hers, ours, theirs, its를 씁니다. 모양이 같은 경우도 있고 다른 경우도 있기 때문에 헷갈리지 않도록 주의하세요. 위에서도 보통 전치사 뒤에 오는 대명사는 me, you, him 등 소위 목적격을 쓴다고 했는데요, 이런 경우도 있습니다.

I went to the movies with a friend of mine.
나는 내 친구들 중 하나랑 영화를 보러 갔다.

이런 표현에 대해서 알아둬야 할 것이 세 가지 있습니다. 첫째, '누구의 친구/엄마' 등을 의미하는 a friend/mother of ...의 경우에만 mine, his, hers와 같은 소위 '소유대명사'가 쓰입니다. 둘째, of 부분부터 자주 생략된다는 것입니다. 셋째는 my friend 대신 a friend of mine으로 표현해야 할 때가 있습니다. 굳이 my를 강조할 필요가 없을 때죠. 문맥을 보면 당연히 '내' 친구이지 '남의' 친구라고 오해할 소지가 없을 때 my를 쓰면 사족이 되니까요. 그런데 a friend of mine이라고 했을 때 그게 누군지는 아직도 명확하지 않죠? 친구가 누구인지에 초점이 맞춰져 있지 않다는 걸 알 수 있습니다. 그냥 '친구'라는 관계에 있는 사람인데, '한 명'이라는 것에 초점이 맞춰진 것입니다. 만일 내 친구 몇 명과 영화 보러 갔다는 어떻게 표현하시겠어요?

I went to the movies with some friends (of mine).

● 이를 굳이 my friends와 함께 some을 쓰려고 하면 어색하거나, 강조하고자 하는 부분이 달라질 수 있습니다.

대상으로 쓰는 me, him, her가 모양을 살짝 바꿔서 myself, yourself, himself, herself, ourselves, themselves, itself로 쓰이는 경우도 있습니다. 문장의 대상이 주어와 동일 인물/물건일 경우입니다. 그럼 him을 쓰는 경우와 himself를 쓰는 경우를 비교해 봅시다. 먼저 him을 쓰면 이렇습니다.

He killed him.

위 문장에서는 어떤 남자가 다른 한 남자를 죽인 것입니다. 앞에 이러한 문장이 있다면 더욱 이해가 빠르겠죠.

Alex hated <u>John</u> for a long time. 알렉스는 존을 오랫동안 미워했다.
Finally, he killed <u>him</u>. 마침내 그는 그를 죽였다.

그러나 만일 이 문장 뒤에 Alex도 자기 자신을 죽였다면? 즉 자살을 했는데, He killed him.으로 표현한다면 혼란이 옵니다. Alex가 자기 자신을 죽인 것에 대해서는 himself를 써서 혼란을 피할 수 있습니다.

He killed himself. 그는 자살했다.

self가 쓰인 문장들을 좀 더 살펴보면서 익숙해지도록 하세요.

Iris was looking at herself in the mirror.
아이리스는 거울 속의 자신을 보고 있었다.

Anton bought a present for himself.
안톤은 자기 자신을 위해 선물을 샀다.

They didn't help each other. They just did things for themselves.
그들은 서로 돕지 않았다. 그들은 다만 자신들을 위해서만 일을 했다.

I live by myself. 나는 혼자 산다.
I live on my own. 나는 독립해서 산다.
└ 룸메이트 등이 있을 수 있음. 누구랑 같이 살고 말고가 아니라 부모님으로부터 경제적으로 의존하지 않고 독립해서 산다는 의미로 쓸 수 있음

● by myself와 on my own
by myself는 '혼자서'라는 의미입니다. 말 그대로 alone이라는 의미입니다. on my own도 같은 의미로 쓰일 수 있지만, 좀 더 구별할 수도 있습니다. on my own은 물리적으로 다른 사람이 없는 '혼자'가 아닌, 좀 더 정신적인 의미에서의 '홀로' 즉 독립심 등을 암시하는 측면에서 쓰일 수 있습니다.

대명사, 이것만 알고 가자

1_ 명사의 반복을 피하기 위해 대명사를 쓴다.

2_ 대명사가 주어 자리에 오면 I, you, he, she, we, they, it, 대상(목적어)일 때에는 me, you, him, her, us, them, it, 명사 앞에서 소유(~의)를 나타낼 때에는 my, your, his, her, our, their, its, '~의 것'일 때는 mine, yours, his, hers, ours, theirs, its, 문장의 대상이 주어와 동일 인물/물건일 때는 myself, yourself, himself, herself, ourselves, themselves, itself를 쓴다.

48 손가락으로 꾹꾹 눌러서 집어주기 :
this, that, these, those

the는 명사를 명확하게 '집어주는' 장치입니다. 듣는 사람이나 독자가 이미 알고 있는 것이기에 일일이 더 설명 안 하고 한 방에 그것임을 알려주는 편리한 장치입니다. 하지만 the 말고도 집어주는 장치들은 더 있습니다. 첫 번째는 대놓고 손가락으로 정확하게 집어주는 것들입니다.

this, that, these, those

말하는 이에게 가까이 있느냐 아니냐에 따라, 한 개냐 여러 개냐에 따른 구분이 있을 뿐입니다. 다만, that은 사물뿐 아니라 앞서 언급한 이야기나 내용 전체를 대신할 때에도 쓰일 수 있습니다.

You're from the States, aren't you? 미국 출신이시죠, 그렇죠?
That's right. 맞습니다.

또한 this는 대화에서 뭔가 주제가 되는 명사를 처음 언급할 때에도 잘 쓰입니다.

I met this guy at a party in 1984. 난 그를 1984년 한 파티에서 만났어.

전화상에서 I 대신으로도 this가 쓰입니다.

※ 영국 영어에서는 Is that Joseph Kennedy? 라고도 합니다.

Hello, this is Bill Clinton. Is this Joseph Kennedy?
여보세요? 저는 빌 클린턴입니다. 조셉 케네디 씬가요?

내 것, 네 것, 그 애 것… 이렇게 누군가의 소유임을 밝혀서 집어주는 방법도 있습니다.

My books are on the table. Yours are here.
내 책들은 탁자 위에 있어요. 당신 것은 여기 있고요.

반면 이렇게 굳이 집어주지 않아도 분명하고 명확한 경우도 있습니다. 따라서 굳이 the나 this, my 등의 말이 붙지 않습니다.

Jennifer, London, Mt. Everest와 같은 하나에만 붙는 고유한 이름은 집어주는 장치가 없어도 이미 집혀져 있는 명사입니다. 그러나 다음과 같은 경우에는 고유한 명사가 셀 수 있는 명사처럼 쓰이거나, 앞에 that과 같이 집어주는 말이 붙기도 합니다.

A: Can I have **Jennifer** for a minute? 잠깐 제니퍼 좀 볼 수 있을까요?
B: There are two **Jennifers** in the class. Which one are you talking about? 반에 제니퍼가 두 명이에요. 누구를 말씀하시는 거죠?
A: Jennifer Vaughn from Yorkshire. 요크셔 출신의 제니퍼 본이요.
B: Ah, **that Jennifer**, I see. 아, 그 제니퍼 말씀이시군요.

무언가에 붙는 코드, 번호, 기호 등도 마치 그것에 붙인 '이름'과 같기 때문에 굳이 별도의 집는 장치가 없어도 되는 이미 집혀진 명사입니다.

I'm looking for **gate three**. 저는 3번 출구를 찾고 있어요.
Please, come to **room A**. A방으로 오시기 바랍니다.

같은 원리로 this, next, last 등이 week, Monday 등의 단어와 함께 와서 지금(오늘)을 기준으로 단 한 번밖에 없는 때를 나타낼 때에도 굳이 추가로 집어주는 장치가 필요없습니다.

There was a party at work last week. 지난 주에 회사에서 파티가 있었다.
└, last week가 여러 번 있는 것이 아니기 때문에 이것만으로 분명하고 명확함

What are you doing this weekend? 이번 주말에 뭐 하니?
└, 이번 주말도 단 한 번밖에 없으므로 분명함

I'll see you next Monday. 다음 주 월요일에 봅시다.
└, 다음 주 월요일도 단 한 번임

그러나 기준이 오늘로 고정되어 있지 않고 문맥에서 기준이 되는 날의 '다음 날' 과 같은 경우에는 별도의 장치가 필요합니다.

I wash my hair at night, and the next morning it stinks.
나는 밤에 머리를 감습니다. 그래서 다음날 아침에는 냄새가 납니다.
└, 밤에 머리를 감은 날의 다음 날 아침임을 the를 통해서 알려줌

너무나 뻔한 말이지만, 이미 앞서 나온 말을 대신 하는 대명사들도 굳이 다시 집어줄 필요가 없습니다.

Did you like the it? (X)   **Did you like it?** (O)

하나 생각해 봅시다. This is a my book.이 왜 안 될까요? 문법을 공부하는 사람들이 종종 하는 질문입니다. 무조건 '명사 앞에 단수면 관사, 소유 관계를 나타내면 소유격'이라는 식으로 암기에만 의존하면 위와 같은 문장을 만드는 실수를 합니다. 왜 a my 또는 the your 이런 식으로 쓰지 않을까요? 부정관사 뒤에는 소유대명사가 오지 못하니, 정관사와 소유대명사를 함께 쓰지

못하느니 하는 식의 설명은 이해 없이 외워야 할 부담만 더 늘려주는 꼴입니다. 지금까지 배운 개념을 통해 정리해봅시다. 어려운 용어로 말할 필요없습니다. a는 분명하게 집어주지 못하고 다만 그런 것이 '하나'라고 최소한의 윤곽선만 잡아주는 것입니다. 그런데 my는 분명하게 '내' 것이라고 집어주는 말입니다. 집어주던, 집어주지 못하던 하나만 해야 한다는 거죠. the my도 마찬가지에요. the도 집어주는데 my는 또 뭐냐고요? 영어는 반복을 싫어한다고 했죠. 집는 것도 한 놈만 나와야 한다는 겁니다. 일관성 있게 말이죠.

this/that/these/those, 이것만 알고 가자

1_ 정확하게 어떤 것을 지적해주는 말이 this/that(단수), these/those(복수)이다.

2_ that은 사물뿐 아니라 앞서 언급한 이야기나 내용 전체를 대신할 때도 쓰인다.
this는 대화에서 뭔가 주제가 되는 명사를 처음 언급할 때에도 쓰인다.

3_ 분명한 소속을 밝히는 소유격과 the, this, that 등은 함께 쓰지 않는다.

49

English Grammar

그 단어만은 제발 입에 담지 말아 주세요
one/ones

이미 나온 것에 대해서는 대명사를 사용해 반복을 피한다고 했습니다. 그런데 이미 언급한 것과 동일한 것을 가리키는 건 아닌데 어쨌든 같은 명사가 반복되는 경우가 있습니다.

There are some cookies in the jar. Would you like a cookie?
단지에 쿠키가 좀 있는데요, 쿠키 하나 드실래요?

위의 문장에서 cookie가 두 번 쓰였네요. 물론 처음에는 단지에 들어있는 여러 개의 쿠키들이고, 다음에 말한 것은 그 중의 어떤 것이 될진 몰라도 한 개의 쿠키를 말하는 것입니다. 앞뒤의 쿠키가 정확하게 같은 쿠키는 아닌데 어쨌든 겹치죠. 이거 해결하는 방법은 없을까요?
당연히 있습니다. one 또는 ones는 이렇게 동일한 것은 아니지만 같은 종류를 지칭하는 단어의 반복을 막아주는 대명사입니다. 하나 짜리라면 one, 여러 개 짜리라면 ones를 쓰면 됩니다.

Would you like one? 하나 드실래요?

one과 ones 앞에는 this/that이나 the가 붙을 수도 있습니다. 우리 말로는 보통 '~것' 으로 해석됩니다.

Which book is yours? This one or that one?
어떤 책이 네 거니? 이거? 아님 저거?

I like reading books. Especially I like the ones by Shakespeare.
나는 책 읽기를 좋아합니다. 특히 셰익스피어의 책을 좋아해요.

which와 함께 쓰여서 '어느 것'이라는 의미로도 쓰입니다.

This jacket or that jacket? Which one do you prefer?
이 재킷이요, 아님 저 재킷이요? 어떤 것이 더 맘에 드세요?

a나 some이 형용사와 함께 one과 ones 앞에 쓰일 수도 있습니다.

• another one은 'an+other+one'을 의미합니다.

I don't like this ring. Can I have a look at another one?
이 반지는 맘에 안 드네요. 다른 걸로 하나 볼 수 있을까요?

I'm full, but these cookies look so delicious. Can I have a small one?
전 배가 부르지만 이 쿠키들이 너무 맛있어 보이는군요. 작은 거 하나만 먹을 수 있을까요?

My old glasses don't work. I'm going to buy some new ones.
내 오래된 안경이 잘 안보여요. 새로 하나 사려고요.

one/ones, 이것만 알고 가자

1_ 동일 인물/물건이 아니고 같은 종류를 나타내는 명사의 반복에는 one을 사용한다.

2_ 단수일 때는 one, 복수일 때는 ones를 쓰며, one/ones 앞에는 this/that이나 the가 붙을 수도 있고 which나 a/some/another가 앞에 쓰일 수도 있다.

CHAPTER
09
정확하게 그려주자 –
한정사

50. 많거나 혹은 적거나 : many, much, a few, a little
51. 확실한 것과 의심스러운 것 : some, any
52. 딱 잘라 말해서 '없어' : not any, no~
53. '모두'가 다 '모두'가 아니다 : all, every
54. 범위를 잡아다오 : most, some, none
55. 커플은 커플좌석으로 가주세요 : both, either, neither
56. 다른 놈들은 어떻게 말할까? : other, another

50 많거나 혹은 적거나 : many, much, a few, a little

English Grammar

말은 말을 하는 이의 생각을 전달하는 수단입니다. 내 생각을 제대로 전달하려면 정확성과 명확성은 필수입니다. '말'이 그림이라면, '명사'는 그림 속에 등장하는 모든 것입니다. 이미 무엇을 말하는지 알고 있다면 the가 명사 앞에 붙어 긴 설명을 대신하겠지만, 그렇지 않은 경우에는 그 명사에 대해 설명이 필요합니다. 이러한 설명 중에서도 명사의 수나 양이 많고 적음을 나타내는 표현이 바로 '한정사'입니다.(또는 '수량 형용사'라고도 합니다.) a lot of는 셀 수 있는 명사, 셀 수 없는 명사에 상관없이 '많음'을 나타내는 표현입니다.

I've read a lot of books about design. 나는 디자인에 대한 책을 많이 읽었다.
We saved a lot of money. 우리는 많은 돈을 모았다.

a lot of와 같은 의미로 lots of, plenty of도 종종 쓰이는 표현입니다. plenty of는 단순히 많은 것이 아니라, 넉넉하게 여분이 충분히 있다, 남아돈다는 뉘앙스입니다. 우리도 보통 시간이 '넉넉하다'거나 돈이 '넘친다'고 표현하듯 영어에서 plenty of는 시간이나 돈이 넉넉하다는 의미로 자주 쓰입니다.

There was still plenty of time to explore the area.
여전히 그 지역을 탐험할 만한 넉넉한 시간이 있었다.

똑같이 '많음'을 나타내는 표현이라도 many는 셀 수 있는 명사에만 쓸 수 있습니다.

There are many cars on the road. 도로에 차가 많다.
He doesn't have many friends. 그는 친구가 많지 않다.

셀 수 없는 명사에는 much를 씁니다. 단, much는 일반적으로 부정문과 의문문에서만 쓰고, 긍정문에서는 a lot of를 씁니다.

It doesn't cost much money to make a phone call.
전화 하는 데엔 돈이 많이 들지 않는다.
Does it cost much money to make a call on your cell phone?
휴대전화로 전화 거는 데에 돈이 많이 드나요?
It costs a lot of money to make an international phone call.
국제 전화를 하는 데엔 돈이 많이 든다.

명사에 대한 '많음'을 표현할 때 much는 형용사이죠. 그런데 동사나 문장 전체의 의미를 꾸며줄 때 쓸 수 있는 부사이기도 하답니다. 부사로 쓰이는 much는 당연히 긍정문에서도 쓸 수 있습니다.

Thank you very much. 정말 고맙습니다.
I don't like Chinese food very much. 난 중국 음식 그다지 좋아하지 않아요.

'적음'을 나타내는 표현도 셀 수 있는 명사, 셀 수 없는 명사에 따라 달라집니다. 셀 수 있는 명사에는 a few를 쓰고 셀 수 없는 명사에는 a little을 쓰죠.

I have a few things to do now. 전 지금 몇 가지 할 일이 있습니다.
Can I have a little water? 물 좀 주시겠어요?

• little이 '작은'이라는 의미의 형용사로 쓰일 때, 명사에 a가 붙은 경우는 a little의 형태라고 착각할 수 있습니다만 이때는 수량을 나타내는 한정사 a little이 아니라, 단수를 나타내는 a와 형용사 little이 별개로 쓰인 것이므로 헷갈리지 않도록 주의하세요.

She is a little princess.
걔는 정말 소공녀야.

a little은 much와 마찬가지로 부사로도 쓰입니다.

He is a little better now. 그는 이제 좀 나았다.

a few와 a little은 비록 '조금'이기는 하지만 긍정적으로 '있음'을 의미하지만 a가 빠지고 few와 little로 쓰이면 실제로 거의 없는 것이나 다를 바 없다는 뜻이 됩니다. 즉, 이때는 문장이 긍정문 형태지만 의미는 부정문에 가깝다는 점에 주의하세요.

He has few friends. 그는 친구가 거의 없다.
I have little money. 난 돈이 거의 없다.

There were a few people at the party. 몇 사람이 파티에 있었다.
ㄴ, 파티에 많은 사람이 온 것은 아니지만 몇 사람은 있었다는 긍정적인 뉘앙스

There were few people at the party. 파티에 사람이 거의 없었다.
ㄴ, 예를 들어 500명은 와야 할 파티에 대여섯 명 정도만 와서 아무도 안 온 것이나 별 다를 바 없다는 부정적인 뉘앙스

한정사, 이것만 알고 가자

1_ 한정사는 명사의 수나 양이 많고 적음을 나타내는 표현이다.

2_ a lot of(= lots of, plenty of)는 셀 수 있는 명사, 셀 수 없는 명사에 상관없이 '많음'을 나타낸다. '많음'을 나타내는 many는 셀 수 있는 명사에만 쓴다. 셀 수 없는 명사는 much를 쓴다.

3_ '적음'을 나타낼 때 셀 수 있는 명사는 a few, 셀 수 없는 명사에는 a little을 쓴다.(a few와 a little은 '조금'이지만 있다는 긍정의 의미, few와 little은 거의 없다는 부정의 의미)

51 확실한 것과 의심스러운 것 : some, any

English Grammar

some은 정확하게 어느 정도의 수나 양인지를 말하기 어려울 때 매우 유용한 표현입니다. 예를 들어 어제 사과를 샀는데 그 사과가 분명히 한 개는 아니고 꽤 여러 개를 샀지만 정확한 개수를 기억하지 못할 때 some을 쓸 수 있습니다.

I bought some apples yesterday. 어제 사과를 좀 샀다.

some은 대략 문맥을 통해 무난하게 생각해낼 만한 정도의 '있음'을 나타냅니다. 따라서 some이 나타내는 범위는 문장에 따라 다를 수 있습니다.

There are some stars in the sky. 하늘에 별이 좀 떠있다.
└ 수십 개에서 수백, 수천 개가 될 수도 있음

There are some apples on the plate. 접시에 사과가 좀 있다.
└ 많아야 열 몇 개를 넘기기 힘들 것

some이 분명히 '있음'을 나타내는 데 반해, 확실치 않거나 '없음'에 가까운 의미를 나타낼 때에는 any를 쓰며 대개 의문문이나 부정문에 많이 쓰입니다.

There aren't any people in the room. 방에는 아무도 없다.
└ 없음

Is there any milk in the fridge? 냉장고에 우유 없나요?
└ 우유가 있는지 없는지 모름

● 반면 두루뭉술한 의미의 some보다는 어느 정도 범위를 지정해주는 표현도 있습니다.
- a couple of – '2'
- a few – '많지는 않은' a very few라고 하면 훨씬 더 적은 숫자임을 암시
- several – 둘보다는 많은 대략 대여섯에서 예닐곱 정도

그러나 some이 긍정문에만 쓰이는 것은 아니에요. 어떤 종류의 문장에 쓰이던지 중요한 것은 some은 '있음'의 개념이라는 거예요.

Would you like some tea? 차 좀 드시겠어요?
ㄴ, 차가 '있기' 때문에 some으로 말할 수 있음

마찬가지로 any도 항상 의문문이나 부정문에만 쓰이는 것은 아니에요. 그 명사에 대해 어느 정도인지 감을 주는 것이 some이라면, any는 어느 정도인지 감을 잡기 힘들다는 얘기입니다. 없을 때뿐 아니라 그것이 무엇이 될지 분명하게 말 못하는 경우에 any를 쓰는 것이죠. 따라서 이때 any는 보통 '무엇이든지'라는 의미가 됩니다.

I will welcome any ideas. 어떤 생각이라도 환영하겠습니다.
ㄴ, 그 생각이 어떤 것인지에 대해 전혀 제한이 없으므로 구체적으로 또는 명확하게 범위를 잡을 수가 없음

some과 any는 말하고자 하는 명사의 종류가 무엇이냐에 따라 몇 가지 형태의 어미와 결합하기도 하는데요. 사람인 경우에는 -body 또는 -one을 쓰고 사물이면 -thing을 씁니다.

I need somebody to love. 나는 누군가 사랑할 사람이 필요해요.
ㄴ, Queen의 노래 제목/가사

Anybody can do it. 그 누구라도 그걸 할 수 있어.
ㄴ, 사람의 범위가 전혀 제한 없음

There is something in the air. 뭔가 있기는 있어.
ㄴ, 직역하면 공기 중에 뭔가가 있다는 뜻인데, 보통 대화에서 알 수 없는 무슨 일이 진행되고 있다는 의미로, 또는 알 수 없는 분위기, 또는 영향 등에 대해 말할 때 이런 표현을 씁니다.

Is there anything interesting on TV tonight?
오늘 밤 TV에서 뭐 재미있는 거 없어?

장소에 대해서는 -where를 씁니다.

Somewhere over the rainbow... 무지개 너머 어딘가에
ㄴ, 어디라고 정확히 말하지는 못해도 어딘가 있기는 있음

I'm not going anywhere. 난 어디에도 가지 않아요.

● 이 표현들에는 some과 any뿐 아니라 no와 every 등이 붙기도 합니다.

some과 any, 이것만 알고 가자

1_ 명사가 정확하게 몇 개인지 알 수는 없으나 어느 정도 '있다'는 의미일 때 some을 쓰고, 거의 '없다'는 의미일 때는 any를 쓴다. 이러한 기본 개념을 바탕으로 some이나 any는 긍정문, 부정문 등에 모두 쓰일 수 있다.

2_ some이나 any 다음에는 -one/body(사람), -thing(사물), -where(장소) 등의 어미 형태가 붙을 수 있다.

52 딱 잘라 말해서 '없어' : not any, no~

자, 복습입니다. some이 명사의 수량에 대해 분명한 '있음'을 나타내는 데 반해, 확실치 않거나 그렇지 않음, 즉 '없음'을 나타내는 것은 any입니다. 따라서 any는 부정문에서 자주 볼 수 있다고 했습니다. not과 any는 쿵짝이 잘 맞는 한 세트입니다.

I don't have any complaints. 불만 전혀 없어요.

not과 any는 no로 바꿔 표현할 수도 있습니다.

I have no complaints.

not을 쓰고 또 다시 no를 쓰는 실수를 하지 않도록 주의하세요. 예전 토플 형식의 밑줄 친 부분 중 틀린 것을 고르라는 문법 문제에서 자주 묻는 사항이었죠. 알면서도 자주 틀리는 오류이니 꼭 기억해두세요.

● not이 들어간 문장에 at all이 더해지면 부정의 의미가 더욱 강해집니다.

There isn't any evidence at all. (O) 증거가 전혀 없다.
There is no evidence at all. (O)
There isn't no evidence at all. (X)

not과 함께 오는 anybody, anyone, anything, anywhere도 no-로 바꿔 쓸

수 있습니다.

There was nobody in the house. 집에는 아무도 없었다.
(=There wasn't anybody in the house.)

I did nothing. 나는 아무 것도 하지 않았어요.
(=I didn't do anything.)

no-는 not any ~보다 좀 더 단정적으로 들립니다. 그래서 보통 간단하게 대답하거나 문장의 맨 앞에는 no-를 씁니다.

A: What do you have in the bag? 가방에 뭘 갖고 있는 거야?
B: Nothing. 아무 것도 없어.

A: Who was it? 누군데?
 ㄴ 전화를 받았거나 벨 소리가 나서 바깥에 나갔다 온 사람에게

B: Nobody. 아무도 아냐.

Nothing's gonna change my love for you.
그 무엇도 당신에 대한 나의 사랑을 바꾸지 못해요.
ㄴ Glen Medeiros의 노래 제목. gonna는 going to로 구어체에서 종종 쓰임

Nobody knows. 아무도 모른다.

문장의 맨 앞에는 보통 not any를 쓰지는 않는다는 점에 주의하세요.

Nothing happened. (O) 아무 일도 일어나지 않았다.
Not any thing happened. (X)

somebody와 nobody는 누군가의 존재감에 대해 있고 없음을 나타내는 표현으로도 쓰입니다.

There's somebody at the door. 문 앞에 누가 있어요.
There was nobody in the room. 방 안에 아무도 없었다.

여기서 좀 더 응용해 봅시다.

I want to be somebody.

위 문장을 '누군가'가 되고 싶다고 이해하면 어색합니다. some은 존재감이 분명히 '있다'는 의미입니다. 그렇기 때문에 somebody는 사람들이 그 '존재감'을 분명히 의식할 수 있는 사람, 대단한 사람이란 의미로도 이해할 수 있습니다. 어렸을 때 뭐가 되고 싶냐고 하면 흔히 '훌륭한 사람이 되고 싶다'라고 하는데, 이때 I want to be somebody.라고 말할 수 있습니다.

마찬가지로 nobody라고 하면 아무도 없다는 의미도 되지만, 그 '존재감'이 전혀 없는 사람, 즉 '아무런 의미가 없는 사람'이라는 의미가 될 수도 있습니다. 예를 들어 잡상인이 왔다간 후 엄마가 '누구냐?'고 물으면 중요한 사람이 아니라는 의미로 Nobody.라고 대답할 수 있습니다.

You are nobody to me now. 넌 이제 내게 아무도 아냐.
└ 아무런 의미 없는, 중요하지 않은 사람이라는 의미입니다.

not ~ any, 이것만 알고 가자

1_ not ~ any는 '전혀 ~ 아니다'라는 표현이며 not ~ anyone, anything, anywhere 등은 no-로 바꿔 쓸 수 있다.

53 '모두'가 다 '모두'가 아니다 : all, every

I get up early in the morning. 나는 아침에 일찍 일어난다.

위 문장에서 일찍 일어나는 빈도는 대략 80%쯤 됩니다. usually를 써서 좀 더 명확하게 밝혀줄 수도 있지만, 그렇지 않아도 비슷한 정도라고 감을 잡을 수 있습니다. 그런데 굳이 always를 쓰지 않아도 확실히 100%의 빈도를 나타내는 경우도 있습니다.

The earth goes around the sun. 지구는 태양 둘레를 돈다.

이렇게 별 다른 얘기가 없으면 어느 정도 '일반적(general)'인 범위에서 의미를 이해하게 됩니다. 명사의 경우에도 마찬가지입니다. 명사 앞에 범위를 잡아주는 말이 따로 없다면 '일반적인' 범위를 나타낸다고 할 수 있습니다. 단, 셀 수 있는 명사는 반드시 복수(plural)로 써 주어야 합니다.

Flowers are beautiful. 꽃들은 아름답다.
ㄴ 일반적인 꽃들을 의미함. 웬만한 꽃들은 다 해당됨

Love is a wonderful thing. 사랑은 놀라운 것입니다.
ㄴ 특정한 사랑이 아닌 일반적인 사랑 (Michael Bolton의 노래 제목)

하지만 좀 더 분명히 100%를 나타내고 싶다면 all을 쓸 수 있습니다. 셀 수 있는 명사들 전부를 의미하므로 all이 명사와 결합할 때, 명사는 복수(plural) 형태가 됩니다.

* men은 단순히 남자만이 아닌 사람 전체를 의미할 수 있음. 주로 정치 관련 지문에서 자주 볼 수 있는 문장

All men are created equal. 모든 사람은 평등하게 창조되었다.

every도 '모든'을 나타내는 표현입니다. 그러나 all과 달리 every 뒤에는 명사를 단수(singular) 형태로 씁니다. 단순히 하나하나를 끌어 모은 전부라기보다는 '전부'를 구성하는 구성원 하나 하나를 의식하기 때문입니다. '그 어느 것 하나도 빠짐 없이' 라는 개념이라고 볼 수 있습니다.

Every rose has its thorn. 모든 장미에게는 가시가 있다.
↳ 가시 없는 장미는 없다. (영어 속담)

이러한 개념의 차이로, 같은 명사라도 all이 붙느냐 every가 붙느냐에 따라 의미가 달라질 수도 있습니다.

* 셀 수 있는 명사의 단수(singular)나 셀 수 없는 명사 앞에 쓰이는 all은 그 명사의 '전부', '전체'를 의미합니다.

I cleaned the house all day. 나는 하루 종일 집안 청소를 했다.
I clean the house every day. 나는 매일 집안 청소를 한다.

또한 every는 some/any처럼 -body/one, -thing, -where와 함께 쓸 수 있지만, all은 그렇지 못합니다.

Everybody needs somebody to love.
모든 이에게는 사랑할 누군가가 필요하다.
↳ Blues Brothers의 노래 제목
Is everyone here? 모두 다 온 건가요?
↳ 모두 여기에 있나요?

I'll be your everything. 나는 당신의 모든 것이 되겠어요.
ㄴ Tommy Page의 노래 제목

I looked everywhere for the answer.
나는 답을 찾아 여기저기 다 둘러봤다.

all/every, 이것만 알고 가자

1_ 명사의 복수형은 특별한 언급이 없으면 일반적인 의미를 나타낸다. 예를 들어 **flowers**는 일반적인 의미의 '꽃'이다.

2_ all과 every는 '모든'을 의미하며 all 다음에는 복수 명사, every 다음에는 단수 명사가 온다.

54 범위를 잡아다오 : most, some, none

English Grammar

명사 앞에 범위를 잡아주는 말(the, a/an, this, two ...)이 따로 없다면 명사가 일반적인(general) 의미를 나타낸다고 할 수 있습니다. '모든' 또는 '전부'라고 하려면 all이나 every를 쓸 수 있고 전반적인 것을 나타내는 의미인 '대부분'은 most입니다.

Most children like to play. 대부분의 애들은 노는 것을 좋아한다.

정확한 비율을 모르지만 어느 정도 '있음'을 나타내는 것은 some입니다.

But, some children prefer to study.
하지만 어떤 애들은 공부하는 것을 더 좋아한다.

● 여기서 no ~를 not any로 바꾸어줄 수도 있습니다.(Unit 52 참조)

'0(zero)', 즉 '전혀 없음'을 나타낼 때에는 명사 앞에 no를 쓸 수 있습니다.

There are no children here. 여기엔 아이들이 전혀 없다.
└ Alex Kotlowitz의 책 제목

(There is) No country for old men. 노인을 위한 나라는 없다.
└ Coen 형제의 아카데미상 수상 영화 제목이자 원작 소설 제목

no 뒤의 명사가 문맥에서 계속 나오거나 굳이 언급할 필요가 없다면 none을

쓸 수 있습니다. none은 0개란 의미입니다.

A: **How many books are on the shelf?** 선반에 책이 몇 권이나 있나요?
B: **None. (= No books.)** 한 권도 없어요.

그런데 이렇게 범위를 잡아주는 말 all, most, some, no/none 뒤에 of가 오는 경우가 있는데, of 뒤에는 the, this, my 등과 함께 소위 '딱 집힌' 명사가 옵니다.

Most of the children in the class like to read books.
그 학급의 대부분의 어린이들은 책 읽는 것을 좋아한다.
└, 그 학급의 어린이들

Some of my friends are Canadians.
내 친구들 중 몇은 캐나다인입니다.
└, 내 친구들

I can figure out none of these questions.
나는 이 질문들 중 어느 것도 답을 풀 수가 없다.

그런데 all의 경우에는 of가 생략될 수 있습니다.

All the people in the store looked at him.
가게의 모든 사람들이 그를 쳐다봤다.

= All of the people in the store looked at him.

그러나, all 다음에 it이나 them과 같은 대명사가 오는 경우에는 of를 생략하지 않고 반드시 써줘야 합니다.

I invited all of them. (O) 나는 그들 모두를 초대했다.
I invited all them. (X)

All of you will receive an email from me. (O)
여러분 모두가 내게서 이메일을 받게 될 것입니다.

All you will receive an email from me. (X)

절반을 나타내는 half도 all과 같은 방식으로 사용합니다.

He fired half the staff. 그는 직원의 절반을 해고했다.
= He fired half of the staff.

Half of them were foreigners. (O) 그들 중 절반은 외국인이었다.
Half them were foreigners. (X)

all/most/some, 이것만 알고 가자

1_ most는 '대부분'이라는 의미이다. 어느 정도 '있음'을 나타내는 것은 some, '전혀 없음'을 나타낼 때에는 명사 앞에 no를 쓰며, no 뒤의 명사가 문맥에서 계속 나오거나 굳이 언급할 필요가 없다면 none을 쓸 수 있다.

2_ all, most, some, no/none 뒤에 of가 오는 경우 뒤에는 the, this, my 등과 함께 소위 딱 집힌 명사가 온다.

55 커플은 커플좌석으로 가주세요 : both, either, neither

영어는 우리말보다 숫자에 민감합니다. 하나면 하나라고(an apple, a house...) 여러 개면 여러 개(apples, houses...)라고 꼬박꼬박 표시합니다. 그러다 보니 여러 개 또는 전체의 범위를 나타낼 때 쓰는 말(all, most) 등이 있는가 하면, 딱 둘만 놓고 이야기할 때 쓰는 표현이 따로 있습니다. '둘 다'를 말할 때에는 both를 씁니다.

Both buildings are old. 두 건물 다 낡았다.

'둘 중의 하나만'을 말할 때에는 either를 씁니다.

A: **Which would you like? Tea or coffee?**
어떤 것을 드릴까요? 차, 아니면 커피?
B: **Either is fine.** 둘 중의 어느 것이라도 괜찮습니다.
↳ both, either, neither 뒤의 명사는 생략될 수 있습니다.

둘 다 아닐 때에는 not either가 합쳐진 neither를 씁니다.

Neither man is my father. 두 남자분 다 우리 아빠가 아니다.

both는 둘 다 모두 포함하므로, both A and B의 형태로 쓰이죠.

● 한 쌍의 커플을 특별 대우하는 경향이 있어서 '둘'을 표현할 때 two도 쓰지만 a couple of를 참 많이 씁니다.

Both Jane and Maggie went to the party.
제인과 매기 둘 다 파티에 갔다.

either는 둘 중 하나만을 의미하므로, either A or B의 형태로 쓸 수 있습니다.

Either tea or coffee is fine with me. 차건 커피건 다 좋습니다.

neither의 경우에는 neither A nor B 형태로 씁니다.

Neither Jane nor Maggie went to the party.
제인과 매기 둘 중 그 어느 누구도 파티에 가지 않았다.

both, either, neither도 뒤에 of가 올 수 있습니다. most, some, none 등과 마찬가지로 of 뒤에는 the, this, my 등과 함께 명사가 옵니다. 또한 both도 all과 마찬가지로 of를 생략할 수 있답니다. them이나 you와 같은 대명사가 올 때에는 of를 생략하지 못한다는 점도 all의 쓰임과 같습니다.

* both, either, neither 모두 뒤의 명사가 생략될 수 있습니다.

Have you seen "Sister Act 1 or 2?" I've seen both.
〈시스터액트〉 1 아니면 2 봤니? 나는 둘 다 봤어.

Both (of) her parents are French. 그녀의 부모님 두 분 모두 프랑스인입니다.
Both of us will be there. 우리 둘 다 거기 갈 겁니다.

Did **either of you** see the movie? 너희 둘 중 누가 그 영화 봤니?

Neither of the children was late for school.
그 애들 둘 중 아무도 학교에 지각하지 않았다.

none of ~나 neither of ~는 뒤에 동사가 올 때는 보통 is, was, has, does 와 같은 단수형(singular)이 쓰이지만, 복수형(plural)도 가능합니다. 특히 동사 앞의 명사 또는 대명사가 복수형이면 are, were와 같은 복수형 동사가 자주 쓰이죠.

None of them was(were) there. 그들 중 누구도 거기엔 없었다.

Neither of the students want(wants) to do the task.
두 학생 중 누구도 그 일을 하고 싶지 않아 한다.

both/either/neither, 이것만 알고 가자

1_ 둘 다일 때는 both A and B의 형태로 쓰고, 둘 중의 하나만을 말할 때에는 either A or B, 둘 다 아닐 때에는 neither A nor B를 쓴다.

2_ 'none/neither+of+명사' 다음에 동사가 올 때, 보통 단수형 동사가 오지만 복수형 동사도 가능하다.

56 다른 놈들은 어떻게 말할까? : other, another

other는 '다른 것'을 의미하며 복수(plural) 명사가 따라옵니다.

Some people like sports. Other people don't.
어떤 사람들은 운동을 좋아한다. 다른 사람들은 그렇지 않다.

명사를 생략하고 others로 쓸 수도 있습니다.

Some people like sports. Others don't.
어떤 사람들은 운동을 좋아한다. 다른 사람들은 그렇지 않다.

다른 것이 여럿이 아니라 하나일 때에는 another를 씁니다. another는 an+other입니다. '다른 하나'라는 의미이죠. 문장에 따라 이미 언급되었거나 앞에 나온 명사에 추가되는 '하나 더'의 의미로도 쓰입니다.

You look like another person. 너 마치 딴 사람처럼 보인다.
I'll have another glass of wine. 와인 한 잔 더 마실게요.

other 앞에 the가 붙으면 뭔가를 뺀 나머지 '전부'를 말합니다.

I didn't like the black skirt. The other skirt looked much better.
나는 그 검정 치마는 맘에 들지 않았어. 그거 말고 다른 치마가 훨씬 더 나아 보이더라.
└ 치마 두 개 중에 검정이 아닌 나머지 하나를 의미함

I just want to do what the other kids do.
나는 나 외의 다른 애들이 하는 것을 하고 싶을 뿐이에요.

※ other 뒤의 복수 명사를 생략해서 the others 라고 할 수도 있습니다.

one, other, another, the other가 쓰이는 경우를 여러 문장을 통해 다시 한 번 정리해 봅시다.

There were many rabbits on the farm. Some were black. The others were white.
농장엔 토끼가 많았다. 어떤 토끼들은 검정이었지만, 나머지 다른 토끼들은 (모두) 흰색이었다.

I have three rabbits. One is black. Another is brown. The other is gray.
내겐 토끼가 세 마리 있다. 한 마리는 검정색이고, 또 하나는 갈색이고, 나머지 하나는 회색이다.

This is not the only answer. There are others.
이것만이 유일한 답은 아니다. 다른 답들도 있다.

She has two brothers. One is older. The other is younger.
그녀는 남자 형제가 둘 있다. 하나는 오빠이고, 다른 하나는 남동생이다.

There are 50 states in the United States. One is California and some others are Virginia and Kentucky.
미국에는 50개 주가 있다. (그 중) 하나는 캘리포니아이고, 다른 주로는 버지니아와 켄터키가 있다.
└ 이 외에도 다른 주가 더 있음

other가 쓰이는 여러 가지 표현을 알아봅시다.

every other *하나 걸러서*
I go to school every other day. 나는 하루 걸러 학교에 간다.

on the other hand 다른 한편으로는

He's quite intelligent, but on the other hand he is very lazy.
그는 꽤 똑똑하지만 한편으로는 매우 게으르다.

other/another, 이것만 알고 가자

1_ other는 '다른 것'을 의미하며 other 뒤에는 복수(plural) 명사가 오거나 명사를 생략하고 others로 쓸 수도 있다.

2_ 다른 것이 하나 더 있을 때 '하나 더'라는 의미일 때는 another를 쓴다.

3_ other 앞에 the가 붙으면 뭔가를 뺀 나머지 '전부'를 나타낸다. other 뒤의 복수 명사가 올 경우 이를 생략하고 the others라고 할 수도 있다.

CHAPTER
10
컬러로 말해요 –
형용사와 부사

57. 명사용 스티커, 형용사 (Adjective)
58. 다용도 스티커, 부사 (Adverb)
59. 장식도 순서가 있다 : place + time

57 명사용 스티커, 형용사
English Grammar
(Adjective)

형용사(adjective)는 '명사'를 좀 더 자세하고 선명하게 표현해주는 말입니다. 형용사가 있는 문장과 없는 문장의 차이는 흑백 사진과 컬러 사진의 차이라고 이해하면 됩니다.

It was a butterfly. 그건 나비였다.
It was a beautiful yellow butterfly. 그건 아름다운 노란 나비였다.

첫 번째 문장의 경우 그냥 나비라는 사실만 인식되지만, 두 번째 문장은 머리 속에 떠오르는 '나비'의 이미지가 훨씬 더 구체적이고 선명합니다.

한마디로 형용사는 '명사'를 위한 장식이라고 할 수 있죠. 그러니까 형용사는 기본적으로 명사 앞에 오겠군요.

The young boy lived in a small house.
그 어린 소년은 작은 집에 살고 있었다.

하지만 some이나 any가 오는 명사의 경우에는 형용사가 명사 뒤에 옵니다.

I want something special for my birthday.
난 내 생일에 뭔가 특별한 것을 원해요.

형용사는 동사의 뒤에도 올 수 있습니다. 형용사가 뒤에 오는 가장 대표적인 동사는 be입니다.

The question is difficult. 그 질문은 어렵다.

look, seem, taste, smell 등의 동사도 뒤에 형용사가 올 수 있습니다. 이런 경우엔 의미를 잘 보면 be동사와 마찬가지로 형용사가 주어인 '명사'에 대해 이야기하고 있다는 것을 알 수 있습니다.

You look radiant! 너 정말 끝내주는데!
 ↳ radiant가 you를 설명하고 있음. 즉 You are radiant.의 의미로 볼 수 있음

• radiant: (사람이) 건강, 행복 등으로 신수가 훤한

The soup smells nice. 국 냄새가 좋군요.
 ↳ nice한 것은 soup임. 즉, The soup is nice.로 볼 수 있음

그러나 명사가 아니라 동사들에 대해서 이야기하고자(수식하고자) 할 때에는 동사 다음에 '부사'가 쓰입니다.

She looked carefully at the bird. 그녀는 그 새를 주의 깊게 바라보았다.
 ↳ look은 의식적으로 '(…를) 보다'는 '행동'의 의미이다.

The dog smells very well. 그 개는 냄새를 아주 잘 맡는다.
 ↳ smell의 의미가 '냄새를 맡다'로 구체적인 행동을 나타냄.

외워서 알아두어야 할 형용사들도 있지만, 단어의 형태를 통해 형용사를 구분할 수도 있습니다. 동사를 형용사처럼 쓸 때에는 -ing나 -ed(과거형 -ed가 아니라 p.p.) 모양이 됩니다.

His story was quite interesting. 그의 이야기는 꽤 흥미로웠다.
They were tired. 그들은 피곤했다.

-ive, -ous, -al, -ate, -y, -ish 등으로 끝나는 단어도 대개 형용사인 것이 많습니다.

It was an informative lecture. 유익한 강연이었습니다.

Don't do any dangerous thing. 위험한 짓은 전혀 하지 말아라.

Lethal Weapon 치명적인 무기
└ Mel Gibson 주연의 영화 제목

He was always passionate about his work.
그는 언제나 자기 일에 열정적이었다.

I don't like rainy weather. 나는 비 오는 날씨는 좋아하지 않습니다.

Tony is selfish. 토니는 이기적입니다.

형용사, 이것만 알고 가자

1_ 형용사(adjective)는 '명사'를 자세하고 선명하게 표현해주는 말이며 기본적으로 명사 앞에 온다.

2_ 형용사는 be동사, look, seem, taste, smell과 같은 동사의 뒤에 올 수 있으며 이때 형용사는 주어인 명사를 설명해주는 것이다.

3_ -ive, -ous, -al, -ate, -y, -ish 등으로 끝나는 단어도 대개 형용사이다.

58 다용도 스티커, 부사
English Grammar
(Adverb)

형용사가 명사를 위한 장식(수식어)이라면, 부사(adverbs)는 명사가 아닌 것들을 위한 장식(수식어)이라고 할 수 있습니다. 대표적으로 부사의 수식을 받는 것은 동사입니다. 부사는 그 동사가 '어떻게' 또는 '어떤 방식으로' 작용하는지를 선명하게 전달하는 수단이죠. 보통 동사의 뒤에 위치하고 동사의 대상(목적어)이 있는 경우에는 대상 뒤에 옵니다.

Phoebe left quickly. 피비는 재빨리 떠났다.
They lived happily ever after. 그들은 그 뒤로 행복하게 살았다.
He opened the letter slowly. 그는 편지를 천천히 개봉했다.

'얼마나 자주'인지 빈도를 나타내는 부사(frequency adverbs)들은 be-type 동사의 뒤, do-type 동사의 앞에 올 수도 있습니다.(Unit 03 참고)

● 빈도부사에는 always, usually, often, sometimes, seldom, rarely, never 등이 있습니다.

Peggy always gets to work early. 페기는 항상 일찍 출근한다.

Ray is always on time. 레이는 항상 제 시간을 지킨다.

also, all, both, ever, already, just 등의 부사도 빈도부사와 같은 위치에 올 수 있습니다.

We are both married. 우리는 둘 다 결혼했어요.

Kate has already arrived. 케이트는 벌써 도착했어요.

부사는 문장 전체를 수식하며, 문장의 맨 앞이나 뒤에도 올 수 있습니다. 맨 뒤에 오는 부사는 대개 '언제', '어디서', '어떻게'를 나타냅니다.

Sometimes I go for a walk to the park. 가끔 나는 공원으로 산책을 나간다.
Maybe we can go there together. 아마 우리가 같이 거기 갈 수도 있겠다.
I'm not busy now, luckily. 나는 지금은 바쁘지 않다, 운 좋게도.

probably는 예외적으로 문장의 중간에 오기도 합니다. 빈도부사(frequency adverb)의 위치를 참고하세요.

● not이 들어간 부정문의 경우 probably는 not 앞에 옵니다.

He probably won't see her.

He will probably not see her.
그는 그녀를 만나지 않을 것이다.

She will probably be there tomorrow.
그녀는 아마 내일 그리로 갈 것이다.

형용사의 앞에서 의미 강도를 조절하거나 강조하는 데에도 부사가 쓰일 수 있습니다.

David is very smart. 데이빗은 아주 똑똑하다.
That story is definitely fake! 그 얘기는 확실히 가짜다!

enough는 예외적으로 형용사 뒤에 옵니다.

He wasn't tall enough to be a basketball player.
그는 농구선수가 되기에는 키가 충분히 크지 않았다.

정리하면, 가장 위치가 자유롭고 다양한 것이 '부사'라고 할 수 있습니다. S+V+O의 기본 형태를 건드리지 않는 범위 내에서 문장의 앞, 뒤, 중간에 모두 올 수 있고, 빈도부사와 probably, already처럼 be-type 동사와 do-type 동사 사이에 오는 것들도 있습니다.

부사는 보통 형용사에 -ly를 붙여 만들어집니다.

The final match is tomorrow. 최종 경기는 내일이다. (형용사)
We finally won the game. 우리는 마침내 경기에서 승리했다. (부사)

그러나 -ly가 붙지 않고 모양이 형용사와 동일한 경우도 있습니다.

It's a fast train. 그건 고속 열차이다. (형용사)
He ran really fast. 그는 정말 빨리 달렸다. (부사)

The exam was hard. 그 시험은 어려웠다. (형용사)
We studied for the exam very hard. (부사)
우리는 아주 열심히 시험 공부를 했다.

I'm sorry about my late reply. 답장이 늦어 죄송합니다. (늦은 답장)
They came very late. 그들은 아주 늦게야 왔다.
↳ lately는 '최근에' 라는 의미입니다.

● hardly는 형용사 hard의 의미와는 관계없는 전혀 다른 의미의 부사입니다. 보통 ever와 함께 '매우 드물게', '가뭄에 콩 나듯'의 빈도를 나타낼 때 쓰입니다.

She hardly ever calls her mom.
그녀는 아주 드물게 엄마한테 전화합니다.

-ly가 붙었다고 모두 부사는 아닙니다. lovely는 '사랑스러운' 등의 의미를 가진 형용사입니다.

Annie is a lovely girl. 애니는 사랑스러운 소녀이다.

good의 경우에는 -ly 형태가 아닌 전혀 다른 형태의 부사를 갖습니다.

He is a good swimmer. 그는 수영을 잘 한다.
He swims well. 그는 수영을 잘 한다. (good의 부사형은 well)

well이 형용사로 쓰일 수도 있습니다. 이때에는 의미가 달라집니다. 우리가 보통 웰빙(well-being)이라고 하는 것도 well이 '건강한(healthy)'이란 의미의 형용사로 쓰인 예입니다.

A: **How are you?** 잘 지내시죠?
　　└, 안부 인사
B: **Very well, thank you.** 그럼요, 건강히 잘 지냅니다.

부사, 이것만 알고 가자

1_ 부사는 명사 이외의 것들, 특히 동사를 수식해주며 보통 동사의 뒤에 위치하고 동사의 대상(목적어)이 있는 경우에는 대상 뒤에 온다.

2_ 빈도부사들은 be-type 동사의 뒤, do-type 동사의 앞에 올 수도 있다. also, all, both, ever, already, just 등의 부사도 빈도부사와 같은 위치에 올 수 있다.

3_ 형용사의 앞에서 의미 강도를 조절하거나 강조하는 데에도 부사가 쓰일 수 있다. enough는 형용사 뒤에 온다.

4_ 부사는 보통 형용사에 -ly를 붙여 만들어지며 -ly가 붙지 않고 모양이 형용사와 동일한 부사도 있다.

59 장식도 순서가 있다 : place + time

English Grammar

명사 앞에 여러 개의 형용사와 부사가 섞여 나오면 헷갈릴 수 있습니다. 이때 형용사는 명사용이고, 부사는 형용사용이라는 점을 잘 기억하세요.

It was a beautiful yellow butterfly. 그건 예쁜 노란 나비였다.
↳ beautiful과 yellow 모두 butterfly를 꾸며주는 형용사입니다.

It was a beautifully decorated hallway. 그것은 아름답게 장식된 복도였다.
↳ beautifully는 형용사 decorated를 꾸며주는 부사이고, decorated는 명사 hallway를 꾸며주는 형용사입니다.

부사와 형용사가 더해져 하나의 형용사 표현처럼 사용되는 경우도 있습니다.

The students are well-behaved. 그 학생들은 아주 행실이 바르다.

명사 앞에 여러 개의 형용사가 오는 경우에는 어떻게 순서를 정할까요? 형용사의 종류에 따라 대략 다음의 순서로 배치됩니다.

> 수량 한정사 – 의견 – 크기 – 모양 – 연령 – 색상 – 출신 – 재질 – 용도

그러나 이 순서를 달달 외울 필요까지는 없습니다. 형용사를 3개 이상 함께

쓰는 경우는 그다지 많지 않기 때문입니다. 보통 그 명사의 '본질'에 가까운 것을 나타내는 형용사일수록 명사 가까이에 위치한다고 보면 됩니다. 명사에서 멀어지는 형용사일수록 명사의 '본질'과 거리가 있다고 볼 수 있습니다.

The vase was on a beautiful round glass table.
그 꽃병은 아름다운 둥근 유리 탁자 위에 있었다.

유리 탁자가 본질입니다. 유리 탁자냐 아니냐에 따라 완전히 다른 물건이 될 수 있습니다. 다음으로 본질에 가까운 것이 둥근 모양입니다. 유리 탁자라도 모양에 따라 다르게 느껴질 수 있습니다. 그리고 아름답고 말고는 매우 주관(의견)적이기 때문에 본질을 명확하게 설명한다고 보기 어렵습니다. 수량을 나타내는 a는 본질에는 전혀 영향을 주지 않습니다.

The big black dog seldom barks. 그 큰 검정개는 아주 드물게 짖는다.

검정개냐 아니냐에 따라 전혀 다른 개가 될 수 있습니다. 하지만 같은 검정개라도 크기란 상대적일 수 있으므로, 검정색이 크다는 것보다 개의 본질적인 특징에 가까운 것이죠. 자, 이제 이해가 좀 되세요?

명사 앞에 같은 종류의 형용사가 두 개 올 때에는 and를 쓸 수 있습니다.

She was wearing red and green T-shirt.
그녀는 빨간색과 초록색으로 된 티셔츠를 입고 있었다.

• 구 = phrase
  절 = clause

지금까지는 한 단어 형태인 형용사와 부사가 문장에서 어떤 기능을 하는지를 살펴보았습니다. 그런데 한 단어가 아니라 여러 개의 단어가 덩어리로 형용사나 부사와 같은 역할을 하기도 합니다. 이를 형용사구, 부사구라고 하며, 이들이 S+V 형태를 이루고 있는 경우에는 형용사절, 부사절이라고 합니다. 용어보다는 우선 여러 단어가 한 덩어리의 표현으로 인식되는 것이 중요합니다.

부사나 부사 표현이 여러 개 올 경우의 순서는 어떨까요? 보통 문장의 맨 뒤에 오는 부사 표현은 '어디서(where) - 언제(when)'의 순으로 씁니다. 장소 표현이 먼저, 시간 표현이 다음에 오는 것이죠.

We stayed at the hotel last night. 우리는 어젯밤 호텔에서 묵었다.
He ran downstairs immediately. 그는 아래층으로 즉시 달려갔다.
I will be there soon. 나는 곧 그리로 갈 겁니다.

자, 우리도 시험을 한 번 봅시다. 다음 문장 중에서 ___ 안에 very를 쓸 수 없는 것은 어느 것일까요?

The castle is _____ beautiful.
The church is _____ gorgeous.

I'm _____ hungry.
I'm _____ starving.

beautiful은 very가 올 수 있습니다. 하지만 같은 아름다움을 나타내는 표현이라도 gorgeous는 원칙적으로 very를 쓰지 못합니다. 그 자체가 이미 very beautiful의 의미이기 때문에 very를 쓰지 않습니다. starving도 마찬가지에요. 그 자체가 이미 very hungry란 의미이기 때문에 very를 쓰지 않습니다. 이렇게 단어 자체에 이미 부사로 강조되는 정도의 의미를 포함하는 어휘들이 있습니다. 이러한 어휘들은 very를 쓰지 않습니다. 단, absolutely나 definitely 등의 부사로 강조할 수는 있습니다.

* gorgeous와 starving, perfect와 같이 더 이상 정도를 더할 수 없는 형용사들은 비교급으로도 쓰지 않습니다.

more perfect (x)

It's very wonderful. (X)

It's absolutely wonderful. (O)

It's very good. (O)

It's very terrible. (X)

It's absolutely terrible. (O)

It's very bad. (O)

It's very freezing. (X)

It's absolutely freezing. (O)

It's very cold. (O)

It's very enormous. (X)

It's absolutely enormous. (O)

It's very big. (O)

부사/형용사의 어순, 이것만 알고 가자

1_ 명사 앞에 여러 개의 형용사가 오는 경우, 〈수량 한정사 – 의견 – 크기 – 모양 – 연령 – 색상 – 출신 – 재질 – 용도〉의 순서대로 온다.

2_ 부사나 부사 표현이 여러 개 올 경우, 보통 장소 표현이 먼저, 시간 표현이 다음에 온다.

CHAPTER 11

좀 더 선명하게 말해요 –

비교와 정도

60. 둘이면 비교하게 돼
    (Comparative 비교급)
61. 셋 넘으면 누가 일등인지 궁금해 (Superlative 최상급)
62. 기준을 두고 비교하기, as
63. 제대로 비교하라
64. 딱 좋은 enough와 과도해도 좋지 않은 too
65. 도대체 어느 정도란 말야? : so, such

60 둘이면 비교하게 돼
English Grammar
(Comparative 비교급)

코끼리와 하마를 각각 따로 이야기하면 이렇게 됩니다.

An elephant is heavy. 코끼리는 무겁다.
A hippopotamus is heavy. 하마는 무겁다.

하지만 코끼리와 하마를 같이 놓고 이야기하면 이것만으로는 좀 부족합니다. 코끼리는 보통 5톤 정도라고 하니 무겁죠. 하마는 3~4톤 정도, 역시 무겁습니다. 둘 다 무겁네요. 그러나 둘을 놓고 보면 코끼리가 더 무겁잖아요. 이렇게 둘을 놓고 어느 쪽이 더하고 덜한지를 비교하려면 아래와 같이 표현하면 됩니다.

An elephant is heavier than a hippopotamus.
코끼리가 하마보다 무겁다.

• than 뒤에는 명사도 가능하지만 S+V가 올 수도 있습니다.
Cathy is taller than Cindy is.

heavy는 '무거운'이지만 heavier가 되면 '더 무거운'입니다. 모음의 소리가 하나인 1음절의 형용사나 부사는 뒤에 -er을 붙여서 비교할 수 있습니다. '~보다'의 의미로 비교의 대상을 언급할 때에는 than을 쓰면 됩니다.

Cathy is taller than Cindy. 캐시는 신디보다 키가 크다.
Jake runs faster than Eddie. 제이크는 에디보다 빠르게 달린다.

여기서 잠깐! 모음 소리는 단어의 철자만으로 가늠하기 어렵습니다. 영어의 소리에 어느 정도 감각이 생길 때까지는 사전에서 발음 기호를 참고하는 것이 좋습니다. /a/, /e/, /i/ 등이 모음을 나타내는 발음 기호입니다. /ei/와 같은 것은 이중 모음으로, 하나의 모음으로 친다는 것도 알아두세요.

모음 소리가 두 개 이상인 형용사나 부사는 앞에 more를 써주어 비교할 수 있습니다.

- 연습해 봅시다.
  - beautiful
    [bjúː + tə + fəl]
    3음절
  - straight
    [streit]
    1음절

Cars are more expensive than bicycles. 자동차는 자전거보다 비싸다.

그러나 앞서 본 heavy처럼 2음절이라도 -y로 끝나는 경우에는 more를 쓰지 않고 y를 ier로 바꾸어 비교급을 만듭니다.

Christine is prettier than Nora. 크리스틴은 노라보다 이쁘다.

- 비교급의 형태에 대한 규칙은 대략적인 것으로 두 가지 형태가 다 쓰이는 단어들도 여럿 있다.
  예) clever - cleverer
       또는 more clever

수량을 비교할 때에는 more와 less를 사용합니다.

There are more than 10,000 books in the school library.
학교 도서관엔 만 권 이상의 책이 있습니다.

She spends less money than before. 그녀는 전보다 돈을 덜 쓴다.

good과 bad는 전혀 다른 형태의 비교급을 갖습니다.

I can do better! 난 더 잘할 수 있어요!

The situation was worse than now. 그때 상황은 지금보다 나빴었다.

• farther는 물리적인 길이나 거리에, further는 추상적인 깊이, 심화 정도의 비교에 많이 쓰입니다.

far의 비교급은 farther 또는 further입니다.

The planet Saturn is farther than the planet Mars from the earth.
토성은 화성보다 지구에서 더 멀리 떨어져 있다.

References are included to encourage further reading .
좀 더 심화된 읽기 활동을 위한 참고 서적 목록이 포함되어 있습니다.

• 구어체 표현에서는 비교를 강조할 때 far도 자주 쓰입니다. 이때의 far는 거리를 나타내는 것이 아니라, '훨씬'이란 의미로 쓰인다는 것에 주의하세요.

This is far better than that.
이건 저것보다 훨씬 더 좋은 걸.

비교의 차이를 좀 더 명확하게 나타내기 위해서 a lot, much, a little 등을 쓰기도 합니다.

The movie was much[a lot] more interesting than I expected.
그 영화는 내가 기대했던 것보다 훨씬 더 재미있었다.

Today is a little warmer than yesterday.
오늘은 어제보다 약간 더 따뜻하다.

비교급, 이것만 알고 가자

1_ 1음절의 형용사나 부사는 뒤에 -er를 붙여서 비교한다. '~보다'의 의미로 비교의 대상을 언급할 때에는 than을 쓴다.

2_ 2음절 이상인 형용사나 부사는 앞에 more를 써준다. 2음절이라도 -y로 끝나는 경우에는 more를 쓰지 않고 y를 ier로 바꾸어 비교급을 만든다.

3_ good/bad의 비교급은 better/worse이며 far의 비교급은 farther 또는 further이다.

61 셋 넘으면 누가 일등인지 궁금해
(Superlative 최상급)

대상이 둘 있으면 비교하게 됩니다. 그럼 셋 이상이면? 찬물도 위아래가 있는데 일단 최고부터 뽑고 봐야죠. 이것을 최상급(superlative)이라고 합니다. '가장 ~한' 것은 딱 하나밖에 없잖아요. 그 하나를 집어 말하기 때문에 the를 앞에 붙입니다. 그리고 1음절의 형용사나 부사의 최상급은 -est를 붙여서 만듭니다. 비교급이 -er이었던 것들이라고 보면 됩니다.

Snow White is the fairest of all.
백설공주가 모든 이들 중 가장 아름답다.

● fair는 '아름다운, 매력적인'의 의미도 있습니다.

Sorry seems to be the hardest word.
미안이란 말이 가장 어려운 말 같아요.
↳ Elton John의 노래 제목

2음절의 형용사나 부사는 most를 앞에 씁니다. 비교급을 만들 때 more를 앞에 썼던 것들이 이에 해당합니다.

What is the most beautiful city in the world?
세상에서 가장 아름다운 도시는?

마찬가지로 2음절 이상이라도 -y로 끝나는 형용사나 부사는 -est 형태의 최상급을 갖습니다.

He was the happiest king in the world.
그는 세상에서 가장 행복한 왕이었다.

전혀 다른 최상급 형태를 갖는 형용사, 부사도 있습니다.

Joy is the best student in the class. 조이는 반에서 가장 우수한 학생이다.
↳ good – better – best

I think Phil is the worst movie actor of all.
내 생각에 필이 최악의 영화배우인 것 같아.
↳ bad – worse – worst

In our solar system, the planet Neptune is the furthest planet from the Sun.
우리 태양계에서 해왕성이 태양으로부터 가장 멀리 떨어진 행성이다.
↳ far – farther/further – farthest/furthest

영어는 모호한 것을 별로 좋아하지 않는데 막연히 '가장/제일 ~하다'고 표현할 수는 없죠. 대개는 최상급 표현을 사용할 때 문맥에서 최상의 범위가 언급되거나, 문장에서 최상급 표현 뒤에 범위를 나타내는 표현이 딸려옵니다. 최상의 범위가 보통 공간의 범위일 때는 in을 씁니다.

Tracy is the prettiest girl in the class.
트레이시는 반에서 가장 예쁜 소녀이다.

시간이나 사람, 사물 등의 범위를 나타낼 때에는 of가 종종 쓰입니다.

The Greatest Love of All 최고의 사랑
↳ Whitney Houston의 노래 제목

Man of the year 올해의 인물
ㄴ, '올해 최고의 인물'이라는 의미로 잡지 등에서 많이 사용. man 앞에 붙는 최상급의 형용사를 생략했다고 볼 수 있음

Time of My Life 내 인생 최고의 시간
ㄴ, 영화 <더티 댄싱 Dirty Dancing>의 주제곡. 역시 최상급 형용사를 생략했다고 볼 수 있음. '인생 최고의 시간, 전성기, 빛나는 한 때' 등을 의미하는 표현

Love of My Life 내 인생 최고의 사랑
ㄴ, 그룹 퀸(Queen)의 노래. 역시 최상급 형용사를 생략한 채 '인생 최고의 사랑'을 의미한다고 볼 수 있음

have ever p.p. 형태로 경험 범위 내에서 최상임을 나타내는 문장도 자주 쓰입니다.

Liz is the funniest person I've ever met.
리즈는 내가 만난 사람 중에서 가장 재미있는 사람입니다.
ever가 뒤에 붙으면 '사상 최고, 역대 최고, 초유의' 등의 의미를 나타냅니다.

This is the best movie ever! 이것은 역대 최고의 영화예요!

최상급, 이것만 알고 가자

1_ 최상급 표현에는 the가 앞에 붙는다. 1음절의 형용사나 부사의 최상급은 -est를 붙이고 2음절의 형용사나 부사는 most를 앞에 붙인다.

2_ 2음절 이상이라도 -y로 끝나는 형용사나 부사는 -est 형태의 최상급을 쓴다.

3_ 최상급 표현이 나오면 최상의 범위가 언급되는데 공간의 범위일 때는 in을 쓰고 시간이나 사람, 사물 등의 범위를 나타낼 때에는 of를 쓴다. 경험 범위 내에서 최상임을 나타낼 때는 have ever p.p.를 덧붙인다.

62 기준을 두고 비교하기, as

둘을 놓고 비교할 때 하나를 기준으로 이야기할 수도 있는데 '기준만큼'을 나타내는 표현이 as입니다. 예를 들어 하마는 무겁죠. 한 3~4톤 나갑니다.

A hippopotamus is heavy.

그러나 5톤에 육박하는 코끼리를 기준으로 하면 하마도 그리 무거운 것이 아닙니다. 하마가 가볍다는 게 아니라 코끼리에 비교하니 상대적으로 가볍다는 얘깁니다. 이때 as를 써서 표현하면 기준만큼 안 무거워서 not as heavy, 여기에 기준이 되는 코끼리를 as로 이어주면 됩니다.

A hippopotamus is not as heavy as an elephant.
하마는 코끼리만큼 무겁지는 않다.

비교가 되는 동사의 종류에 따라 as 뒤에 S+V 형태가 올 수도 있습니다. than으로 비교할 때도 그렇습니다. (Unit 60 참조)

She swims as well as he does. 그녀는 그만큼이나 수영을 잘 한다.
= She swims as well as him.

as 뒤에 다른 문장이 오기도 합니다.

It wasn't as bad as I thought. 그건 내가 생각했던 것만큼 나쁘지는 않았다.

as ~ as ...는 비유 표현에서 많이 볼 수 있습니다. 어떤 비유는 우리말의 비유 표현과도 비슷하지만 어떤 비유는 우리말 감각과는 다른 것도 있습니다. as white as snow처럼 해당 사물이나 동물 등의 이미지에 맞추어 비유를 하기도 하지만 as drunk as a skunk처럼 비슷한 발음이 비유 대상이 되기도 합니다.

I will be back as soon as possible. 가능한 빨리 돌아오겠습니다.
The queen gave birth to a daughter with skin as white as snow, lips as red as rubies, and hair as black as ebony.
여왕님은 눈처럼 하얀 피부와 루비처럼 붉은 입술, 흑단처럼 검은 머리를 가진 딸을 낳았다.
ㄴ 동화〈백설공주〉에서
Fiona is as pretty as a picture. 피오나는 그림처럼 예쁘다.
I am as free as a bird now. 나는 이제 새처럼 자유롭다.
Wilson was as drunk as a skunk last night. 윌슨은 어젯밤 엄청 취했었다.

배수를 나타낼 때에도 as ~ as ...를 쓸 수 있습니다.

It costs twice as much as it did last year. 작년보다 두 배 더 돈이 든다.
Africa is four times as large as Europe. 아프리카는 유럽보다 네 배 더 크다.

as ~ as 비교, 이것만 알고 가자

1_ as ~ as ... 비교는 '...만큼 ~한'이라는 의미이다. as 뒤에는 비교 대상에 따라 명사, 구, 절 등이 올 수 있다.

63 제대로 비교하라

비교에서 중요한 것은 비교의 대상을 정확하게 제대로 지정하는 것입니다. -er 또는 more가 앞에 붙는 비교급 표현은 두 개의 대상을 비교하는 개념입니다. 대상이 셋이나 그 이상인 경우에는 -est나 most가 붙는 최상급을 씁니다.

We have to choose the better one between the two solutions. (O) 우리는 두 가지 해결책 중에 더 나은 것을 선택해야 한다.
We have to choose the best one between the two solutions. (X)

James Kim seems to be the best one among those applicants. (O) 제임스 김은 그 후보들 중에 최고인 듯하다. (후보가 셋 이상인 경우)
James Kim seems to be the better one among those applicants. (X)

than 뒤에는 명사뿐 아니라 S+V도 올 수 있습니다. '그녀가 그보다 키가 크다'라는 문장을 보면 She is tall.과 He is tall.이라는 각각의 사실이 비교되는 것입니다. 문장의 구조로 보면 She is ...와 He is ...의 비교이므로, She is taller than he is.라고 말할 수도 있습니다. 물론 She is taller than him.도 가능합니다. be-type 동사가 쓰인 문장에서는 이렇게 주어와 동사를 그대로 비교할 수 있습니다.

Gary can jump higher than I can.
= Gary can jump higher than me. 게리는 나보다 높게 점프할 수 있습니다.

do-type 동사 문장의 경우도 살펴봅시다. '그가 그녀보다 빠르게 말한다'고 말해봅시다. He talks fast.와 She talks fast.의 비교입니다. 이때 반복되는 do-type 동사 talks를 does로 대신할 수 있습니다. He talks faster than she does. 물론 He talks faster than her.라고도 할 수 있습니다. than 다음에 주어나 시제에 따라 do, did가 될 수 있다는 것에 주의하세요.

Lucy got up earlier than Aaron did.
= Lucy got up earlier than Aaron. 루시는 아론보다 일찍 일어났다.

비교하는 문장과 문장의 구조, 즉 '동사'만 잘 파악하면 됩니다. as ~ as ... 구문에서도 같은 원리를 적용할 수 있습니다.

Mike has lived here much longer than Rex has.
= Mike has lived here much longer than Rex.
마이크는 렉스보다 여기서 훨씬 더 오래 살았다.

Nancy arrived later than Connie did.
= Nancy arrived later than Connie. 낸시는 코니보다 늦게 도착했다.

비교급에서는 비교 대상을 정확하게 파악하는 것도 중요합니다. 다음은 우리말 해석으로는 그럴 듯 하지만 비교의 대상이 잘못된 문장입니다.

The population of China is much more than Korea. (X)

'중국의 인구'와 '한국'을 비교하고 있습니다. 정확하게 비교 대상을 쓰려면 '중국의 인구'와 '한국의 인구'를 비교해야죠. 따라서 Korea가 아니라 the population of Korea가 되어야 합니다. the population이 반복되므로 뒤에 나오는 the population 대명사 that을 쓰면 더 깔끔합니다.

The population of China is much more than that of Korea. (O)

다음의 문장들도 살펴봅시다. 어디가 틀렸을까요?

(a) <u>Russia</u> is (b) <u>larger</u> in land area (c) <u>than</u> (d) <u>any country</u>.

Francis Ford Coppola (a) <u>won</u> (b) <u>more</u> (c) <u>awards</u> than (d) <u>anyone</u> at the ceremony.

첫 번째 문장은 '(러시아를 뺀) 그 어떤 다른 어떤 나라보다도 넓은 영토를 가졌다'는 얘기네요. 그런데 than 뒤의 any country라고 하면 여기엔 러시아마저 포함되어버리는 거죠. 러시아를 뺀 '다른' 나라라는 의미를 정확히 해줘야 합니다. 그래서 (d)의 any country를 any other countries라고 고쳐야 합니다.

두 번째 문장도 마찬가지에요. 그냥 anyone이라고 하면 주어인 프란시스 포드 코폴라 자신도 포함되어 버립니다. 따라서 그를 뺀 '다른 어떤 누구'라는 의미로 anyone else라고 해야 정확한 문장이 됩니다.

그런데 두 문장 모두 비교의 모양을 가졌지만, 결국은 러시아가 가장 넓은 나라이고, 코폴라 감독이 가장 많은 상을 탔다는 최상급 의미입니다. 같은 말을 다르게 표현하는 예는 이것 말고도 더 있습니다. 아빠가 엄마보다 나이가 많다는 말은, 사실 엄마가 아빠만큼은 나이가 많지 않다는 얘기도 됩니다.

My father is older than my mother.
= My mom is not as old as my father.

정리해보면, '애니가 반에서 가장 키가 크다'는 말도 최상급으로만 표현할 수 있는 것이 아니라 비교급이나 as를 사용해서도 같은 의미를 전달할 수 있습니다.

Annie is the tallest student in the class.
= Annie is taller than any other students in the class.
= No other students in the class are taller than Annie.
= The other students in the class are not as tall as Annie.

비교의 대상, 이것만 알고 가자
1_ 비교할 때는 비교의 대상을 정확하게 지정하여 than 다음에 써야 한다.
2_ 비교 대상에 따라 than 뒤에는 명사가 올 수도 있고 구나 절이 올 수도 있다.

64 딱 좋은 enough와 과도해도 좋지 않은 too

어떤 기준을 충족하는, 한마디로 '딱 맞는' 것을 표현하는 형용사이자 부사로 enough가 있습니다. enough를 쓸 때는 위치에 주의해야 합니다. 명사에 대해 말할 때는 다른 형용사와 마찬가지로 명사 앞에 오지만, be동사나 be동사로 대치해도 의미가 통하는 look, sound 등의 연결동사와 쓸 때는 동사 뒤에 옵니다.

• be동사처럼 주어와 보어를 연결해주는 동사를 연결동사(linking verb)라고 합니다. look, sound 등도 연결동사로 쓸 수 있습니다.
It is good.
It sounds good.

She doesn't have enough money. 그녀는 충분한 돈을 갖고 있지 않다.
Thank you. That's enough. 감사합니다. 그것으로/그 정도면 됐어요.

그러나 enough가 부사로 쓰여, 형용사나 다른 부사를 꾸며줄 때는 꾸며주는 형용사나 부사의 뒤에 옵니다.

It's good enough for me. 제겐 그 정도면 충분합니다.
He did well enough. 그는 충분히 잘 했다.

enough 뒤에 to V를 써서 충분함의 기준을 밝힐 수 있습니다. '~하기에 충분한'이라는 의미가 되죠.

William is not tall enough to be a basketball player.
윌리엄은 농구선수가 되기에 충분할 정도로 키가 크진 않다.

충분함의 대상을 밝히고자 할 때는 to V 앞에 'for+대상'을 넣어줍니다.

There wasn't enough room for everybody to get in.
모두가 들어가기에 충분한 공간이 없었다.

※ room은 방이란 의미뿐 아니라 '공간'이란 의미도 있습니다. '공간'일 때는 셀 수 없는 명사라는 점을 기억하세요.

기준에 미달해도 좋지 않지만 넘쳐서 좋을 것도 없습니다. 넘치고 과도해서 좋지 않다는 의미를 나타내는 표현이 too입니다. too는 우리말로 보통 '너무'라고 해석하는데, 우리말의 경우 긍정적인 것에도 '너무'를 종종 쓰지만, 영어에서 too는 주로 부정적인 의미에 씁니다. 따라서 다음과 같은 표현은 어색합니다.

그 여자애 너무 예뻐! → **She is too pretty.** (X)
└ 이뻐서 뭐 잘못된 거 있나요? too가 어울리지 않는 표현

too가 쓰이는 부정적 의미는 다음과 같은 경우지요.

I couldn't sleep last night because I drank too much coffee.
나는 너무 많은 커피를 마셔서 어젯밤 잘 수가 없었다.

too도 뒤에 'for+대상'과 to V를 쓸 수 있습니다.

It's too cold to go out. 밖에 나가기엔 너무 춥다.
The box is too heavy for me to carry.
그 상자는 내가 들고 가기에 너무 무겁다.

too에는 부정적인 뉘앙스가 포함되어 있습니다. 그렇기 때문에 not이 들어간 부정문에서는 too를 쓰지 않습니다. 대신 so를 쓰거나, enough를 써서 의미를 표현할 수 있습니다. 우리말 해석상으로 too를 쓰는 게 더 그럴 듯해 보여 잘못 쓸 수 있으니 조심하세요.

Chapter 11 비교와 정도 :: 237 ::

Harold didn't drive too fast. (X)
Harold didn't drive so fast. (O) 해롤드는 아주 빨리 운전하지는 않았다.

You shouldn't watch too much TV. (X)
You shouldn't watch so much TV. (O) 넌 TV를 너무 많이 보지 않는 게 낫겠어.

I didn't know him too well but I was still sad when he died. (X)
I didn't know him very well enough but I was still sad when he died. (O) 나는 그를 아주 잘 알지는 않았지만 그래도 그가 죽었을 땐 슬펐다.

Frank doesn't have too much time to take a holiday. (X)
Frank doesn't have enough time to take a holiday. (O)
프랭크는 휴가를 갖기에는 시간이 너무 없다.
└, 시간이 충분하지 않음

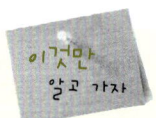

enough와 too, 이것만 알고 가자

1_ enough가 명사를 수식할 때는 명사 앞에 오고, be동사나 연결동사(linking verb)와 쓸 때는 동사 뒤에 온다. enough가 부사로, 형용사나 다른 부사를 꾸며줄 때에는 꾸며주는 형용사나 부사의 뒤에 온다.

2_ enough+(for+대상+) to V는 '(대상이) ~하기에 충분한' 이라는 의미이다.

3_ too는 '너무' 라고 해석하며 주로 부정적인 의미로 쓰므로 not이 들어간 부정문에는 쓰지 않는다.

65 도대체 어느 정도란 말야? : so, such

English Grammar

영어는 모호한 표현을 좋아하지 않습니다. 언제나 구체적이고 분명하게 전달하는 것이 바람직합니다. '패트릭은 잘 생겼다.'라고 하면, Patrick is handsome.입니다. 그런데 '아주 잘 생겼다.'라는 의미가 되려면 Patrick is very handsome.이 되죠.

그러나 이렇게 말하는 것만으로는 패트릭이 구체적으로 얼마나 잘 생겼는지를 감 잡기가 어렵죠. 그저 잘 생겼구나 하는 기대만 할 밖에요. 하지만 이렇게 말하면 어떨까요? '패트릭은 너무나 잘 생겨서 온 나라 아가씨들이 죄다 그를 사모할 정도다.' 어느 정도 잘 생겼는지 확~ 감이 오지 않나요?
이렇게 어떤 기준이나 정도를 담아서 '아주' 또는 '매우'의 뉘앙스를 나타낼 때 쓸 수 있는 것이 so ~ that입니다. 정도나 기준의 구체적인 내용은 that S+V 형태로 so 뒤에 이어지면 됩니다.

Patrick is so handsome that every girl in the country has a crush on him. 패트릭은 너무나 잘 생겨서 온 나라 아가씨들이 그를 사모할 정도다.

부사를 써도 마찬가지입니다. 이번에는 so 다음에 부사를 써서 말해볼까요?

Patricia spoke so quickly that I couldn't understand her.
패트리샤는 너무 재빨리 말해서 나는 그녀의 말을 이해할 수가 없었다.

그러나 명사가 오는 경우에는 so가 아니라 such를 씁니다. 다음 문장을 잘 보고 어순에 주의하세요. 앞에 형용사가 있어도 결국 명사로 끝나면 such를 씁니다. 언제나 문장을 끝까지 제대로 보세요.

Patrick is such a handsome guy that every girl in the country has a crush on him.
패트릭은 너무나 미남이어서 온 나라의 소녀들이 그를 사모한다.

- such 뒤에 형용사 없이 바로 명사가 오기도 합니다. 이런 경우 such는 명사를 매우 강조한다고 볼 수 있습니다.

Belle is such a genius that she graduated from college at the age of twenty. 벨은 (대단한) 천재라서 20세의 나이에 대학을 졸업했다.

단, many나 much가 오는 경우에는 뒤에 명사가 있더라도 such를 쓰지 않고 so를 씁니다.

- few와 little이 오는 경우도 마찬가지입니다.

Dan has so few friends that he rarely gets out of the house.
댄은 친구가 아주 적어서 집 밖으로 나가는 일이 거의 없다.

They had so little food that they were all starving to death.
그들은 음식이 너무 조금밖에 없어서 죄다 굶어 죽어가고 있었다.

I have so many things to do that I can't even breathe.
나는 할 일이 너무 많아서 숨도 못 쉴 지경이에요.

I ate so much chocolate that I got sick.
나는 초콜릿을 너무 많이 먹어서 (배가) 아팠어요.

so/such ~ that ...에서 that은 종종 생략되기도 합니다.

She has so many clothes (that) she needs five closets to store them all.
그녀는 옷이 너무 많아서 옷을 다 집어 넣으려면 옷장이 다섯 개나 필요하다.

so/such ~ that, 이것만 알고 가자
1_ so로 '~할 정도로 …하다'는 표현을 쓸 때, so … that ~ 구문을 쓴다. 이때 정도나 기준의 내용은 that S+V 형태로 뒤에 이어지는 것이다.
2_ 명사가 오는 경우에는 so가 아니라 such를 쓴다.

CHAPTER 12

명사를 붙여 주는 접착제 –
전치사

66. 경계선과 틀의 in
67. 닿았으니 이어지네요 on
68. 덩어리나 점 at
69. 시간 접착제 정리 (1)
70. 시간 접착제 정리 (2)
71. 위치 접착제 정리
72. 정지 vs 이동
73. 힘과 수단
74. 다양하게 쓰이는 접착제 of
75. 우리는 한 몸이다 : 구동사
    (Phrasal Verbs)

66 경계선과 틀의 in

in, on, at, with, by, of ... 이런 것들을 전치사라고 합니다. 전치사는 문장에 명사를 덧붙여주는 접착제입니다. 먼저 전치사 없이 명사가 오는 경우와 명사가 오려면 전치사를 접착제로 써야 하는 경우를 구분해 봅시다.

The baby is asleep. 아기는 잠들어 있다.
She watched TV. 그녀는 TV를 보았다.

위 문장에서 명사인 baby, she, TV는 문장에서 없어서는 안 될 요소(주어와 목적어(대상))입니다. 문장의 필수 요소일 때는 접착제 없이도 제자리에 철썩 잘 달라붙습니다. 그런데 이 문장들에 내용을 좀 더 추가해 봅시다.

The baby is asleep in the crib. 아기는 아기침대에서 잠들어 있다.
She watched TV with Jay. 그녀는 제이랑 TV를 보았다.

in the crib이나 with Jay가 없어도 문장은 가능합니다. 하지만 이들이 더해지면서 내용이 좀 더 풍부해진 거죠. 문장의 내용을 좀 더 자세하고 풍부하게 하기 위해 crib과 Jay라는 명사를 더해주는 데 in과 with라는 접착제가 필요합니다. 이것이 바로 전치사의 역할입니다. 전치사는 문장과 이어지는 명사 사이의 의미에 따라 매우 다양하게 쓰입니다.

가장 자주 쓰이는 전치사 in은 보통 '~안에'라고 해석하는데, 안팎의 경계선이 분명하게 있는 것의 내부를 의미할 때 쓰입니다. '~안에'라고 판에 박힌 해석만을 따르지 말고 개념을 충실히 하면 in이 쓰인 다양한 표현과 문장을 쉽게 이해하고 제대로 소화할 수 있습니다.

in이 가리키는 공간은 평면, 입체 모두 가능합니다. 한마디로 in은 어떤 틀이나 테두리(경계)의 개념이 있습니다. 그 테두리의 안쪽에 대해 말할 때 in을 씁니다. (반대로 바깥쪽을 말할 때는 out of를 씁니다.)

여러 개 사이에 끼어 있는 상황일 때도 둘러싼 것들이 경계가 되기 때문에 in the middle (of)이라고 합니다.

The coffee table is in the middle of the room.
그 커피 탁자는 방 한가운데에 있다.

이 세상이라는 테두리 안에 있을 때는 in the world입니다.

What is the highest mountain in the world?
세상에서 제일 높은 산은 뭐지?

in의 개념을 추상적인 것으로도 발전시켜봅시다.

Diana is interested in movies.
다이애나는 영화에 관심이 있다.

be interested 뒤에 많고 많은 전치사 중에 왜 하필 in을 썼을까요? 영화와 영화 아닌 것은 구분이 됩니다. 그리고 영화라는 테두리 안에는 여러 장르의 영화들이 포함됩니다. 그렇기 때문에 관심이 있다는 표현 (be) interested에

● 반대로 out of 를 써서 out of this world 라고 하면 '이 세상 바깥' 즉 '이 세상의 것이 아닌'이란 의미로 그만큼 비현실적으로 훌륭하거나 아름다운 것 등을 말하는 표현입니다.
The cake was out of this world. 그 케익은 (이 세상의 것이라고 여겨지지 않을 정도로) 맛있었어요. (천상의 맛!)

• 따라서 in 은 어떤 분야를 나타낼 때에도 쓰입니다.
She's been in sales for ten years. 그녀는 10년째 판매분야에 몸담아 오고 있습니다.

관심 분야를 나타내는 명사를 덧붙이려면 in이 필요합니다.

in의 개념은 더 나아가 어떠한 '상황'이나 '상태' 안에 놓인 경우에도 적용됩니다.

Sam is in prison. 샘은 감옥에 있다.

우선 prison이 셀 수 없는 명사처럼 쓰였으니 하나 둘 셋 하고 셀 수 있는 특정 감옥이나 건물이 아닌 것을 알 수 있습니다. prison의 본질, 즉 '감옥살이', '징역'의 개념으로 이해하세요. (Unit 46 참조) 감옥살이나 징역이라는 상태, 즉 '수감 중' 또는 '복역 중'이라는 표현이 in prison입니다. in은 어떠한 상태 안에 놓인 것도 암시합니다. 상태를 표현하는 다른 경우를 좀 더 알아봅시다.

Rachel is in bed. 레이첼은 지금 잠자리에 있다.
ㄴ 이불 속에서 자거나 쉬고 있는 상태임.

Dan's grandfather is in the hospital.
댄의 할아버지는 지금 병원에 입원 중이다.
ㄴ 병원에 있는 상태는 입원 중임을 의미함.

• 영국 영어에서는 in hospital이라고 합니다.

Mina is still in college. 미나는 아직도 대학에 있다.
ㄴ 대학에 있는 상태, 즉 대학생이라는 의미.

전치사들은 그 개념 그대로 형용사나 부사로도 쓰일 수 있습니다. in의 경우를 봅시다.

Come in! 안으로 들어와!

Is Mr. Kim in? 김씨 계신가요?
↳ 전화상에서 집이나 사무실의 누군가를 찾을 때 쓰는 표현

• 집이나 사무실에 찾는 사람이 없다고 답할 때는 He's not in. / She's not in.이라고 하면 됩니다.

여러 문장을 접하다 보면 어떤 것들은 그 전치사의 기본 개념으로 쉽게 이해되지 않는 것도 많을 것입니다. 우리말의 기준으로 보려 하지 말고, 영어를 쓰는 네이티브들이 왜 그러한 시각으로 보았을까를 생각해보고, 계속해서 여러 표현들을 접해보면 서서히 전치사에 대한 감이 자라게 됩니다. 우선 기본적으로 자주 쓰이는 사례에 익숙해지세요. 외국인들이 우리말의 '나는 당신을 사랑합니다'라는 기본형과 '나도 당신은 사랑합니다'라는 문장의 미묘한 뉘앙스 차이를 단번에 구분할 수 없는 것과 마찬가지 이치입니다.

전치사 in, 이것만 알고 가자
1_ 전치사는 문장에 필수 요소 이외의 명사를 덧붙여줄 때 쓴다.
2_ in은 시간이나 공간의 경계를 나타내며 상황을 나타낼 수도 있다.

67 닿았으니 이어지네요 on

English Grammar

on은 보통 '~위에'라고 해석하죠. 그런데 이렇게만 알고 있으면 on이 쓰이는 다양한 사례를 충분히 소화하기 어렵습니다.

on은 위아래를 나타내는 개념이 아니라 표면과 표면의 접촉을 나타내는 개념입니다. (반대의 개념은 off입니다.)

The vase is on the table. 꽃병이 탁자 위에 놓여 있다.
ㄴ 탁자와 꽃병이 서로 닿아 있음

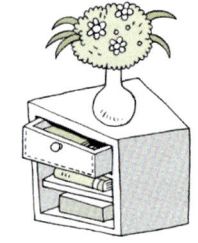

The clock is on the wall. 시계가 벽에 걸려 있다.
ㄴ 시계와 벽이 서로 닿아 있음. 위아래 개념과는 상관없음

교통수단의 경우에, 차 바닥이나 승강장(platform)을 딛고 올라탄다는 의미로 on을 쓴다고 쉽게 유추할 수 있습니다.

• Get off the boat!
보트에서 내려요!

I came here on the bus. 저는 여기에 버스로 왔습니다.
Get on the boat! 보트에 올라타요!

단, 승용차나 택시는 in을 사용하는데, 이렇게 좀 작은 차를 탈 때는 발보다 엉덩이를 바로 공간 안에 들이밀잖아요. 그래서 on이 아니라 in의 개념이 적

용된다고 생각하면 쉽게 이해될 거예요.

He got in the taxi.
그는 택시에 탑승했다.

* **He got out of the taxi.**
그는 택시에서 내렸다.

발이 딛고 가는 길도 on을 씁니다.

There was a traffic jam on the way to work.
회사 가는 길에 교통체증이 있었다.

1층과 2층과 같은 '층'도 사람의 발이나 가구 등 무언가가 층을 딛고 있다고 보면 on을 써야 한다는 걸 알 수 있죠.

We live on the third floor. 우리는 3층에 삽니다.

on의 개념도 좀 더 확장해 봅시다. A와 B가 서로 닿아 있다는 것은 둘이 이어져 있다는 의미도 됩니다. 그래서 on은 '연결'과 '일치'의 개념에도 사용됩니다.

Please, turn on the light. 불 좀 켜주세요.(전원이 연결)

여행과 같은 일정에도 on이 쓰입니다. 개념의 확장이죠. '언제'라는 때와 무엇을 하겠다는 '행동'이 만나는 것이므로 on을 써야 한다고 이해할 수 있습니다.

I'm going on a trip to Paris this Friday.
나는 이번 주 금요일에 파리로 여행 간다.

동작이 이어진다는 개념을 적용해 on이 부사/형용사로 사용된 경우를 봅시다.

Hold on! 끊지 말고 기다리세요.
└ 전화 영어 표현. 잠시 전화를 끊지 말고 계속 통화 상태로 있으라는 의미

The story went on. 그 이야기는 계속 되었다.

표현들을 계속 접하면서 따지고 들면 이런 저런 개념이 다 들어맞을 것 같다는 의문이 생기는 경우도 있습니다. 그러나 대개는 여러 전치사를 이것저것 바꿔가며 쓰기보다는 한 가지 표현으로 굳어져 사용되는 경우가 일반적입니다. 어떻게 보느냐에 따라 다양하게 전치사를 쓸 수 있는 경우도 많지만, 우선은 가장 보편적이고 원어민이 사용하는 형태를 따르면서 서서히 감각을 다지도록 하세요. 비슷한 단어지만, 각각 다른 전치사들이 쓰이는 경우를 한번 볼까요? 문장을 많이 다루어본 경험이 쌓이면 어떤 전치사를 사용하느냐는 여러분의 영어 감각이 해결해줄 겁니다.

* farm은 뭔가를 자라게 하고 기르는 곳의 속뜻이 있다. 작물 등이 그 위에서 자라는 '땅'의 개념이라 on이 쓰임.

* field는 구획으로 나뉘어진 영역의 개념이 있다. ('밭' 외에 '분야'의 뜻으로도 쓰임) 때문에 in과 함께 쓰인다.

Last summer I worked on a farm.
작년 여름에 나는 농장에서 일했다.

My father is working in the fields now.
아버지는 지금 밭에서 일하고 계시다.

전치사 on, 이것만 알고 가자

1_ on은 표면과 표면의 접촉을 나타낸다.

2_ on은 교통수단에 탑승하거나 건물의 층을 나타낼 수 있으며, 연결이나 일치의 개념에도 사용된다.

68 덩어리나 점 at

English Grammar

안팎의 경계선이 분명해서 in을 쓸 수 있는 경우도 아니고, 표면에 접촉했는지 여부를 판단해 on을 쓸 수 있는 상황도 아닌 애매한 것들에는 at을 쓰기도 합니다.

Irene is at the bus stop. 아이린은 버스 정류장에 있다.

버스 정류장은 어디부터 어디까지라고 명확한 경계가 있지도 않고, 어디에 닿아 있어야 하는 공간도 아닙니다. 딸랑 표지판 하나만 놓여 있지만, 우리는 '버스 정류장에' 있다고 말합니다. 이렇게 at이 가리키는 것은 모호한 덩어리입니다.

Turn right at the traffic light. 신호등에서 우회전하세요.

'신호등에서…'라니! 도대체 경계선도 없고, 신호등에 닿아야 하는 것도 아니고… 그러나 우리는 대략 '신호등에서'라고 말할 때의 공간적 의미를 이해할 수 있습니다. 모호한 덩어리들을 좀 더 살펴봅시다.

Somebody is at the door. 누군가 문 앞에 와 있어요.
The theater is at the end of this block. 그 극장은 이 블록의 끝에 있어요.
My name is at the bottom of the list. 내 이름은 명단의 맨 밑에 있습니다.

이 모호한 전치사 at은 너무 작아서 그 모양을 알 수 없는 것들도 의미합니다. 한마디로 '점'입니다.

Ms. Smith is not here at the moment.
스미스 씨는 지금 여기 안 계십니다.
└, 지금 이 순간을 한 점으로 생각해서 at

Water boils at 100 degrees Celsius.
물은 섭씨 100도에서 끓는다.

at이 의미하는 모호한 덩어리란, 결국 대략 그것이 암시하는 범위 정도만 파악하면 될 뿐 그 공간의 명확한 경계나 모양이 중요한 게 아닙니다. 그래서 공간 자체보다는 그 공간의 범위를 정하는 '본질'이나 '활동'의 의미를 갖는 경우가 많습니다.

My father is at work now. 아빠는 지금 회사에 계시다.

• at home이라고 하면 단순히 집에 있다는 의미도 되지만 일하지 않고 집에서 쉰다는 의미가 될 수도 있습니다.

work는 일을 하는 곳, '일터, 직장'의 의미입니다. work의 본질은 '일'입니다. 따라서 at work라고 하면 단순히 회사라는 공간에 있다는 의미뿐 아니라 work가 의미하는 본질, 행동, '일을 하고 있다', 즉 '근무 중'이라는 의미도 함께 전달하게 됩니다.

특정한 활동이 자동으로 연상되는 장소들도 in보다는 at을 써서 표현합니다.

I'll meet you at the airport at 10:00.
10시에 공항으로 당신을 마중 갈게요.

They were shopping at the supermarket an hour ago.
걔들 한 시간 전에 슈퍼마켓에서 장보고 있었어요.

아예 활동이 장소의 개념을 대신해 버리기도 합니다.

I saw her at the party. 난 그 여자를 파티에서 봤다.

There were many people at the concert.
그 콘서트에는 많은 사람들이 왔었다.

물론, 활동과 상관없이 단순히 안팎의 개념을 가진 공간으로 말하고자 할 때에는 in을 쓸 수 있습니다. at을 쓰는 경우와 비교해 보세요.

There aren't many restrooms in the airport.
그 공항엔 화장실에 많지 않다.

같은 단어라도 in이 쓰이느냐 at이 쓰이느냐에 따라 의미가 달라질 수 있습니다.

Marilyn is at school now. 마릴린은 지금 학교에 있다.
ㄴ 학교 활동: 공부. 지금 학교에서 공부하고 있는 중이라는 의미

Marilyn's sister is still in school. 마릴린의 언니는 아직도 학생이다.
ㄴ 학교가 의미하는 상황: 학생 신분

● 영국 영어에서는 at school 이 미국 영어의 in school, 즉 '재학중'을 의미하기도 한다.

보통 때 in을 쓰던 경우도 안팎을 굳이 따지지 않는 덩어리의 개념으로 보고 at으로 쓰는 경우도 있습니다.

I stopped at Hong Kong on the way to Beijing.
나는 베이징에 가는 길에 홍콩에 들렸다.
ㄴ 홍콩을 하나의 '지점'으로 보았기 때문에 at을 사용

arrive의 경우에는 at과 in이 모두 쓰입니다. 역이나 호텔 같이 주로 좁은 장소에서는 at을, 나라나 도시 같은 넓은 장소에 대해서는 in을 씁니다.

Ted arrived at the hotel at 4:00.
테드는 호텔에 4시에 도착했다.

We arrived in Toronto three month ago.
우리는 석 달 전에 토론토에 도착했다.

전치사 at, 이것만 알고 가자

1_ in이나 on을 쓰기에 애매한 상황에 at을 쓴다. 또한 너무 작아서 그 모양을 알 수 없는 '점'의 개념에도 at을 쓴다.

2_ at은 공간 자체보다는 그 공간의 범위를 정하는 '본질'이나 '활동'의 의미를 갖는 경우가 많다. 따라서 장소에 대해 at을 쓰면 그 장소가 대표하는 활동을 하고 있음을 나타내고 in을 쓰면 그 장소가 의미하는 신분이나 상태를 나타낸다.

69 시간 접착제 정리 (1)

English Grammar

in, on, at의 개념을 '시간'에 적용해 봅시다. in은 '틀, 테두리'를 연상하라고 했죠. 틀이 되어 담을 수 있는 것들이 in을 접착제로 씁니다. 일 년이라는 틀 안에 열 두 달이 있고, 한 달이라는 틀에는 30일이 들어 있습니다.

I was born in 1989. 나는 1989년에 태어났다.
He got married in May. 그는 5월에 결혼했다.

실제의 계절은 경계선이 모호하지만 입춘이나 입동 같은 계절을 나누는 절기가 있지요. 그래서 계절에 in을 씁니다.

We go skiing in the winter. 우리는 겨울에 스키를 타러 간다.

영어권에는 입춘과 입동이 없다고요? 우리가 쓰는 절기를 쓰지는 않지만, 그들도 우리의 입춘처럼 봄을 확인하는 날이 있습니다. Groundhog Day라고 하여, 이 날 두더지가 처음으로 바깥 세상에 코를 내밀어보고 봄이라고 판단하면 밖으로 나오고, 그렇지 않으면 다시 굴 속으로 쏙 들어가버린다는 말이 있습니다. 그래서 이 날은 봄을 맞이하는 축제일이기도 합니다.

• 이에 대해 궁금하다면 Groundhog Day라고 하는 영화를 한번 보세요. 우리나라에서는 '사랑의 블랙홀'이라는 좀 오묘한 제목으로 개봉되었습니다.

아침, 점심, 저녁에도 in을 씁니다. 오전과 오후는 12시(noon)를 기준으로 나뉘고, 낮과 저녁은 해가 떨어지는 때(sunset)를 기준으로 하기 때문입니다.

Sydney always goes jogging in the morning.
시드니는 아침이면 항상 조깅을 한다.

Cameron is quite busy in the afternoon.
캐머런은 오후에 좀 바쁘다.

I don't go out in the evening very often.
나는 저녁에는 썩 자주 외출하지 않습니다.

그러나 밤(night)에는 at을 씁니다.

Have you ever looked at the stars at night?
밤에 별을 바라본 적이 있나요?

요일이나 날은 on을 씁니다. 해가 뜨고 지고, 불이 들어오고(on) 꺼지는(off) 가장 '원초적인' 날의 시간 개념에서부터 출발해서 on을 이해하면 됩니다. 많이 헷갈리지만 고맙게도 시간 접착제 on은 자주 생략되기도 합니다.

• morning, afternoon, evening, night에도 요일이 붙으면 on을 씁니다.
Niki arrived (on) Tuesday night.
니키는 화요일 밤에 도착했다.

Some people work (on) Sundays. 어떤 사람들은 일요일에 일한다.
Paula's birthday is (on) June 4th. 폴라의 생일은 6월 4일이다.

미국 영어에서 주말이라고 하면 토요일과 일요일을 의미하며, 이는 날(day)들의 집합이므로 on을 씁니다. 여기서는 on이 생략되지 않습니다.

Sometimes I work on the weekend. 나는 가끔 주말에 일합니다.
└ 미국식 영어

시간에는 at을 씁니다. 정확한 한 순간을 가리키는 눈금, 즉 '점'이라고 봅시다.

See you at eleven then. 그럼 11시에 봅시다.
I have lunch at noon. 나는 낮 12시에 점심을 먹는다.

주의해야 할 것은 next, last, this, every와 같은 말이 오면 in, on, at이 쓰이지 않는다는 것입니다. (Unit 48 참고)

I'm going to Rome next month. 저 다음 달에 로마에 가요.
They got married last year. 그들은 작년에 결혼했다.

지금으로부터 5분 뒤의 지점에 경계선을 그려봅시다. 우리는 in을 자꾸 '~안에'라고 해석하기 때문에, in five minutes라고 하면 우리말 그대로 '5분 안에'라고 생각하게 되는데, 영어는 5분 뒤의 경계선이 감싸는 시간이므로 '5분 뒤'가 되지요.

He will be back in five minutes. 그는 5분 뒤에 올 것입니다.

- 영국 영어에서는 주말을 좀 더 유연하게 보기 때문에 at을 씁니다. 사실 주말에 일하고 평일에 쉬는 사람은, 쉬는 평일이 오히려 주말의 개념에 맞잖아요.
Sometimes I work at the weekend.
↳ 영국식 영어

- in을 무조건 '~안에'라고만 해석하면 안 되는 이유랍니다.

- 우리말대로 '5분 이내에'는 within 5 minutes 라고 할 수 있습니다.

시간 전치사, 이것만 알고 가자

1_ 시간 전치사 in은 년, 월, 계절, 아침/점심/저녁에 쓴다. on은 요일, 주말에 쓴다. at은 한 순간의 점을 나타내는 개념에 쓴다.

70 시간 접착제 정리 (2)

English Grammar

in, on, at 외의 시간 관련 접착제들을 알아봅시다. 영어는 '시간'에 민감하기 때문에 시간을 나타낼 때 쓰는 전치사도 여러 가지가 있습니다. 시간의 처음과 끝에 대해서는 우선 from과 to, until을 생각해볼 수 있습니다. from은 시간이 시작되는 처음 지점을 나타냅니다. to는 from과 함께 쓰이면서 시간이 끝나는 지점을 나타냅니다. to는 혼자서만 쓰이지 않습니다.(from은 가능)

I work from 9 a.m. to 6 p.m. 나는 오전 9시부터 오후 6시까지 일합니다.

to 대신 until을 쓸 수도 있습니다. 단, until은 from 없이 혼자서도 쓸 수 있습니다. 종종 until 대신 till이 쓰이기도 합니다.

I work from 9 a.m. until(= till) 6 p.m.
나는 오전 9시부터 오후 6시까지 일합니다.

I work until(= till) 6 p.m. 나는 오후 6시까지 일합니다.

until은 어느 때까지 어떤 상태나 동작이 계속되는 것을 의미합니다. 그러나 같은 '~까지'라고 해석되어도 by는 어느 때 전까지 뭔가가 이루어지는 것을 말할 때 씁니다. no later than ~의 의미로, '그보다 더 늦지는 않게, 늦어도'라고 이해하면 됩니다. (Unit 18 참고)

● from과 to는 시간뿐 아니라 공간의 시작 지점과 끝 지점을 나타낼 때에도 쓰입니다.

We walked from the park to the station.
우리는 공원부터 역까지 걸었다.

I will be here until 7 o'clock. 나는 7시까지 여기에 있겠어요.
└, 7시까지 계속 집에 있음

I will come home by 7 o'clock. 나는 7시까지는 집에 돌아올 거예요.
└, 7시 전에 집에 돌아 올 것임. 6시 30분이 될 수도 있고 5시가 될 수도 있음. 어쨌든 7시를 넘기기 전에 귀가한다는 의미

until은 뒤에 S+V의 형태가 오기도 합니다. (Unit 77 참조) 또한 by는 the time을 뒤에 써서 S+V가 오게 할 수 있습니다.

Brian kept singing until we stopped him.
브라이언은 우리가 말릴 때까지 노래를 계속했다.

Mom, I won't be here by the time you read this letter.
엄마, 엄마가 이 편지를 읽을 때 쯤이면 난 이미 여기 없을 거예요.

since는 얼핏 from과 같은 '~부터'로 해석되지만, '지금까지 내내'란 의미가 포함되어 있습니다. 과거부터·지금까지의 시간을 아우르다 보니 have p.p.(현재완료)와 잘 쓰입니다. (Unit 11 참조)

We have lived in Seoul since 1999.
우리는 1999년부터 서울에서 살고 있습니다.

• since도 뒤에 S+V가 올 수 있습니다.
I have been happy since I moved here.
여기 이사온 이래 난 계속 행복했어요.

언제부터 언제까지의 기간을 나타낼 때에는 for를 쓸 수 있습니다.

We have lived in Seoul for 10 years.
우리는 10년째 서울에서 살고 있습니다.

• for는 기간의 의미 외에도 이유나 목적을 나타내는 전치사로도 쓰입니다.
I came here for a holiday.
저는 여기에 휴가 목적으로 왔습니다.

'~동안'이라는 의미라도 기간, 행사나 사건을 나타내는 명사가 올 때에는 during을 씁니다. 6 years나 a long time처럼 얼마나 긴 기간인지를 나타내

는 구체적인 시간 표현이 올 때는 for를 쓰고, vacation(휴가), war(전쟁), conversation(대화) 등 기간의 의미를 가진 명사가 올 때는 during을 씁니다. 우리말 해석만을 기준으로 하면 헷갈리기 쉬우므로 주의하세요.

Jacob fell asleep during the movie.
제이콥은 영화가 상영되는 동안 잠들어 버렸다.

Jack watched TV for 3 hours. 잭은 3시간 동안 TV를 시청했다.

시간 전치사, 이것만 알고 가자

1_ from은 시간이 시작되는 처음 지점을 나타내고 to는 from과 함께 쓰이면서 시간이 끝나는 지점을 나타낸다.

2_ until은 어느 때까지 어떤 상태나 동작이 계속되는 것을 의미한다. by는 어느 때 전까지 뭔가가 이루지는 것이라고 말할 때 쓴다.

3_ 기간을 나타낼 때에는 for를 쓰며 for 다음에는 숫자 표현이 온다. '~동안' 이라는 의미라도 기간, 행사나 사건의 명사가 올 때는 during을 쓴다.

71 위치 접착제 정리

English Grammar

in, on, at 외에 다른 위치를 나타내는 전치사들을 살펴봅시다. 아직 좀 남았으니 긴장의 고삐를 늦추지 마세요!

무엇과 나란히 옆에 있을 때 next to를 씁니다.

He wants to sit next to Hermione. 그는 허마이오니 옆에 앉고 싶어한다.

For 24 years I've been living next door to Alice.
24년간 난 앨리스네 옆집에 살아왔어요.
↳ next door는 '옆집'을 의미합니다. Smokie의 노래 Living next door to Alice의 가사

● Hermione는 헤르미온느가 아니라 허마이오니에 가깝게 발음됩니다. 그리스 신화의 메넬라오스와 헬렌의 사이에서 태어난 딸의 이름이기도 합니다.

가까운 위치를 나타내는 전치사는 next to 외에 by와 near도 있습니다. by는 방금 전에도 봤었죠? 시간을 나타내기도 했는데 재주가 많군요.

The castle is by the ocean. 그 성은 바닷가에 있다.
Is the post office near here? 우체국이 여기서 가까운가요?

● near는 '멀지 않은'이라는 뉘앙스를 갖기 때문에 어떤 것의 영역권에 있다는 뉘앙스의 by보다는 먼 느낌을 줍니다.

앞과 뒤는 in front of와 behind로 나타낼 수 있습니다.

I can't sing a song in front of many people.
난 많은 사람들 앞에선 노래할 수 없어요.

There is a big tree behind the house.
그 집 뒤에는 커다란 나무가 한 그루 있다.

서로 마주 보고 있는 경우에는 across from을 씁니다.

* across from 대신 opposite을 쓸 수도 있습니다.

The restaurant is opposite the bookshop.
그 식당은 서점 맞은편에 있다.

We were sitting across from each other.
우리는 서로를 마주보고 앉아 있었다.

The restaurant is across from the bookshop.
그 식당은 서점 맞은편에 있었다.

둘 사이에 위치한 경우에는 between을 써서 표현합니다.

The florist is between Fifth and Sixth.
그 꽃집은 5번 가와 6번 가 사이에 있다.

구분, 분배 등의 개념에서는 셋 이상의 경우에도 쓰일 수 있습니다.

There is only one shower shared between five bedrooms.
다섯 개의 방에 공용으로 쓰는 샤워실이 단 하나뿐이다.

셋 이상의 사이나 중간은 among을 주로 씁니다.

I was standing among those wrestlers.
나는 그 레슬링 선수들 사이에 서 있었다.

뭔가의 주위를 둘러싸고 있는 경우에는 around를 쓸 수 있습니다.

We were sitting around the fire. 우리는 불을 둘러싸고 앉아 있었다.

over와 under는 위 아래, 상하를 나타내는 데에 널리 쓰이는 전치사입니다. over는 특히 움직임을 나타낼 때 많이 쓰이고, above와 below는 수직적으로 위 아래 위치를 나타낼 때 쓰입니다.

There are three bridges over the river.
그 강 위에는 다리가 세 개 있다.

Ivan jumped over the fence. 이반은 울타리를 뛰어 넘었다.

She was sitting under the tree. 그녀는 나무 아래에 앉아 있었다.

The mountain is 1,400 meters above sea level.
그 산은 해발 1400미터이다.

The temperature is below zero. 온도는 영하다.

over와 above는 단순한 물리적 위치 이상의 의미를 표현하는 데 쓰이기도 합니다.

You are talking over my head. 나는 네가 무슨 소릴 하는지 모르겠다.
ㄴ 내 머리로 이해할 수 있는 범위를 넘어서서 이야기하고 있다는 의미

The book is above me. 그 책은 내게 너무 어렵다.
ㄴ 내 수준을 뛰어 넘었다는 의미

beyond는 뭔가의 너머 저쪽을 의미합니다. 어떤 범위를 넘어선 것을 나타내기도 합니다.

What is beyond the bridge? 저 다리 너머엔 뭐가 있나요?
It's beyond description! 그것은 묘사할 수 없을 정도로 멋지다!

위치 전치사, 이것만 알고 가자

1_ 무엇과 나란히 옆에 있을 때는 next to, 가까운 위치를 나타낼 때는 next to, by, near, 앞과 뒤는 in front of와 behind를 쓴다.

2_ 서로 마주 보고 있는 경우에는 across from, 둘 사이에 위치한 경우에는 between, 셋 이상의 사이나 중간은 among을 쓴다.

3_ 뭔가의 주위를 둘러싸고 있는 경우에는 around, 위 아래, 상하를 나타내는 데는 over와 under, 수직적으로 위 아래 위치에는 above와 below를 쓴다.

72 정지 vs 이동

English Grammar

in, on, at 등은 정지되어 있는 위치를 기준으로 한 전치사들이지만, '이동'을 나타내는 전치사도 있습니다. 주로 위치 전치사들의 앞에 오던 명사들도 문맥이 이동의 의미를 나타내면 소위 '이동 전치사'를 씁니다. '이동'의 법칙을 따르게 되는 것이죠. 이동하는 방향이나 목적지를 나타내는 가장 대표적인 전치사는 to입니다.

그런데 나타내고자 하는 것이 '이동'인지는 어떻게 아냐고요? 당연히 문장의 중심 뼈대인 동사를 보면 알 수 있죠. 이동을 나타내는 동사들은 go, run, walk 등 다양합니다. 이를 기존 문법에서 어려운 말로 '왕래발착 동사'라고 하는데, 목숨 걸고 외울 만한 용어는 아닙니다. 중요한 건 문장의 의미에서 이동을 파악하는 것입니다. 좀 더 쉽게 말하면 '가거나 오는' 의미가 있으면 됩니다. 따라서 그냥 껑충껑충 뛰면 이동한 게 아니지만, 껑충껑충 뛰어서 어디론가 가면 이동한 것입니다. 어려울 거 하나 없어요.

● 이동의 의미를 가진 동사
go, come, walk, run, return, fly, swim, jump

They went to Italy last summer. 그들은 지난 여름에 이태리에 갔다.

I walk to work. 나는 걸어서 회사에 갑니다.

The dog swam to the other side of the river.
그 개는 강 반대편으로 수영해서 갔다.

The child was jumping with joy. 그 아이는 신이 나서 깡총깡총 뛰고 있었다.
└ 한자리에 있음. 이동이 아님

The cat jumped to the table. 그 고양이는 탁자로 뛰어 올랐다.
└ 어느 곳에서 탁자로 '이동'

이동의 출발 지점을 나타낼 때에는 from을 쓸 수 있습니다.

I was coming from the library. 나는 도서관에서 오고 있었다.

어느 곳에 도착할 때 테두리나 경계가 있는 공간의 바깥에서 안쪽으로 이동하여 들어오는 경우에는 in이나 into를 쓸 수 있습니다. into는 특히 경계 안으로 들어온 뒤에도 어느 정도 계속 이동이 진행되거나 움직임이 있는 경우에 씁니다.

- 다음과 같이 안에 딱 정해진 자리로 들어가는 경우에는 into를 쓰지 않습니다.
I put the battery in the cassette player. 나는 카세트 플레이어에 건전지를 넣었다.

He came into(in) the room. 그는 방안으로 들어왔다.
The solder dived into(in) the river. 그 군인은 강물 속으로 뛰어들었다.

반대로 안에서 바깥으로 나가는 경우에는 out of를 씁니다.

Get out of here! 여기서 나가!

도착하면서 어떤 표면에 닿게 되는 경우에는 on이나 onto를 씁니다. 반대로 닿아있다가 떨어지게 되는 경우에는 off를 씁니다.

Put your hands on the table. 두 손을 탁자 위에 놓으세요.
Who fell off the cliff? 누가 절벽에서 떨어졌지?

이동에서 위와 아래로의 움직임이 있는 경우에는 up과 down을 써서 표현할 수 있습니다.

Go up the hill. 언덕 위로 올라가세요.
Walk down the street. 그 길을 걸어 내려오세요.

뭔가를 뛰어 넘어서 이동하는 경우에는 over를 씁니다.

Don't climb over the wall. 담을 타 넘지 말아라.

뭔가의 밑으로 이동할 때에는 under를 쓰면 됩니다.

Is it unlucky to walk under the ladder?
사다리 밑으로 걸어가면 재수없나요?

● 서양에서는 사다리 밑으로 지나가면 재수가 없다는 미신이 있습니다.

뭔가를 통과해서 지나간다면 through를 쓸 수 있습니다.

We walked through the tunnel. 우리는 터널을 통과해서 걸어갔다.

뭔가의 안쪽이던 바깥쪽이던 돌아서 간다면 around를 씁니다.

The shop is around the corner. 그 가게는 모퉁이 돌아서 있다.

길이나 강 등을 주욱 따라갈 때에는 along을 쓸 수 있습니다.

I walked along the river. 나는 강 쭈욱 따라 걸었다.

길이나 강 등을 한 쪽에서 다른 쪽으로 가로질러 갈 때에는 across를 씁니다.

The man ran across the street. 그 남자는 길을 뛰어 건너갔다.

무엇인가를 지나쳐 갈 때에는 past를 씁니다.

I think I walked past the coffee shop.
내 생각엔 커피숍을 지나쳐 걸어 온 것 같아요.

이동의 전치사, 이것만 알고 가자

1_ 이동하는 방향이나 목적지는 to, 이동의 출발 지점을 나타내면 from, 경계가 있는 공간의 바깥에서 안쪽으로 이동하여 들어오면 in이나 into, 반대로 안에서 바깥으로 나가면 out of, 표면에 닿게 되면 on이나 onto, 반대로 닿아있다가 떨어지게 되면 off를 쓴다.

2_ 이동에서 위와 아래로의 움직임이 있으면 up과 down, 뛰어 넘어서 이동하면 over, 밑으로 이동하면 under, 통과해서 지나가면 through, 안쪽이던 바깥쪽이던 돌아서 간다면 around, 길이나 강 등을 따라가면 along, 가로질러 가면 across, 옆을 지나쳐 가면 past를 쓴다.

73 힘과 수단

English Grammar

by는 힘의 주체 또는 힘이 미치는 범위를 나타냅니다. 수동태(passive) 문장에서 by를 이용하여 힘을 쓰는 주체를 나타낼 수 있습니다.

My uncle was bitten by a snake when he was in India.
우리 삼촌은 인도에 있을 때 뱀에게 물렸다.

책을 쓴 저자나 그림을 그린 화가, 작곡가 등도 by로 나타냅니다.

***Mona Lisa* by Leonardo Da Vinci.**
레오나르도 다 빈치의 〈모나리자〉

***Harry Potter* series by J. K. Rolling.**
J. K. Rolling의 〈해리포터〉 시리즈

교통수단의 경우에도 by를 써서 나타낼 수 있습니다. 해당 교통수단의 힘을 빌려서 이동한다고 이해하면 됩니다.

Ms. Klein goes to work by bus every day.
클라인 씨는 매일 버스로 출근한다.

I've never traveled by air.
나는 항공으로 여행해 본 적이 한번도 없다.

단 '도보로, 걸어서' 라고 할 때는 on foot이라고 합니다.

Did you go there on foot?
당신은 거길 걸어갔나요?

옆의 그림과 같은 방이 있다고 생각하세요. 창문을 보면 저절로 창가의 탁자까지도 보이게 됩니다. 창문 근처라고 할 수 있는 범위를 by the window가 나타내는 영역이라고 보면 됩니다.

The table is by the window.
탁자는 창문가에 있다.

by는 또한 '폭'을 나타낼 수도 있습니다. 얼마만큼 또는 어디까지 힘을 미쳤는지 보여준다고 이해할 수 있습니다.

The price went up by 50%. 가격이 50%나 올랐다.

수학에서는 곱셈과 나눗셈에서 by를 씁니다.

multiply 6 by 8 → 6 × 8
divide 24 by 3 → 24 ÷ 3

with는 '~와 함께, ~와 더불어' 등 동반의 의미를 나타냅니다. 반대의 의미로는 without을 씁니다.

I'd like my tea with lemon. 제 차엔 레몬을 곁들여 주세요.

I'm looking for a house with a garden.
저는 정원이 딸린 집을 찾고 있어요.

Fish cannot live without water.
물고기는 물 없이 살 수 없다.

He left me without saying good-bye.
그는 안녕이란 말도 없이 나를 떠나버렸다.

● 전치사 다음에 동사가 와야 할 때에는 동사를 명사 형태라 할 수 있는 ~ing로 바꾸어 주면 된다.

도구의 개념에는 by가 아니라 with를 씁니다.

You can open the door with this key. (O)
이 열쇠로 문을 열 수 있다.

You can open the door by this key. (X)

위 문장에서 문을 여는 것은 열쇠(key)가 아니라 you에요. 열쇠는 you가 문을 여는 데 사용하는 '도구' 일 뿐입니다.

힘과 수단의 전치사, 이것만 알고 가자

1_ by는 힘의 주체 또는 힘이 미치는 범위를 나타낸다. 수동태 문장에서 by를 이용하여 힘을 쓰는 주체를 나타낼 수 있다.

2_ by는 책을 쓴 저자나 그림을 그린 화가, 작곡가 등의 주체, 교통수단 등을 나타낼 때 쓰인다.

3_ with는 '~와 함께, ~와 더불어' 등 동반의 의미나 도구를 나타낸다.

74 다양하게 쓰이는 접착제 of

보통 of는 '~의' 로 해석되는 전치사로 알고 있습니다.

Seoul is the capital of Korea. 서울은 대한민국의 수도다.
What is the name of the movie? 그 영화 제목이 뭐지?

그러나 많은 경우에서 of를 '~의'로 해석하면 어색하고 이상합니다. of는 종종 about과 유사하지만 about이 무언가의 주변까지 말한다면, of는 그 자체에 보다 초점을 두는 편입니다.

What do you think about my report?
제 보고서에 대해 어떻게 생각하세요?

I cannot think of the right word for it.
거기에 맞는 단어를 생각해낼 수가 없네.

I dreamed about our future last night.
난 어젯밤 우리의 미래에 대한 꿈을 꾸었어요.
ㄴ 우리의 미래와 그에 관련한 여러 가지를 암시

I dreamed of you last night. 난 어제 당신 꿈을 꾸었어요.
ㄴ 당신이 꿈에 등장했다는 데에 초점이 있음

My favorite photo is of my family and me on my 17th birthday.
내가 가장 좋아하는 사진은 내 17번째 생일에 찍은 내 가족과 나의 사진입니다.

of가 동격을 나타내기도 합니다.

The City of Toronto is the cultural, entertainment and financial capital of Canada.
토론토 시는 캐나다의 문화, 유흥, 재정의 수도다.

'명사+of'의 형태로 하나의 형용사와 같은 역할을 하기도 합니다.

Paris is an angel of a girl. 패리스는 천사 같은 소녀다.
Can I have a glass of water please? 물 한 잔만 마실 수 있을까요?

- 'of+명사' 형태로 쓰이는 경우도 있습니다.
He is a man of many talents.
그는 다양한 재능을 가진 사람이다.

형용사나 명사로 끝나는 표현 바로 뒤에 대상을 나타낼 필요가 있을 때 of가 자주 쓰입니다. 해당 형용사나 명사의 의미대로 '작용하도록' 하는 주체가 of 뒤에 온다고 볼 수도 있습니다.

Alice is afraid of birds. 앨리스는 새를 무서워한다.
↳ Alice를 afraid하게 만드는 것이 birds

Nurses take care of patients. 간호사는 환자를 돌본다.
↳ nurses를 take care하게 만드는 것이 patients

I'm sick and tired of doing the same thing every day.
나는 매일 같은 일을 하는 것에 대해 지겹다.
↳ I를 sick and tired하게 만드는 것이 doing the same thing every day

전치사 of, 이것만 알고 가자
1_ 보통 of는 '~의'로 해석되며, 종종 about과 유사하게 쓰인다.
2_ of는 동격을 나타내기도 하고 '명사+of'의 형태로 형용사 역할을 하기도 한다.
2_ 형용사나 명사의 의미의 주체를 of 뒤에 써서 나타낼 수 있다.

75 우리는 한 몸이다 : 구동사
(Phrasal Verbs)

영어에서 특정 동사 뒤에 특정 전치사가 단골로 붙어다니는 경우가 많습니다. 이러한 '동사+전치사' 꼴은 중간에 대상이 오지 않습니다. 그리고 전치사 뒤에는 명사 형태의 대상이 옵니다(전치사는 명사를 붙이기 위한 접착제니까요).

Are you **waiting for** Mr. Barton? 바튼 씨를 기다리시는 건가요?
What are you **talking about**? 무엇에 대해서 얘기하고 있지?
I'm **looking after** the baby now. 나는 지금 아기를 돌보는 중입니다.
Are you **listening to** me now? 지금 내 말 듣고 있는 거니?
They are **looking at** the stars in the sky. 그들은 하늘의 별을 보고 있다.

• 이런 것을 구동사(phrasal verbs)라고 합니다.

동사와 다른 단어(부사/전치사)와 함께 다니면서 하나의 동사 역할을 하는 경우도 있습니다. 동사에는 대상이 없어도 되는 자동사와 대상이 꼭 와야 하는 타동사가 있듯, 이렇게 한 세트로 움직이는 동사 표현((구동사, phrasal verbs))도 대상이 없어도 되는 것과 반드시 대상이 따라 나와야 하는 것이 있습니다. 먼저 대상이 없는 경우를 봅시다.

What time do you **get up**? 너는 몇 시에 일어나니?
Please, **sit down**. 앉으세요.

My car **broke down** again. 내 차가 또 고장 났다.

Something must have **fallen down**. 틀림없이 뭔가가 떨어진 게야.

Please, **come back**! 제발 돌아와요!

대상이 와야 하는 경우는 다음과 같다.

I don't want to **put on this coat**. 난 이 코트 입고 싶지 않아요.

Sue **took off her shoes** and sat on the floor.
수는 신발을 벗고 바닥에 앉았다.

He **turned down my offer**. 그는 내 제안을 거절했다.

Did you **turn on the television**? 당신이 TV를 켰나요?

Don't forget to **turn off the light** before you go out.
나가기 전에 불 끄는 것 잊지 마세요.

위와 같이 구동사의 대상이 오는 경우, 대상이 동사 바로 다음(부사 앞)에 올 수도 있습니다.

I don't want to **put this coat on**. 난 이 코트 입고 싶지 않아요.

Sue **took her shoes off** and sat on the floor.
수는 신발을 벗고 바닥에 앉았다.

He **turned my offer down**. 그는 내 제안을 거절했다.

Did you **turn the television on**? 당신이 TV를 켰나요?

Don't forget to **turn the light off** before you go out.
나가기 전에 불 끄는 것 잊지 마세요.

대상이 it, them, this, those, you 등과 같은 대명사인 경우에는 반드시 동사 바로 다음에 온다는 점에 유의하세요.

I don't want to put this on. (O)
I don't want to put on this. (X)

Sue took them off and sat on the floor. (O)
Sue took off them and sat on the floor. (X)

He turned it down. (O)
He turned down it. (X)

Did you turn it on? (O)
Did you turn on it? (X)

Don't forget to turn it off before you go out. (O)
Don't forget to turn off it before you go out. (X)

• '동사+부사+전치사'의 경우에 대상이 중간에 비집고 들어갈 수 없습니다. 항상 맨 마지막의 전치사 다음에 대상이 옵니다.

I'm looking forward to it.
난 그걸 정말 학수고대하고 있어요.

'동사+부사+전치사' 의 형태로 세 단어가 함께 다니는 경우도 있습니다. 이때는 대상이 맨 뒤에 따라옵니다.

Do you get on with your sisters? 너는 언니들과 잘 지내니?

I cannot put up with his bad attitude any longer!
난 그의 나쁜 태도를 더 이상 참아줄 수가 없어!

I'm looking forward to hearing from you.
당신으로부터 소식 듣기를 기대합니다.

구동사, 이것만 알고 가자
1_ '동사+전치사' 꼴은 중간에 대상이 올 수 없다.
2_ 대상(목적어)가 대명사일 때 대상(목적어)는 반드시 동사와 전치사 사이에 온다.

CHAPTER 13

문장과 문장의 흐름 –
접속사와 가정법

76. 이어주는 친구들 : and, but, or, etc.
77. 묶어주는 친구들 : when, until, as soon as, etc.
78. 이유와 목적을 밝혀라! : to, for, because, so
79. 그럼에도 불구하고 : although, despite, etc.
80. 더하고 덧붙이고 : in addition, furthermore, etc.
81. when과 친구들
82. 포장지 없이 묶어주기, –ing phrase (분사구문)
83. 두고 보면 알 일이다 (가정법 1)
84. 그저 상상일 뿐 (가정법 2)
85. 타임머신만 있다면… (가정법 3)
86. 다양한 '만약' 표현들 : in case, etc.

76 이어주는 친구들 : and, but, or, etc.

A - Marie stood up. 마리는 일어섰다.
B - She walked away. 그녀는 걸어갔다.

A와 B는 각각 다른 의미를 가진 완전한 문장입니다. 그런데 두 문장을 함께 보니 내용상 연관이 있네요. 이렇게 연결할 수 있습니다.

Marie stood up and (she) walked away.
마리는 일어나더니 걸어가버렸다.

각각 마침표(period)로 끝났던 두 개의 문장이 and로 이어지면서 하나의 마침표로 마무리되는 한 문장이 되었네요. 그러면서 두 문장에서 느껴지던 내용상의 연관성이 문장의 흐름으로 직접 드러나게 되었습니다.

이렇게 문장과 문장을 내용상 논리적인 연관이나 흐름에 맞추어 자연스럽게 이어주는 역할을 하는 것이 '접속사(conjunction)'입니다. 접속사는 문장과 문장뿐 아니라 단어와 단어, 구와 구, 절과 절을 이어주기도 하죠. 접속사에는 위에서 본 것처럼 각각 독립된 문장을 흐름에 따라 이어주는 것도 있으며 (and, but, so 등), 한 문장을 보조하려고 다른 문장을 덧붙일 때 사용하는 것 (when, while, because, as, if 등)이 있습니다.

● 구
동사가 포함되지 않은 여러 단어가 문장에서 한 묶음으로 명사, 형용사나 부사 등의 역할을 하는 것

● 절
S+V 형태의 단어 묶음이 문장 안에서 명사, 형용사, 부사 등의 역할을 하는 것

독립된 문장들을 흐름에 맞추어 이어주는 접속사 and, but, or, so를 먼저 살펴봅시다. and는 앞 문장에 추가되는 내용이나 시간의 흐름에 따라 진행되는 내용을 이어줄 때 쓰입니다.

Johnny looked at me, and I looked at him.
자니는 나를 쳐다봤고 나도 그를 쳐다봤다.

and는 여러 개의 단어나 구/절이나 문장을 열거할 때에도 쓰이죠.

Brenda bought bananas, oranges, and pineapples.
브렌다는 바나나랑 오렌지랑 파인애플을 샀다.

We didn't know what to do, and where to go.
우리는 무엇을 해야 할지도 어디로 가야 할지도 몰랐다.

Becky yelled, Victoria stomped, and Monica cried.
베키는 소리지르고, 빅토리아는 발을 구르고, 모니카는 울었다.

but은 앞 문장의 내용에서 예상하지 못한 상반된 내용이 이어질 때에 주로 쓰입니다.

I love seafood, but I don't like mussels.
난 해물을 좋아하지만 홍합은 안 좋아해요.

but은 '~를 제외하고'의 의미도 있습니다.

Everyone but George agreed with me.
조지만 빼고 모든 사람이 나에게 동의했다.

or는 '또는', '아니면'이라고 해석되는데 앞서 나온 내용 외의 다른 선택 사항이나 가능성을 언급할 때에 쓸 수 있습니다.

Don't be late this time, or I won't see you again.
이번엔 늦지 마. 안 그러면 난 널 다신 안 볼 거라고.

so는 앞 문장의 내용이 원인이 되어 일어난 결과를 이어줄 때 쓸 수 있습니다.

It seemed quite cold outside, so I decided to put on a coat.
바깥은 꽤 추워 보여서 코트를 입기로 했다.

접속사 and/but/or, 이것만 알고 가자

1_ 접속사는 문장과 문장을 내용상 논리적인 연관이나 흐름에 맞추어 두 문장을 자연스럽게 이어주는 역할을 하며 문장과 문장뿐 아니라 단어와 단어, 구절과 구절을 이어준다.

2_ and는 여러 개의 단어나 구/절이나 문장을 열거할 때 쓰고 but은 앞 문장과 상반된 내용이 이어질 때 쓴다. or는 앞서 나온 내용 외의 다른 선택 사항이나 가능성을 언급할 때에 쓰고 so는 앞 문장의 내용이 원인이 되어 일어난 결과를 이어준다.

77 묶어주는 친구들 :
English Grammar
when, until, as soon as, etc.

앞서 말했듯 '접속사'에는 위의 예처럼 문맥에 따라 각각 독립적인 문장을 이어주는 것이 있는가 하면, 한 문장을 보조하기 위해 다른 문장을 덧붙일 때 쓰는 것도 있습니다. 이번에는 중심 문장을 보조하기 위해 다른 문장을 덧붙여주는 접속사들을 알아봅시다.

Let's wait. 기다리자.

위 문장에 좀 더 자세한 내용을 덧붙여봅시다. 예를 들어 '비가 그칠 때까지 기다리자.'라면 '비가 그치다'라는 문장(S+V)을 덧붙이기 위해 접속사를 사용해야겠죠. 이때 '~할 때까지'라는 의미의 접속사 until을 사용할 수 있습니다.

Let's wait until it stops raining. 비가 그칠 때까지 기다리자.

이와 같이 중심 문장에 보조하는 문장을 더하기 위해 쓰는 접속사들은 종류가 많습니다. 예문을 통해 이들을 알아봅시다. and, but 등과 달리 접속사 앞에 콤마(,)가 쓰이지 않는다는 점에 주목하세요.

문장을 이어주는 대표 접착제로 that이 있습니다. 그러나 생략되는 경우가 많아서 있는 건지 없는 건지 모르고 지나갈 때가 많습니다.

● 문장의 중심 S+V를 주절(main clause)이라고 하고 보조하는 의미의 S+V를 종속절(subordinate clause)이라고 합니다.

I think (that) your idea is excellent. 당신 생각은 아주 훌륭한 것 같은데요.
Alison said (that) you were leaving. 앨리슨이 말하길 네가 떠난다던데.

'시간' 과 관련된 접속사들을 살펴봅시다.

Call me when you arrive. 도착하면 전화해.
Think twice before it's too late. 너무 늦기 전에 다시 한번 생각해 보세요.
They had some chat after they tasted the wine.
그들은 그 와인의 맛을 본 뒤 가벼운 잡담을 나누었다.
I'll put these books away as soon as I finish doing my homework. 숙제를 끝내는 대로 이 책들을 제자리에 둘게요.
Mildred made some tea while Fred was repairing the TV.
프레드가 TV를 고치는 동안에 밀드레드는 차를 만들었다.

위 문장들에서 시간과 관련된 접속사 뒤에 오는 문장은 내용이 '미래' 라 하더라도 '현재'로 표현해야 합니다. 미래시제를 쓰지 않고 현재시제를 써야 한다는 것이죠. 시험에도 잘 나오고 실수하기 쉬운 부분이니 신경 써서 봐주세요.

I'll be here until you come back. (O) 당신이 돌아올 때까지 여기 있을게요.
I'll be here until you will come back. (X)

다른 표현들도 살펴볼까요?

I was blessed because I was loved by you.
당신에게 사랑 받았기 때문에 나는 축복받았어요.
└ Celine Dion의 Because you loved me 노래 가사에서
I'm studying English now so that I can work in Canada next year. 내년에 캐나다에서 일하기 위해 저는 지금 영어를 공부하고 있습니다.

When in Rome, do as the Romans do. 로마에서는 로마인이 하는 대로 하라.
ㄴ 속담: 로마에서는 로마법을 따르라.

이렇게 보조하는 역할의 문장이 접속사와 함께 중심 문장 앞에 올 수도 있습니다. 이때에는 콤마(,)가 쓰입니다. 단, so that절은 앞 문장으로 쓰지 못합니다.

When I was a child, I never liked tomatoes.
내가 어렸을 때에는 토마토를 전혀 좋아하지 않았다.

Because Philip was late again, Mr. Jackson got really mad.
필립이 또 늦었기 때문에 잭슨 씨는 몹시 화가 났다.

짝으로 함께 쓰이는 접속사 표현이 문장이나 표현을 이어주는 경우도 있습니다.

● both ~ and ...나 not only ~ but also ...처럼 짝으로 함께 쓰이는 접속사 표현을 '상관접속사'라고 합니다.

Taekwondo is **not only** a martial art **but also** a philosophy of life.
태권도는 단순히 무술일 뿐만 아니라 인생의 철학이기도 하다.

Whether you win the game **or** lose it is not important.
네가 게임에서 이기고 지고는 중요한 게 아니다.

He was **neither** a liar **nor** a lunatic. 그는 거짓말쟁이도 미치광이도 아니었다.

보조 문장 연결 접속사, 이것만 알고 가자

1_ 접속사는 중심 문장을 보조하기 위해 다른 문장을 덧붙일 때 쓰기도 하는데, 이때는 접속사 앞에 콤마(,)가 쓰이지 않는다.

2_ 접속사 that은 생략되는 경우가 많으며, 시간과 관련된 접속사들에는 when, before, after, as soon as, while 등이 있다. 짝으로 쓰이는 접속사 표현 (상관접속사)에는 not only ~ but also, whether ~ or not, neither ~ nor 가 있다.

78 이유와 목적을 밝혀라! : to, for, because, so

English Grammar

문법은 문장을 쉽게 만들기 위해 배우는 것이죠. 문장은 의사소통을 위한 것입니다. 문법의 틀이 아닌 의사소통을 기준으로 그간 이야기해온 접착제들을 정리해봅시다.

I am studying English. 나는 영어를 공부하고 있습니다.

위 문장에 내용을 좀 더 덧붙여 봅시다. 영어를 공부하는 이유와 목적을 나타내 보자구요. 자, '좋은 일자리를 얻기 위해'라는 표현은 어떻게 할까요? get a good job이라는 동사 덩어리를 이어붙이려면 to를 쓰면 됩니다. (Unit 37 참조)

I am studying English to get a good job.
나는 좋은 일자리를 얻기 위해 영어를 공부하고 있습니다.

굳이 '일자리를 얻다'라고 또 다른 동사 형태로 쓰려고 하지 말고 바로 '좋은 일자리'를 목적이나 이유로 하여 문장에 이어붙일 수도 있습니다. 어떻게 하면 될까요? a good job이라는 명사를 이어주는 접착제 전치사 중에서 적당한 것을 찾아보면 되겠네요. 이유나 목적의 내용을 이어주는 전치사는 for입니다.

I am studying English for a good job.
나는 좋은 일자리를 위해서 영어를 공부하고 있습니다.

영어를 왜 공부하냐고 물어서 '좋은 일자리를 얻고 싶기 때문입니다.'라고 말한다면요? S+V를 이어주는 because를 써서 이유를 나타낼 수도 있습니다.

I am studying English because I want to get a good job.
나는 좋은 일자리를 얻고 싶기 때문에 영어를 공부하고 있습니다.

• '~때문에' 또는 '~이므로'의 의미로 이유에 해당하는 내용을 이어주는 접속사에는 since와 as도 있습니다. 다만 since나 as는 듣고/읽고 있는 사람이 이미 알고 있거나 그다지 '이유'를 강조하지 않을 경우에 주로 쓰입니다.

좋은 일자리를 얻고 싶다는 '이유'와 영어를 공부한다는 '결과'를 so로 이어줄 수도 있습니다.

I want to get a good job, so I am studying English.
좋은 일자리를 얻고 싶어요. 그래서 영어를 공부하고 있어요.

so that을 쓸 수도 있습니다.

I am studying English so that I can get a good job.
좋은 일자리를 얻을 수 있기 위해 나는 영어를 공부하고 있어요.
↳ 나는 영어를 공부하고 있습니다. 그래야 좋은 일자리를 얻을 수 있습니다.

논리적인 결과나 결론을 끌어낼 때에는 therefore, consequently, as a result 같은 표현이 쓰이기도 합니다. 이러한 표현들은 부사이므로 두 개의 문장을 하나로 만들어주지는 못하지만(접속사가 아님) 내용적 흐름을 이어주는 역할을 합니다. 문장을 하나로 만들려면 and 등이 함께 쓰여야 합니다.

• 이런 표현들을 '접속부사'라고 한다.

Biking uses lots of muscles and therefore burns a lot of calories.
자전거 타기는 근육을 아주 많이 사용한다. 그렇기 때문에 많은 열량을 소모한다.

접속사를 따로 써 주지 않는 경우, 접속부사는 새 문장을 시작할 때 쓰인다. 즉, 두 문장을 하나로 이어주지 못한다.

He lost his leg in the car accident. Consequently he lost his dream of becoming a soccer player.
그는 교통사고로 다리를 잃었다. 그로 인해 그는 축구선수가 되고자 했던 그의 꿈을 잃고 말았다.

I stopped smoking and started working out. As a result, I feel much healthier now.
나는 담배를 끊고 운동을 시작했다. 그 결과 지금 훨씬 더 건강하게 느껴진다.

그러나 일상적인 대화체 문장에서는 so나 then이 보편적으로 많이 쓰입니다.

• so는 접속사, then은 부사이다.

It was quite warm, so I opened the window wide open.
꽤 덥더라구. 그래서 창문을 활짝 열었지.

A: Hey, we just missed the last bus!
이봐요, 우리 방금 버스 막차를 놓쳤네요.

B: Then let's take a taxi.
그렇다면 택시를 탑시다.

이유와 목적의 접속사, 이것만 알고 가자

1_ 이유를 밝히는 접속사에는 because가 있으며, so 다음에 결과를 써서 원인과 결과를 나타낼 수도 있고 so that 구문으로 목적, 이유를 나타낼 수도 있다.

2_ 의미상 결과를 나타내는 therefore, consequently, as a result 등은 접속사가 아니라 부사이므로 문장과 문장을 연결하지는 않지만 내용상 흐름을 연결한다.

79 그럼에도 불구하고 : although, despite, etc.

English Grammar

이번에는 서로 상반되거나 대조되는 내용을 연결해주는 접착제를 알아봅시다. 앞 문장으로부터 예측하기 힘들거나 상반된 문장이 이어질 때 쓰는 가장 대표적인 접속사는 but입니다.

He loves her, but she doesn't like him at all.
그는 그녀를 사랑하지만 그녀는 그를 전혀 좋아하지 않는다.

but처럼 내용적인 흐름을 이어주는 표현들이 있습니다. however는 ;(semi-colon, 세미콜론)와 함께 쓰면서 but과 같은 '그러나'의 의미로 문장 사이에 쓰이거나 문장의 처음에 쓰일 수 있습니다(접속부사).

Irwin had not practiced tennis enough; however he won the match. 어윈은 테니스 연습을 충분히 하지 않았지만, 경기에서 승리했다.

yet도 nevertheless와 비슷한 의미입니다. '앞의 내용에도 불구하고'의 뉘앙스를 줍니다.

The play was terrible, yet people kept going to the theater to see it. 그 연극은 아주 형편없었음에도 사람들은 관람을 위해 계속 극장을 찾았다.

• nevertheless도 같은 의미로 쓰일 수 있지만 좀 더 formal하며, 역시 문장을 연결해 주지 못하는 접속부사 입니다.

• however는 '아무리 ~해도'나, '어떻게 하건'의 의미로도 쓰입니다.
However you do it, it's not enough.
네가 그것을 어떻게 하건 충분하지 않아.

• although, though보다 even though가 좀 더 강한 느낌

'~에도 불구하고'의 내용을 접속사 even though, although, though를 써서 중심 문장에 더해줄 수도 있습니다.

Even though/Although/Though it was raining hard, I kept walking. 비가 거세게 오고 있었음에도 불구하고 나는 계속 걸었다.

'~에도 불구하고'라고 나타낼 내용이 S+V 형태가 아니라 명사라면 despite나 in spite of를 써서 표현할 수 있습니다. despite와 in spite of는 전치사이므로 문장을 연결할 수 없는 겁니다. 전치사의 성격을 생각하세요.

In spite of/despite the hard rain, I kept walking.
거센 비에도 불구하고 나는 계속 걸었다.

하지만 despite이나 in spite of 뒤에 the fact (that)을 쓰면 S+V 형태가 올 수 있습니다.

Despite/In spite of the fact (that) it was raining hard, I kept walking. 비가 거세게 오고 있었다는 사실에도 불구하고 나는 계속 걸었다.

'한편으로는', '~하는 반면에' 등 한쪽의 내용과 대조되는 또 다른 면의 내용을 동일하게 제시할 때에는 on the other hand, while, whereas 등의 표현이 쓰입니다. 여기서 주의할 것은 on the other hand는 두 문장을 하나의 문장으로 이어주지는 않습니다(접속부사). 두 문장을 하나의 문장으로 이어서 말할 때에는 but 등을 함께 쓰면 됩니다.

Peter was getting better, but on the other hand his brother's cold was getting worse.
피터는 좋아지고 있었지만, 한편 그의 형은 감기가 점점 악화되고 있었다.

반면 while과 whereas는 대조되는 내용의 문장(S+V)을 중심 문장에 덧붙여 줍니다(접속사).

While/Whereas I like to eat out at a restaurant, my wife prefers to eat at home.
나는 식당에 가서 외식하는 것을 좋아하는 반면, 내 아내는 집에서 식사하는 것을 선호합니다.

otherwise는 '만일 그렇지 않다면', '~가 아니라면' 등의 의미로 쓰입니다. 역시 문장을 연결하는 기능이 없는 부사입니다.

I'm glad it has stopped raining. Otherwise, I would go crazy.
비가 그쳐서 다행예요. 안 그랬으면 난 미쳐버렸을 거예요.

- 형태상 문장 연결의 기능이 없는 의미 연결어
  however, nevertheless
- 형태상 문장을 연결하지 않고 명사를 연결하는 연결어
  despite, in spite of
- 형태상 문장을 연결하는 연결어
  although, even though, though, while과 whereas

대조의 접속사, 이것만 알고 가자

1_ but은 상반된 내용의 문장들을 연결하며, 이와 유사한 '~에도 불구하고'라는 의미의 접속사에는 although, even though, though가 있다.

2_ but과 의미는 비슷하지만 문장 연결의 기능이 없는 부사로는 however, nevertheless가 있고, 의미가 비슷한 in spite of, despite는 전치사이다.

80 더하고 덧붙이고 : in addition, furthermore, etc.

앞 문장에 추가되는 문장을 잇는 가장 대표적인 접속사는 and입니다. 시간적인 흐름대로 이어지는 사건이나 상황에서도 쓰일 수 있습니다.

I love him, and he loves me. 나는 그를 사랑하고, 그도 나를 사랑해요.

in addition과 besides도 앞 문장에 추가되는 정보나 내용을 제시할 때 쓸 수 있는 표현입니다. in addition은 보통 문장의 맨 앞에 위치하고, in addition이 붙은 문장은 앞 문장과 이어져 한 문장이 되지는 않습니다. in addition은 접착제 역할을 하지 않는 부사라는 점에 주의하세요. 의미만 접속사와 유사하며, 접속사가 아니므로 문장과 문장을 연결하지 못합니다.

The wind was getting stronger. In addition, it was getting dark. 바람이 점점 강해지고 있었다. 게다가 날마저도 어두워지고 있었다.

in addition 뒤에 to를 써서 뒤에 명사나 -ing 형태가 올 수도 있습니다. 보통 '~에 더해서' 또는 '~말고도' 등으로 해석됩니다.

What should I do to lose weight in addition to swimming?
살을 빼기 위해서 수영말고 또 뭘 해야 할까요?

좀 더 formal한 '게다가'의 의미를 가진 표현으로는 furthermore가 있습니다.

This créme works as a perfect cleanser. Furthermore, it gives natural glow to your dull skin.
이 크림은 완벽한 세안제의 역할을 합니다. 게다가 당신의 칙칙한 피부에 자연스런 광택을 부여합니다.

moreover는 가장 formal한 표현으로 '심지어, 게다가' 정도의 강한 뉘앙스를 갖고 있습니다.

The politician was incapable. Moreover, he was corrupted.
그 정치인은 능력이 없었다. 심지어 게다가 부패하기까지 했다.

besides는 뒤에 명사나 -ing 형태가 오는 전치사로도 쓰이고, in addition과 같이 새로이 뒤따르는 문장의 앞에 오기도 합니다.

Besides jogging every morning Abe plays basketball after work. 아침마다 조깅하는 것 말고도 에이브는 일을 마친 뒤에 농구도 한다.

I don't want to go out this evening. I'm tired. Besides, I have tons of homework.
난 오늘 저녁은 외출하고 싶지 않다. 피곤해. 게다가 숙제도 산더미야.

● 구어체 표현에서는 plus도 종종 쓰입니다.
He's good-looking. Plus, he's rich.
그는 잘생겼을 뿐 아니라 거기에 더해 부자이기까지 하지.

첨가/부연의 표현, 이것만 알고 가자
1_ and와 같이 첨가의 의미를 나타내는 연결어에는 in addition, furthermore, moreover, besides, plus 등이 있다. 이들은 접속사가 아니므로 문장 연결의 기능이 없다.

81 when과 친구들

English Grammar

영어에는 시간을 표현하는 접속사도 많습니다. 가장 대표적인 것은 when으로 '때'를 나타내는 대표적인 표현입니다.

When I was a child, I had a nanny called Miranda.
난 어렸을 때 미란다라는 유모가 있었다.

- when 뒤에 S+have p.p.가 오면, finish의 의미가 더해집니다. 즉, 동사의 내용이 '완료' 되었을 때를 의미합니다.

Can I borrow your book **when** you've read it?
네가 다 읽고 나면 그 책 빌릴 수 있을까?

그럼 이제 when과 그의 친구들을 알아봅시다. 어떤 기준을 전후로 한 때는 before와 after를 써서 표현합니다. before와 after는 뒤에 명사가 오는 전치사이기도 합니다.

- when이나 그의 친구들 뒤에 오는 S+V는 그 내용이 미래라고 해도 will을 쓰지 않는다는 점에 유의하세요. (Unit 76 참조)

Call me **before** you leave. 떠나기 전에 나한테 전화해.
What are you going to do **after** you graduate from college?
대학 졸업한 뒤에 뭐 할 생각이니?

- 뒤에 명사를 쓰려면 while이 아닌 during을 씁니다.

before와 after의 중간, 즉 '~하는 동안에'의 의미로는 while을 쓸 수 있습니다.

Nobody called **while** you're out. 안 계신 동안 전화 온 거 없었어요.

before, after, while 뒤에는 -ing도 올 수 있습니다. 중심 문장의 주어와 이들 뒤에 오는 주어가 같은 경우에 가능합니다.

• 전치사 during 뒤에는 -ing가 오지 않는다는 점에 주의하세요!
Colin fell asleep during watching TV. (X)

I did the dishes before going to bed.
나는 잠자리에 들기 전에 설거지를 했다.
← I did the dishes before I went to bed.

After doing the dishes, I went to bed.
설거지를 하고 나서 나는 잠자리에 들었다.
← After I did the dishes, I went to bed.

Colin fell asleep while watching TV.
콜린은 TV를 보던 중에 잠이 들었다.
← Colin fell asleep while he was watching TV.

'어느 때까지' 어떤 상태나 행동이 지속될 때에는 until을 쓸 수 있습니다. 종종 till이 쓰이기도 합니다.

Mom used to sing a lullaby until/till I was asleep.
엄마는 내가 잠들 때까지 자장가를 불러주시곤 했었다.
ㄴ 우리말로는 똑같이 '~까지'로 해석될 수 있지만, 상태나 행동이 그때까지 지속되는 것이 아니라 그 전까지는 어떤 일이 이루어진다는 의미일 때에는 by the time을 씁니다. (Unit 70 참조)

until과 before는 같은 의미로 쓰일 때도 있습니다.

They didn't say anything until/before he arrived.
그들은 그가 도착할 때까지/도착하기 전에는 한마디도 하지 않았다.

There is only two days left until/before the final exam.
기말고사까지 2일 남았다.

반면 어떤 상태나 사건이 '시작'되는 때에 초점을 맞추어 '~하자마자'의 의미를 표현할 때에는 as soon as를 쓸 수 있습니다.

I want to have something to eat as soon as I get to the hotel.
호텔에 도착하자마자 뭔가 좀 먹고 싶다.

시간의 접속사, 이것만 알고 가자

1_ when은 '~할 때'를 나타내며, before, after는 시간의 전후를, while은 '~동안'을, until/till은 '~까지'를 나타낸다.

82 포장지 없이 묶어주기, -ing phrase
(분사구문)

이제 글재주를 부릴 때가 왔네요. 영어는 어떤 의미를 표현하기 위해 그 의미에 해당하는 단어를 쓸 수도 있지만, 문장 구조로 그것을 표현할 수도 있습니다. '나는 초등학생이다' 라는 말을 하기 위해 꼭 student를 쓰지 않아도 같은 의미를 전달할 수 있습니다. 원래 초등학교에 다닌다는 의미로 현재시제를 써서 I go to elementary school.이라고 할 수도 있고, 초등학교에 속한 상태(status), 즉 학생 신분이란 의미로 전치사 in을 이용해 I'm in elementary school.이라고 할 수도 있습니다. 내일 김씨를 만날 약속이 있냐는 말을 꼭 Do you have an appointment?라고 말하지 않을 수도 있습니다. Are you meeting Mr. Kim?도 가능합니다. 심지어 종종 실제로 대놓고 그 단어가 쓰인 것보다 이렇게 문장 구조로 표현한 문장들이 일상적으로는 더 보편적이기까지 합니다.

중심 문장(주절)에 더해지는 문장, 예를 들어 because S+V나 after S+V 같은 것들을 -ing 형태의 표현으로 바꿀 수 있습니다. 즉, 묶어주는 말 없이도 한덩어리로 묶여진 표현이라고 할 수 있습니다. 예를 들면,

Because I had a terrible cold, I decided not to go to work.
지독한 감기에 걸렸기 때문에 나는 출근하지 않기로 했다.
→ **Having a terrible cold**, I decided not to go to work.

Having으로 시작하는 문장이 좀 더 간결해 보이지 않나요? 영어의 생명인

● -ing가 바로 '(현재)분사입니다. 그래서 이렇게 -ing 형태로 된 표현을 소위 '분사구문'이라고 합니다.

'간결함' 이 반영된 형태입니다. 굳이 because라고 안 해도 그냥 '감기에 걸렸기 때문에'라는 표현이 되는 묘미를 느껴보세요. 아무래도 재주를 부린 문장이다 보니 말보다는 글에서 더 많이 볼 수 있습니다.

-ing로 시작하는 한 묶음의 표현이 나타내는 의미는 문맥에 따라 다양할 수 있습니다. 따라서 문맥에 따라 적절한 의미로 이해하는 센스가 필수! 여러 문장을 접하면서 감각을 다듬도록 하세요.

한 동작이 이루어지는 중에 다른 동작이 일어나는 경우, 보통 시간상 더 오래 이루어지는 동작이 -ing로 표현됩니다.

Michael walked along the street singing loud.
마이클은 큰 소리로 노래를 부르면서 길을 따라 걸었다.

My brother hurt his back working in the garden.
우리 형은 정원에서 일하다가 허리를 다쳤다.

앞 문장에 뒤따르는 결과나 효과를 ~ing로 표현하기도 합니다.

Strong acids are dangerous, causing severe burns.
강한 산은 위험하며, 심한 화상을 일으킵니다.

after의 의미를 함축한 -ing 표현도 가능합니다. 한 동작이 완전히 끝나고 다음 동작이 이어지는 경우에는 having p.p. 형을 쓰고, 짧은 동작과 동작이 바로 이어지는 경우에는 -ing를 씁니다.

Having graded all the tests, the teacher went home.
모든 시험을 채점하고 나서 그 교사는 귀가했다.

Putting the key in to slot, he started the car.
그는 열쇠를 꽂고 차의 시동을 걸었다.

'~때문에', '~이므로' 즉 because나 as의 의미를 함축한 -ing는 보통 문장의 앞에 오는 경우가 많습니다.

Working all day long, she felt extremely tired.
하루 종일 일했기 때문에 그녀는 극도로 피곤함을 느꼈다.

if의 의미가 되기도 합니다.

Used carelessly, slides or other visual aids will distract your audience.
부주의하게 사용한다면 슬라이드나 기타 시각적 보조 자료들은 당신의 관객의 주의를 산만하게 할 것이다.

-ing phrase가 not이 들어간 부정문이면 맨 앞에 not을 써 주면 됩니다.

Not knowing what to do first, the child began to cry.
우선 뭣부터 해야 할지 몰랐기 때문에(because the child did not know what to do first) 그 아이는 울기 시작했다.

be동사 문장은 being으로, have/had p.p. 문장은 having p.p.로 표현하면 됩니다.

Being shy, he hesitated to speak.
그는 수줍었기 때문에(because he was shy) 말하기 머뭇거렸다.

Having already paid the bill, I simply ignored the second bill.
이미 청구서를 지불했기 때문에(because I had already paid the bill) 나는 두 번째 청구서를 간단히 무시해버렸다.

형용사가 뒤따르거나 수동태 문장의 경우 수동태 문장의 경우 being이 생략되어 p.p.가 문장 맨 앞에 오기도 합니다.

(being) Furious, he slammed the door. 화가 나서 그는 문을 쾅 닫았다.

● repellent: 모기나 곤충이 몸에 접근하지 못하도록 하는 제품

(being) Bothered by mosquitoes, he decided to buy a repellent.
모기에 시달려서 그는 모기 쫓는 약을 사기로 했다.

-ing phrase는 기본적으로 그 주어가 중심 문장(주절)의 주어와 동일할 때 씁니다. 만일 중심 문장과 다르다면 -ing phrase의 주어를 앞에 써 줄 수 있습니다. 다만, 이런 경우는 매우 formal하기 때문에 그렇게 자주 쓰이는 편은 아니에요.

All the money having been spent, Gloria had to apply for the loan.
모든 돈이 다 사용되어졌기 때문에 글로리아는 대출을 신청해야 했다.
↳ having been spent의 주어는 all the money이고, had to apply의 주어는 Gloria로 각각 주어가 다르다. 이 문장에서 All the money가 빠지면, 의미가 매우 이상해진다.

보통 상황이 동반된다는 의미에서 -ing phrase의 주어가 with와 함께 오기도 합니다.

With all the family members gathering, the house is festive.
온 가족들이 다 모이니 집안이 축제 분위기다.

분사구문, 이것만 알고 가자

1_ 접속사+S+V의 절을 접속사와 주어를 생략하고 동사에 -ing를 붙여 간단하게 쓴 것이 분사구문이다. 접속사의 의미를 문맥으로 판단할 수 있다.
2_ be동사일 때는 being으로 시작하고, have/had p.p.일 때는 having p.p.로 시작한다.
3_ being이 생략되어 형용사로 시작하거나 수동태일 경우 p.p.로 시작하기도 한다.

English Grammar

83 두고 보면 알 일이다
(가정법 1)

많은 분들이 가정법이 어렵다고 생각하실 겁니다. 그러나 지금까지 영어의 개념을 차곡차곡 다졌다면 이젠 걱정 없습니다. 가정법이 어려운 것은 시제나 조동사 같은 여러 기본 문법 개념들이 종합적으로 더해지다 보니 하나만 부실해도 헷갈리고 어려웠던 거죠. 여러분 심정 잘 압니다. 그런데 지금까지 이 책대로 기본기를 잘 따라 오셨다면 뭐가 걱정이겠어요!

우리말로 보통 '~하면' 정도로 해석되는 문장이면, 대개 if를 떠올립니다. 그러나 우리말로 '~하면/이면'이라고 해서 항상 if를 쓰는 건 아니에요. when도 그렇게 해석될 수 있습니다. if와 헷갈린다고 해서 when이 쓰이는 경우를 가정법 0번이라고 합니다. 0번이니까 사실은 가정법은 아니란 애깁니다. 어쨌든 모양은 대략 이렇습니다.

> When + S(주어) + V(현재시제), S(주어) + V(현재시제) 또는 will V.

if가 쓰이는 가정법 1번은 위의 0번에서 when만 if로 바꾸면 됩니다.

> If + S(주어) + V(현재시제), S(주어) + V(현재시제) 또는 will V.

when이건 if건, 그 뒤에 오는 S+V가 미래에 대한 내용이라고 해도 현재로 표현한다는 점에 유의하시면 됩니다. (Unit 77 참조) when이나 if가 이끄는

• if와 헷갈리지 말라고 when을 대표주자로 했지만, 이 문장틀은 when말고 다른 시간을 나타내는 접속사들에게도 그대로 적용됩니다. 한마디로 'when과 그의 친구들' 용법이라고 할 수 있습니다.

문장이 아닌, 중심 문장(주절)의 동사는 내용에 따라 현재나 미래 형태가 될 수 있습니다. 주로 그럴 것이라는 예상을 나타내는 will이 많이 쓰입니다.

when이 말하는 '~하면'과 if가 말하는 '~하면'의 차이는 바로 '정말로 그럴 것이냐, 아닐 수도 있느냐'를 구분하는 것입니다. when은 정말로 그럴 확률이 아주 높은 경우입니다. 이미 그러기로 했거나 그렇게 되어 있기 때문에 별일이 없는 한 그렇게 된다고 볼 수 있습니다.

James said he would call me this afternoon. When he calls, I will ask him about the meeting.
제임스가 오늘 오후에 전화한다고 했어요. 그가 전화하면 회의에 대해서 물어봐야겠어요.
ㄴ 그가 전화하기로 되어 있음

하지만 if는 그럴지 안 그럴지를 장담할 수 없습니다. 굳이 수치로 말하자면 50%, 반반의 확률입니다. 그럴 수도 그렇지 않을 수도 있다는 얘기죠. 엿장수 마음이 이런 걸까요?

Maybe James will call me this afternoon. If he calls, I will ask him about the meeting.
제임스가 어쩌면 오늘 오후에 전화할지도 모른다. 만일 그가 전화하면 회의에 대해서 물어봐야지.
ㄴ 그가 전화할지 안 할지 모름. 할 수도 안 할 수도 있음

한마디로 가정법 1번의 if는 두고 봐야 아는 것입니다. 중심 문장(I will ask him ~)의 내용은 if의 내용에 따라 실제로 '그럴지 안 그럴지'가 결정되는 것이죠.

If you scratch my back, I'll scratch yours.
네가 내 등을 긁어주면 나도 네 등을 긁어 주겠다.
ㄴ 서로 돕고 살자는 의미의 표현

내용과 상관없이 그럴 것이라면 even if를 씁니다. (Unit 86 참조)

Even if it's only 10 minutes a day, you should exercise.
하루에 단 10분일지라도 운동을 하는 것이 좋다.

when과 if가 이끄는 문장(S+V)은 중심 문장 뒤에 위치할 수 있습니다. 이때에는 콤마(,)를 쓰지 않습니다.

Let's start dinner when Dad arrives.
아빠가 도착하면 저녁식사를 시작합시다.

Lily will be disappointed if you leave without saying anything. 만일 네가 아무 말도 없이 떠난다면 릴리는 실망할 거야.

가정법, 이것만 알고 가자

1_ 가정법 0번: When + S(주어) + V(동사원형), S(주어) + V/will V
2_ 가정법 1번: If + S(주어) + V(동사원형), S(주어) + V/will V
3_ when이건 if건 그 뒤에 오는 S+V가 미래에 대한 내용이라고 해도 현재로 표현한다.
4_ when이 '~하면'의 의미일 때는 정말로 그럴 확률이 아주 높은 경우이다.

84 그저 상상일 뿐
English Grammar
(가정법 2)

가정법 1번이 두고 봐야 아는 상황에 대해서라면, 2번은 두고 볼 것도 없이 그럴 일이 없는 상상이나 불가능한 것에 대해 말하는 가정법입니다.

> If + S(주어) + ~ed, S + would V.

- 동사의 형태가 -ed라서 가정법 2번을 '가정법 과거'라고도 합니다. 하지만 실제 의미는 과거와 상관없기 때문에 권장하고 싶은 용어는 아닙니다.

-ed가 '한 걸음 물러난다'고 말했던 것 기억하세요? (Unit 7 참조) 그 한 걸음이 여기선 시간이 아니라 '현실'에서 물러나 '비현실'로 건너가는 겁니다.

따라서 상황에 따라 진짜로 일어날 수도 있는 예상이 아니기 때문에 1번에서 쓰던 중심 문장의 will도 한 걸음 물러나 would를 씁니다. 그 역시 상상이나 비현실이란 얘기죠.

If I had a boat, I would sail across the Atlantic.
만일 내게 배가 있다면 대서양을 횡단하겠다.
└ 현실은 배가 없음. 따라서 대서양을 횡단할 일도 없음

여기서 말하는 비현실이나 불가능은 어디까지나 '당장에' 그렇다는 것입니다. 먼 훗날에 그런 행동이나 상황 자체가 가능하냐 아니냐를 고려하여 말하는 것이 아니라는 점에 주의하세요.

I don't have any money with me now. **If I had** some money, I **would take** a taxi. (O)
난 지금 수중에 돈이 하나도 없어. 돈이 좀 있다면 택시를 탈 텐데 말이야.
ㄴ, 지금 당장 돈이 없어 택시를 타는 것이 불가능함

I don't have any money with me now. If I have money, I will take a taxi. (X)

if 뒤에 be동사가 오는 경우 주어에 상관없이 were가 종종 쓰입니다. 현대실용영어에선 was를 쓴다고 틀렸다는 것은 아니지만, were를 쓰는 경우가 많기 때문에 were를 쓴 문장에 익숙해지는 것이 좋습니다.

If I were(was) you, I wouldn't do that. 내가 너라면 그러지 않을 거야.
I would buy that jacket **if** it **were**(was) cheaper.
좀 더 가격이 싸다면 재킷을 살 텐데.

중심 문장의 경우 의미에 따라 would 말고 could나 might이 쓰일 수도 있습니다.

If Sheila were taller, she **could** join the basketball team.
쉴라가 키만 컸더라면 농구팀에 들어갈 수 있을 텐데.
I **might** help her if I had time, but I'm too busy.
시간만 있어도 그녀를 도울 수 있을지도 모르는데. 하지만 내가 좀 바빠야지.

가정법 2번은 비현실적인 경우뿐만 아니라 좀 더 예의 바르게 표현하기 위해서도 쓰일 수 있습니다.

I **would be** grateful **if** you **lent** me some money.
제게 돈을 좀 빌려주신다면, 대단히 감사하겠습니다.

• I will be grateful if you lend me some money.
ㄴ, 보다 직접적으로 돈을 빌려달라는 의미로 들림

Chapter 13 접속사와 가정법

• It will be nice if you help us.
ㄴ, 보다 직접적으로 도움을 요청하는 것으로 들림

It would be nice if you helped us. 저희를 도와 주신다면 정말 좋겠습니다.

'비현실'적이고 '불가능'한 일에 대한 아쉬움이나 바램을 나타낼 때에는 wish를 써서 표현할 수 있습니다. If + S + ~ed 형태에서 if를 S + wish로 바꾼 모양이라고 할 수 있습니다.

I wish I were a millionaire. 내가 백만장자라면 좋겠다.
ㄴ, If I were a millionaire, ...

Do you ever wish you could fly?
당신은 한번이라도 날 수 있다면 좋겠다고 바라진 않나요?

if가 이끄는 문장 내용의 '비현실'이나 '불가능'을 강하게 강조할 때에 were to를 쓸 수 있습니다.

If I were to have no friends, my life would be very boring.
내가 만일 친구가 하나도 없다면, 생활이 아주 지루할 것이다.

If Nate were to be promoted, everyone would complain.
네이트가 승진이 되었다간 모두가 불평을 할 것이다.
ㄴ, 네이트가 승진될 일은 절대 없다고 보고 하는 말

가정법, 이것만 알고 가자

1_ 가정법 2번은 두고 볼 것도 없이 그럴 일이 없는 상상이나 불가능한 것에 대해 말하는 가정법이다. If + S(주어) +~ed, S + would V .

2_ If 뒤에 be동사가 오는 경우 주어에 상관없이 were가 종종 쓰인다.

3_ '비현실'적이고 '불가능'한 일에 대한 아쉬움이나 바램을 나타낼 때는 If + S + ~ed 형태에서 if를 S + wish로 바꾼 모양으로 쓸 수 있다.

85 English Grammar
타임머신만 있다면…
(가정법 3)

돌이킬 수 없는 과거에 대해 '만약에…'라고 말하려면 어떻게 할까요? 이미 -ed는 '현실'에서 '비현실' 또는 '가능'에서 '불가능'으로 물러나는 데다 써 버렸는데 거기서 또 한 걸음 물러난다면 어떤 형태를 써야 할까요? 시제에서 배웠었죠. had p.p.를 쓰면 됩니다. (Unit 13 참조)

과거는 돌이킬 수 없으니 '비현실'적이고 현재에서는 어찌해보는 것이 '불가능'합니다. 하지만 만약에 타임머신이 있다면 다시 과거로 되돌아가 어떻게든 다시 돌이켜 보려고 애쓸 수 있지 않을까요? 그래서 가정법 3번은 '타임머신 가정법'으로 이해하면 쉽습니다. 타임머신이 있으면 어떻게 손 써볼 수 있을지도 모르는 것이죠!

타임머신을 타고 돌아가 달라지게 만든 현재의 내용을 담고 있는 중심 문장은 would를 써서 표현합니다. 실제로 그럴 법한 예상이 will이니, 거기서 비현실적으로 한 걸음 물러난 것입니다.

> If + S(주어) + had p.p., S(주어) + would V.

If Arnold had won the match, he would be a millionaire now.
아놀드가 그 경기를 이겼었더라면 그는 지금 백만장자가 되어 있을 텐데.

● if절의 동사 부분에 had p.p.가 쓰였다고 가정법 3번을 '가정법 과거완료'라고도 합니다. 역시 신경 쓸 만한 용어는 아니에요.

If I had not missed the flight, I would be lying on the beach of Hawaii. 내가 비행기만 안 놓쳤었어도 지금 하와이의 해변에서 누워 있을 것입니다.

그런데 타임머신을 타고 돌아가 어찌어찌 애를 써서 달라진 얘기가 지금이 아니라 그대로 과거라면? would 뒤에는 -ed를 쓸 수 없으니 '과거'를 얘기하는 다른 방법인 have p.p.를 써서 표현합니다.

> If + S(주어) + had p.p., S(주어) + would have p.p.

If my grandfather had owned a car, he would have driven across the U.S.
만일 우리 할아버지가 차를 갖고 있었더라면, 미국을 운전으로 횡단하셨을 것입니다.

If I had taken an umbrella with me yesterday, I wouldn't have been wet in the rain.
내가 어제 우산만 가져갔었어도 빗속에 젖지는 않았었을텐데.

타임머신 가정법에서도 의미에 따라 would 대신 could, might 등이 쓰일 수 있습니다.

I could have gone to Harvard if I had gotten better grades.
성적만 좀 더 좋았었어도 난 하버드에 갔었을 거예요.

If they had gotten married, they might have a large family now. 그들이 결혼했었더라면 지금쯤 대가족을 이루고 있을 지도 모르지.

타임머신 가정법 If + S + had p.p.도 wish로 표현할 수 있습니다.

I wish I had known what I do now.
내가 지금 알고 있는 것을 그때도 알았더라면.

I wish I had not read the letter.
그 편지를 읽지 않았었더라면 좋았을 것을.

가정법 문장이 언제나 If+S+V, S+V의 형태를 유지하는 것은 아닙니다. 때로는 if 부분이 생략되기도 합니다.

A: Alex proposed to me. What do you think?
알렉스가 내게 청혼했어. 네 생각은 어때?

B: I would say yes! (나라면) YES라고 말할 거야.
ㄴ if I were you가 생략되었다고 볼 수 있음

You could have called me. 나한테 전화할 수도 있었을 텐데.
ㄴ 당시에 '~했었더라면' 이라는 내용이 생략되었다고 볼 수 있음

타임머신 가정법, 이것만 알고 가자
1_ If + S + had p.p., S + would V
2_ If + S + had p.p., S + would have p.p.

86 다양한 '만약' 표현들 : in case, etc.

'만약에 ~라면'의 가정 또는 조건을 나타내는 표현이 if만 있는 것은 아니랍니다. 좀 더 다양한 가정 또는 조건의 의미를 담은 표현과 문장을 살펴봅시다. in case는 '만약'이라는 가정에 '대비해서'라는 의미를 갖습니다. if와 비교해 봅시다.

Take an umbrella with you in case it rains.
비올 것에 대비해서 우산을 가져가렴.

I'll take an umbrella if it rains.
만일 비가 온다면 우산을 가져 가야지.

'만약'의 상황이 매우 그럴 법 하지는 않지만 백에 하나 천에 하나 그럴지도 모르니 대비한다는 의미로 in case를 강조하여 just in case도 많이 쓰입니다.

* Just in case it rains.는 실제로 비가 오는 것과 상관없이 '만약에 대비해서요, 혹시 '몰라서요'란 의미의 독립적인 표현으로 대화에서 종종 쓰입니다.

Why do you always carry an umbrella with you? It rarely rains here. 왜 우산을 항상 갖고 다니세요? 여긴 비가 잘 안 오는데.

Just in case. 행여라도 비가 올 것에 대비해서요.
↳ just in case it rains.

even if는 '설사 그러하더라도'의 의미입니다. 가정하는 내용의 발생 여부에 상관없이 그렇게 하겠다거나 그렇게 될 것이라는 뜻으로 쓰입니다.

Even if he saves a lot of money, he won't be able to buy a Lamborghini. 그가 돈을 아주 많이 모은다 해도 람보르기니를 살 수는 없을 거야.
ㄴ 돈을 모으는 것과 상관없이 람보르기니를 살 수 없음.

If he saves a lot of money, he will be able to buy a Lamborghini.
그가 돈을 아주 많이 모은다면 람보르기니를 살 수 있을 거야.
ㄴ 돈을 많이 모으냐 안 모으냐에 따라 람보르기니를 사고 말고가 결정됨. 살 가능성이 있음.

as if는 '마치 ~인양, ~인 것처럼'의 의미입니다.

The leaning Tower of Pisa looks **as if** it's going to fall down at any moment. 피사의 사탑은 마치 언제라도 무너질 듯이 보인다.

as if 대신 as though가 쓰이기도 합니다.

The leaning Tower of Pisa looks **as though** it's going to fall down at any moment. 피사의 사탑은 마치 언제라도 무너질 듯이 보인다.

● 구어체 표현에서는 like 도 종종 쓰입니다.
She looked like she was about to faint.
그녀는 금방이라도 기절할 것처럼 보였다.

unless는 except if의 의미로, '가정하는 상황이 아닌 경우'에 일어날 수 있는 상황이나 사건을 말할 때 씁니다.

I won't speak to him **unless** he apologizes first.
걔가 먼저 사과하지 않는다면 난 걔랑 말하지 않을 거야.

only if는 unless와 달리, '오로지 그 가정하에서만' 일어날 수 있는 상황이나 사건을 말할 때 사용합니다.

• as long as도 비슷한 의미로 쓰입니다.
I will be with you as long as you want me.
당신이 원하는 한 나는 당신 곁에 있을 거예요.

Your parents will allow you to go to the party only if you do well on your exams.
너네 부모님은 네가 시험을 잘 봐야지만 파티에 가는 것을 허락하실 거다.

자, 여기서 독해를 할 때 종종 보는 표현들을 살펴 봅시다. provided (that) 또는 providing (that)도 '~라는 조건 하에서'라는 의미를 가집니다.

You are welcome to post any of our articles on your site provided that you include a link to our site.
우리 사이트로의 링크를 포함한다는 조건 하에 귀하의 사이트에 우리의 기사를 얼마든지 게재하셔도 좋습니다.

given (that)도 '~을 고려하면' '~라는 가정 하에'라는 의미의 문어체 표현입니다.

Given that they never brush their teeth, why do animals' teeth nevertheless not decay?
동물들이 절대 이빨을 닦지 않는다는 것을 고려하건대 왜 그들의 이빨은 그럼에도 썩지 않는 것일까요?

'만약' 을 나타내는 표현, 이것만 알고 가자

1_ **in case**는 '대비해서' 이다. in case를 강조하여 **just in case**도 많이 쓰인다.

2_ **even if**는 '설사 그러더라도' 의 의미로, 가정하는 내용의 발생 여부에 상관없이 그렇게 하겠다거나 그렇게 될 것이라는 뜻으로 쓰인다. **as if**(= **as though**)는 '마치 ~인양, ~인 것처럼' 이다.

3_ **unless**는 **except if**의 의미로, '가정하는 상황이 아닌 경우' 에 일어날 수 있는 상황이나 사건을 말할 때 쓴다. **only if**는 **unless**와 달리, '오로지 그 가정 하에서만' 일어날 수 있는 상황이나 사건을 말할 때 사용하며 **as long as**도 비슷한 의미로 쓰인다.

CHAPTER
14

좀 더 세련되게 말하기 –

관계대명사, 관계부사, 도치

87. 형용사가 너무 길다 (Relative Pronoun 관계대명사)
88. 접착제를 잘 골라야 잘 붙는다 (Relative Connectors 접속사)
89. 문장을 업그레이드하라! (Relative Clauses 관계사절 1)
90. 콤마로 추가 설명 (Relative Clauses 관계사절 2)
91. 뒤집고 엎어서 분위기를 전환하자 (Inversion 품사 전환과 도치)

English Grammar

87 형용사가 너무 길다
(Relative Pronoun 관계대명사)

형용사는 명사 앞에 온다는 거 알고 계시죠? 형용사는 명사를 꾸며주는 것이 기본 역할이기 때문에 특별한 접착제 없이 명사 앞에 그대로 붙습니다.

가방: a bag → 큰 가방: a big bag → 큰 노란 가방: a big yellow bag

● 전치사와 전치사가 끌고 오는 명사가 함께 다른 명사를 꾸며주는 역할을 하기 때문에 이것을 '형용사구' 라고 합니다.

명사에 명사를 추가로 붙여주고자 할 때는 의미에 따라 적절한 전치사를 이용하여 명사 뒤에다 연결해주면 됩니다.

끈 달린 큰 노란 가방: **a big yellow bag with a strap**
테이블 위의 큰 노란 가방: **a big yellow bag on the table**

● to V 부분이 역시 형용사처럼 명사를 꾸며주기 때문에 이것도 '형용사구' 입니다.
to부정사의 형용사적 용법이라고 하는 것이 이 경우를 말하는 거죠. 굳이 외워야 할 용어는 아니지만 여기저기 문법책에 많이 나오니 알아두세요.

동사가 명사를 꾸며주기도 합니다. 이럴 때엔 to가 접착제 역할을 합니다.

들고 가야 할 큰 노란 가방: **a big yellow bag to carry**

그러고 보니 명사를 꾸며줄 때 형용사 말고 다른 단어들은 죄다 명사 뒤에 붙고 접착제도 필요합니다. 명사에 명사를 붙여주는 접착제는 전치사이고, 명사에 동사를 붙여주는 접착제는 to입니다. 그렇다면 문장(S+V) 하나가 통째로 명사를 꾸며줄 때는 어떻게 할까요? 예를 들어 '그가 내게 준 끈 달린 큰 노란 가방'은 영어로 어떻게 표현해야 할까요?

a big yellow bag + he gave me the bag

위에서는 두 문장이 +로 연결되어 있지만 실제로 문장을 명사에 붙일 때 쓰는 접착제는 '관계대명사' 입니다. 관계대명사를 써서 꾸밈을 받는 명사 bag 뒤에 문장을 붙여줄 수 있습니다. 가장 대표적인 관계대명사 that을 써서 위 문장을 연결해 볼까요?

the big yellow bag that he gave me

that을 이용하여 원하는 명사 뒤에 붙이고자 하는 문장을 이어주면 됩니다. 그러면서 자연스럽게 겹치는 부분 a bag이 떨어져 나가죠(영어는 경제적!). 좀 더 예를 들어봅시다.

I talked to a girl. 나는 한 소녀와 이야기를 나누었다.
The girl can read palms. 그 소녀는 손금을 볼 줄 안다.
→ **I talked to a girl that can read palms.**
나는 손금을 볼 줄 아는 한 소녀와 이야기를 나누었다.

I saw a movie last night. 나는 어젯밤에 영화를 봤다.
The movie was boring. 그 영화는 지루했다.
→ **The movie that I saw last night was boring.**
내가 어젯밤에 본 영화는 지루했다.

접착제 that이 생략될 수도 있습니다. 관계대명사 뒤에 바로 S+V 형태가 오는 경우에 관계대명사는 투명 접착제가 될 수 있습니다. 목적격 관계대명사라고 하는 것이 바로 이런 경우를 말합니다.

the big yellow bag (that) he gave me 그가 내게 준 큰 노란 가방

The movie (that) I saw last night was boring.
내가 어젯밤에 본 영화는 지루했다.

그러나 관계대명사 뒤에 주어가 겹쳐서 탈락되고 바로 동사가 나올 때는 관계대명사를 생략할 수 없습니다. 주격 관계대명사라고 하는 것이 바로 이런 경우입니다.

I talked to a girl can read palms. (X)
I talked to a girl that can read palms. (O)

관계대명사, 이것만 알고 가자

1_ '문장(S+V)' 하나가 통째로 명사를 꾸며줄 때는 관계대명사를 쓴다.
2_ 관계대명사 뒤에 바로 S+V 형태가 오는 경우에 that은 목적격 관계대명사로, 생략될 수 있다. 주격 관계대명사는 생략할 수 없다.

88 접착제를 잘 골라야 잘 붙는다
(Relative Connectors 접속사)

종이 붙이는 딱풀, 유리 전용 접착제, 나무 전용 본드 등이 있듯 문장을 붙이는 접착제인 관계대명사도 무엇을 붙이냐에 따라 종류가 다양합니다. 용도에 맞는 접착제를 써야 제대로 붙듯이, 관계대명사도 그때그때 제대로 골라야 합니다. 그런데 여기서 중요한 개념을 이해하셔야 합니다. 이 꾸밈을 받는 명사도 중심 문장에 속한 문장 성분이며 이 중심 문장에 명사를 꾸며주는 또 다른 문장을 붙이는 것이죠. 두 문장을 관계대명사로 연결하면서 겹치기 출연하는 뒤의 명사를 빼버리는 거구요.

대표 관계대명사 that은 앞서 말했듯이, 꾸며주려는 명사의 종류에 상관없이 쓰일 수 있습니다.

● 관계대명사 앞의 꾸밈을 받는 명사를 '선행사'라고 합니다.

I talked to a girl that can read palms.
나는 손금을 볼 줄 아는 한 소녀와 이야기를 나누었다.

The movie that I saw last night was boring.
내가 어젯밤 본 영화는 지루했다.

who는 꾸밈을 받는 명사가 사람인 경우에 쓸 수 있습니다.

I talked to a girl who can read palms.
나는 손금을 볼 줄 아는 한 소녀와 이야기를 나누었다.

꾸밈을 받는 사람 명사(겹치는 명사)가 덧붙이는 문장에서 대상(목적어)일 때에는 whom을 쓸 수도 있습니다. 그러나 아주 formal한 경우가 아니면 일반적으로 who를 많이 쓰죠.

The girl is away now. + I love her.
→ The girl who/whom I love is away now.
내가 사랑하는 소녀는 지금 멀리 있습니다.

which는 꾸밈을 받는 명사가 사람이 아닌 경우에 쓸 수 있습니다.

The movie which I saw last night was boring.
내가 어젯밤 본 영화는 지루했어요.

단, the day, they year, the time 등 시간을 나타내는 명사를 꾸며줄 때는 that을 씁니다.

I distinctly remember the day (that) I went to the movies for the first time.
나는 내가 처음으로 영화를 보러 갔던 날을 분명히 기억합니다.

구체적으로 day, year 등의 명사를 밝히지 않고 when으로 말할 수도 있습니다. '때를 나타내는 명사+that'이 합쳐져서 when이 된다고 볼 수 있습니다.

● when did I go to the movies? 라는 질문이 간접화법으로 remember 뒤에 이어진 것으로 볼 수도 있다.

I distinctly remember when I went to the movies for the first time.
나는 내가 처음으로 영화를 보러 갔던 때를 분명히 기억합니다.

구체적으로 무엇인지를 말하지 않고 애매한 것에 대해 말하는 the thing(s) that은 what으로 대신할 수 있습니다.

This is the thing that I've been looking for.
→ This is what I've been looking for.
그 동안 내가 찾았던 것이 바로 이거야.

겹치는 부분이 있으나, '~의'라는 소유격 의미가 더해지는 경우는 whose를 씁니다.

I met someone. + His brother is a movie star.
→ I met someone whose brother is a movie star.
나는 형/남동생이 영화배우인 사람을 만났어요.

whose는 반드시 사람에만 쓰는 것은 아닙니다.

The reporter is going to visit a town. + Its beaches are polluted.
→ The reporter is going to visit a town whose beaches are polluted.
그 기자는 해안이 오염된 한 마을을 방문할 예정입니다.

the reason 뒤에는 that이나 why가 쓰일 수 있습니다. 뒤에 S+V가 오는 경우 the reason과 that/why 둘 다 생략할 수도 있습니다.

The reason (that/why) I sold the car is that I don't use it very often.
내가 차를 판 이유는 그다지 자주 사용하지 않는다는 것입니다.

* 그러나 the way how .... 라고는 하지 않습니다.

the way 뒤에는 that이 쓰이거나, the way that을 합쳐 how로 말할 수 있습니다.

That's the way (that) I did it. = That's how I did it.
그게 내가 한 방법입니다.

관계사의 종류, 이것만 알고 가자

1_ that은 꾸밈을 받는 명사(선행사)에 상관없이 쓰일 수 있으며, 선행사가 사람이고 수식절에서 주어일 때 who, 겹치는 명사가 수식절에서 대상(목적어)일 때에는 whom을 쓰거나 아주 formal한 경우가 아니면 who를 쓴다. which는 앞의 명사가 사람이 아닌 경우에 쓸 수 있다.

2_ the day, they year, the time 등 시간을 나타내는 명사 뒤에는 that을 쓴다.

3_ 구체적이지 않은 애매한 것에 대해서는 what을 쓸 수 있다.

89 문장을 업그레이드하라!
(Relative Clauses 관계사절 1)

관계대명사는 좀 더 복잡하면서 구체적인 내용을 전달할 수 있는 문장을 만들어주는 장치입니다. 일종의 문장 업그레이드 장치죠. 제대로 된 업그레이드를 위해서는 문장에 맞춰 정확한 접착제를 사용하고, 겹치는 부분들을 말끔히 정리해야 합니다. 그러나 정리하지 말아야 할 것까지 정리해서는 안 됩니다. 특히 해석할 때는 잘 드러나지 않지만 필요한 전치사는 꼭 써줘야 합니다.

Who is the man? + Kimberly is dancing with him.
→ Who is the man (who/that) Kimberly is dancing with? (O)
킴벌리가 함께 춤추고 있는 남자는 누구지?
→ Who is the man (who/that) Kimberly is dancing? (X)

I want to buy a mat. + My cat can sleep on the mat.
→ I want to buy a mat (which/that) my cat can sleep on. (O)
내 고양이가 깔고 잘 수 있는 깔개를 하나 사고 싶은데요.
→ I want to buy a mat (which/that) my cat can sleep. (X)

그럼 이제 본격적인 업그레이드에 도전해 봅시다. 업그레이드 문장에서 우선 기억해야 할 것은 더 이상 다목적 접착제 that을 쓰지 말고, 사람 전용 who와 기타 전용 which를 쓰는 것입니다. that은 편리하기는 하지만 업그레이드용은 아닙니다. 앞에서 종종 잊어버리기 쉬운 전치사를 잊지 말자고 했죠. 그런데 문장 뒤에 붙은 전치사가 좀 썰렁해 보이네요. 전치사는 뒤에 명사를 끌고 오는 접착제인데, 이 명사가 겹쳐서 탈락시켰더니 전치사만 남아서 그렇습니다. 이때 이 전치사를 관계대명사 앞으로 끌고 올 수 있습니다.

→ I want to buy a mat **on which** my cat can sleep.
내 고양이가 깔고 잘 수 있는 깔개를 하나 사고 싶은데요.

who 앞에 전치사가 오는 경우 whom으로 쓸 수 있습니다.

→ Who is the man **with whom** Kimberly is dancing?
킴벌리가 함께 춤추고 있는 남자는 누구지?

• whom이 쓰이는 경우는 보통 매우 formal하기 때문에, 말할 때에는 Who is the man who Kimberly is dancing with?라고 합니다. 전치사가 앞에 오는 업그레이드는 formal하거나 문어체(written English)에서 자주 보이는 경우입니다.

• 이때의 where를 관계부사라고 합니다. 관계부사는 쉽게 말하자면 '전치사+관계대명사'라고 할 수 있습니다.

여기서 한 번 더 업그레이드가 가능한 경우가 있습니다. '장소'에 대한 전치사 in이나 at이 which 앞에 오는 경우, 이 둘을 where로 대신할 수 있습니다. 문장이 이루어지고 업그레이드 되는 순서를 차례로 한번 살펴봅시다.

The restaurant was very crowded. + We had lunch at/in the restaurant.
→ The restaurant **which/that** we had lunch at/in was very crowded.
→ The restaurant **at/in which** we had lunch was very crowded.
→ The restaurant **where** we had lunch was very crowded.
우리가 점심을 먹었던 그 식당은 아주 붐볐었다.

where가 쓰인 경우가 가장 간결하고 영어다운 표현이라 그만큼 자주 사용되는 것을 볼 수 있습니다. 잘못된 예의 경우도 시험에서 자주 등장합니다. 유형을 한번 살펴봅시다.

The restaurant which we had lunch was very crowded. (X)
└ 전치사를 안 붙여서 오류

The restaurant at that we had lunch was very crowded. (X)
└ 전치사를 앞으로 보낸 업그레이드 문장에는 that을 쓰지 않으므로 오류

The restaurant at which we had lunch at was very crowded. (X)
└ 전치사를 중복한 오류

The restaurant where we had lunch at was very crowded. (X)
└ where를 쓰면서 전치사를 그대로 두어서 오류

The restaurant at where we had lunch was very crowded. (X)
└ where를 쓰면서 전치사를 그대로 두어서 오류

The restaurant we had lunch was very crowded. (X)
└ where를 생략할 수는 없어서 오류. which를 생략할 수는 있으나 그런 경우 lunch 뒤에 at/in이 탈락되어선 안 됨

'전치사+관계대명사' 또는 관계부사, 이것만 알고 가자

1_ 관계대명사 문장 맨 뒤에 전치사만 남는 경우 전치사를 관계대명사 앞으로 옮겨 준다. that일 때는 그대로 문장 뒤에 둔다.

2_ '장소 전치사+which'는 where로 전환한다.

90 콤마로 추가 설명
English Grammar
(Relative Clauses 관계사절 2)

관계대명사는 더 자세한 설명을 이어붙일 수 있게 해줍니다. 분명하게 딱 집어 주어야 속 시원한 영어적인 특성상, 문법적으로야 문제가 없지만 의미가 모호한 경우에는 관계대명사를 써서 자세한 설명을 덧붙여줄 수 있습니다.

I've read the book. 나 그 책 읽었어.

'그 책'에 대해서 이야기하던 중이라면 문제가 없는 문장입니다. 하지만 밑도 끝도 없이 튀어나온 문장이라면 '불완전'합니다. the book(그 책)이라니 뭔 책? 말하는 사람은 집어서 말하지만 듣는 사람은 그 책이 뭔 책인지 알 길이 없습니다. 그래서 그 책이 무슨 책인지 꼭 집어주는 말을 문장에 더해줄 필요가 있습니다.

I've read the book that you recommended.
나 네가 추천한 그 책 읽었어.

꼭 집어주니 속이 시원하죠? 그러나 꼭 이렇게 '필수'로 더해줘야 하는 말만 붙이지는 않습니다. 문법적으로든 표현상으로든 모자람이 없는 문장이지만, 그냥 좀 더 자세하게 내용을 덧붙이고 싶을 때도 있습니다. 이럴 때에는 콤마(,)가 더해져 추가 설명임을 표시합니다.(물론 말할 때는 구분이 되지 않습니다.)

I've read *Harry Potter*, which you recommended.
나 네가 추천한 〈해리포터〉 읽었어.
↳ I've read *Harry Potter*. 만으로도 충분한 문장입니다.

단, 이렇게 콤마(,)가 쓰인 경우 that은 쓰지 않습니다. which나 who 등 업그레이드용 접착제를 사용하세요.

• 업그레이드용 접착제: which, who, where, whom 등

앞서 나온 명사의 전부 또는 일부에 대한 추가 설명을 붙일 수도 있습니다.

I have four rabbits. Two of them are brown.
나는 네 마리의 토끼가 있습니다. 그 중 두 마리는 갈색입니다.
→ **I have four rabbits, two of which are brown.**
나는 네 마리의 토끼가 있는데, 그 중 두마리는 갈색입니다.

Many people came to the seminar. None of them were late.
많은 사람들이 세미나에 왔다. 그들 중 늦은 사람은 아무도 없었다.
→ **Many people came to the seminar, none of whom were late.**
많은 사람들이 세미나에 왔는데, 그들 중 늦은 사람은 아무도 없었다.

이외에도 all of/neither of/any of/either of/some of/most of/many of/much of/both of/half of/each of 등이 which나 whom과 함께 쓰일 수 있습니다.

Marge has many books, all of which she has read.
마지는 책이 아주 많은데, 그 책들 모두를 다 읽었다.

대명사는 앞서 나온 명사를 대신할 뿐, 문장을 이어주지는 못하지만 관계대명사는 두 문장을 한 문장으로 이어주는 역할을 합니다. 그래서 '관계' 대명사라고 이름에서도 알 수 있잖아요.

I have four rabbits, two of them are brown. (X)
ㄴ 콤마(,)나 them은 문장을 잇지 못함

I have four rabbits. Two of which are brown. (X)
ㄴ which가 이어주는 문장이 없음

I have four rabbits, two of which are brown. (O)

,(콤마) + which는 앞서 나온 문장 전체 내용에 대해 추가로 덧붙이는 말에도 쓸 수 있습니다.

He didn't come. + This is a shame.
→ He didn't come, which was a shame. 그는 오지 않았다, 유감스럽게도.

I finally passed my driver's test. + This means I can drive a car.
→ I finally passed my driver's test, which means I can drive a car.
나는 마침내 운전면허시험에 합격했는데 이는 이제 내가 운전할 수 있다는 의미이다.

,(콤마) + which, 이것만 알고 가자
1_ 관계대명사는 명사에 대한 추가 설명을 덧붙여줄 수 있다.
2_ 콤마가 들어갈 때는 관계대명사 that을 쓰지 않는다.
3_ ,(콤마)+which로 앞의 문장 전체에 대한 추가 설명을 덧붙여줄 수 있다.

91 뒤집고 엎어서 분위기를 전환하자
(Inversion 품사 전환과 도치)

English Grammar

영어는 어순이 중요하다는 말을 많이 들어보셨죠? 영어는 어순만으로도 전달할 수 있는 것이 달라지는 언어이기 때문이랍니다. water는 보통 '물'이라는 의미의 '명사'라고 알고 있죠? 그런데 웬일입니까? water가 동사가 되기도 한다는 사실 아셨나요? 어휘의 의미와 기능은 그렇게 단편적이지 않습니다. 다양한 어휘의 기능을 알아보는 열쇠(key)가 될 수 있는 것 중의 하나가 바로 '어순'입니다. 한 단어가 무조건 명사가 되거나 동사가 되는 것이 아니라, 명사 자리에 들어가서 명사가 되고, 동사 자리에 들어가서 동사가 될 수 있는 것입니다.

I drank some water. 나는 물을 좀 마셨다.

drink라는 동사의 대상이 들어갈 자리이니까, 명사가 와야 하는 자리에 온 water는 '명사'입니다.

Did you water the plants? 식물에 물 줬니?

이번에는 water가 주어 you 다음의 동사 자리에 왔네요. 그러면서 의미도 '물을 주다'가 되었습니다. 이렇게 영어에서 어순은 어휘의 기능을 좌우할 정도로 중요합니다. 어휘의 기능은 유연하게 바뀌지만, 어순은 잘 지켜줘야 제대로 된 문장이 됩니다.

그럼, 어순은 절대로 바꿀 수 없을까요? 아니, 어순도 바뀔 수 있습니다. 그리고 어순이 바뀌면 문장도 바뀝니다. 우리가 이미 잘 알고 쓰고 있는 문장 어순의 변화는 바로 의문문에서 볼 수 있습니다.

They are Canadian. 그들은 캐나다인입니다.
ㄴ S+V

→ **Are they Canadian?** 그들은 캐나다인인가요?
ㄴ V+S

She works hard. 그녀는 열심히 일합니다.
ㄴ S+V

→ **Does she work hard?** 그녀는 열심히 일하나요?
ㄴ V+S

주어와 동사의 위치가 바뀌면서, '~이다'라는 일반 문장(평서문)이 '~인가?'라는 질문(의문문)으로 바뀌었습니다. 어순이 바뀌면서 문장의 성격과 분위기가 바뀐 것입니다. 주어와 동사의 위치가 거꾸로 바뀌었다고 이를 '도치'라고 합니다. 도치는 문장의 어순을 바꿔 문장의 성격과 분위기도 바꿔버리는 것이죠. 도치의 원리는 위에서 본 대로, 그리고 이미 배워서 잘 알고 있는 대로 의문문의 원리를 그대로 적용하면 됩니다.

의문문 외에도 도치가 쓰이는 경우는 강조하기 위해 순서를 바꾼 것입니다. 영어는 중요한 말이 앞에 오기에, 강조하고 싶은 말을 주어와 동사 앞으로 빼서 강조의 느낌을 전달하는 것입니다. 이렇게 뒤에 있어야 할 말을 앞으로 빼면, 강조했다는 의미로 의문문처럼 주어와 동사의 위치가 '도치' 됩니다. 특히 도치는 부정적인 의미를 강조할 때 자주 쓰이죠.

I have never been to Guam. 나는 괌에는 가본 적이 없다.
→ Never have I been to Guam.

I didn't say a single word! 나는 한 마디도 하지 않았어요!
→ Not a single word did I say!

가정법의 if ~ 부분도 도치해서 if를 드러내지 않을 수 있습니다.

If I had known that he was wanted by the police, I would have called immediately.
그가 수배 중인 것을 알았더라면, 나는 즉시 전화했을 겁니다.
→ Had I known that he was wanted by the police, I would have called immediately.

맞장구, 대꾸를 할 때 쓰는 so나 neither 뒤의 어순도 도치됩니다.

A: Heather is a good singer.
　　헤더는 정말 노래를 잘해.
B: So is Miranda.
　　미란다도 그래.

A: I didn't break the window.
　　나는 창문을 깨지 않았어요.
B: Nether did I.
　　나도 그러지 않았어.

주어와 동사 그리고 그 뒤에 보어(대상이 아닌 다른 표현)가 오는 경우도 종종 도치가 이루어집니다.
이때에는 S + V + □ 의 형태가 □ + V + S 의 순서로 도치됩니다.

Blessed are the poor in heart. 마음이 가난한 자는 복이 있나니.
ㄴ 성경 마태복음 5장 3절
← The poor in heart are blessed.

Here comes the sun. 여기 해가 오도다.
ㄴ '해가 뜨도다' 라는 비틀즈의 노래 제목
← The sun comes here.

비교급이나 as 뒤에도 도치가 이루어질 수 있습니다.

• 단, 이때에 주어가 he, she, it 등 대명사인 경우에는 보통 도치를 하지 않는다.

Winnie swam much faster **than did Hannah**.
위니는 해나보다 훨씬 빨리 수영했다.

Jackie was a Catholic, **as was her mother**.
재키는 그녀의 어머니처럼 카톨릭 신자였다.

품사 전환과 도치, 이것만 알고 가자
1_ 단어의 품사와 기능은 문장에서의 자리에 따라 결정된다.
2_ 도치로 문장의 어순이 바뀌면 문장의 성격과 분위기도 바뀌어 평서문이 의문문이 되거나 문장 앞으로 나간 요소의 의미를 강조해줄 수 있다.

> "영문법 콘서트"를 좀 더 편하게 읽을 수 있도록 도와주는
> 기호 설명

- **S** 주어(subject). 문장에서 '…는/가'에 해당하는 부분.
  예 *My mother is a nurse.* 우리 엄마는 간호사야.
- **V** 동사(verb). 문장에서 '…다'에 해당하는 부분. 국어의 '서술어'에 해당
  예 *She is sleeping now.* 그녀는 지금 자고 있어요.
  단어로서의 기능(품사)을 말하기도 한다.
- **S+V** 문장 또는 절(clause)
- **~** 동사 원형 또는 동사의 현재 시제 형태
  예 *I'm going to buy some flowers.* 꽃을 좀 살 생각이야.
  　　He goes to work by bus. 그는 버스로 출근한다.
- **~ing** 동사의 ~ing 형태 또는 현재분사/동명사
  예 *We're going skiing this weekend.* 우린 이번 주말에 스키타러 갈거야.
- **~ed** 동사의 ~ed 형태 또는 과거형
  예 *I talked to the manager yesterday.* 나는 어제 매니저와 이야기를 했다.
  예 *He went to work by subway this morning.* 그는 오늘 아침에는 지하철로 출근했다.
- **p.p.** 동사의 과거분사(past participle) 형태.
  예 *The children have gone to bed.* 애들은 잠자리에 들었어요.
  　　The book was written in English. 그 책은 영어로 쓰였다.
- **N** 명사(noun)
- **adj.** 형용사(adjective)
- **adv.** 부사(adverb)

Foreign Copyright:
Joonwon Lee
Address: 3F, 127, Yanghwa-ro, Mapo-gu, Seoul, Republic of Korea
　　　　 3rd Floor
Telephone: 82-2-3142-4151, 82-10-4624-6629
E-mail: jwlee@cyber.co.kr

박상효의 영문법 콘서트

2010. 4. 5. 1판 1쇄 발행
2016. 8. 25. 1판 5쇄 발행
2018. 6. 5. 개정증보 1판 1쇄 발행
2021. 2. 9. 개정증보 1판 2쇄 발행
2023. 4. 5. 개정증보 1판 3쇄 발행

지은이 | 박상효
펴낸이 | 이종춘
펴낸곳 | [BM] ㈜도서출판 **성안당**

주소 | 04032 서울시 마포구 양화로 127 첨단빌딩 3층(출판기획 R&D 센터)
　　　10881 경기도 파주시 문발로 112 파주 출판 문화도시(제작 및 물류)
전화 | 02) 3142-0036
　　　031) 950-6300
팩스 | 031) 955-0510
등록 | 1973. 2. 1. 제406-2005-000046호
출판사 홈페이지 | www.cyber.co.kr
ISBN | 978-89-315-8251-2 (13740)
정가 | 18,000원

이 책을 만든 사람들

책임 | 최옥현
진행 | 조혜란
본문 디자인 | 김인환
표지 디자인 | 박현정, 박원석
홍보 | 김계향, 유미나, 이준영, 정단비
국제부 | 이선민, 조혜란
마케팅 | 구본철, 차정욱, 오영일, 나진호, 강호묵
마케팅 지원 | 장상범
제작 | 김유석

Copyright © 2010~2023 by Sung An Dang, Inc. All rights reserved.
First edition Printed in Korea.

이 책의 어느 부분도 저작권자나 [BM] ㈜도서출판 **성안당** 발행인의 승인 문서 없이 일부 또는 전부를 사진 복사나 디스크 복사 및 기타 정보 재생 시스템을 비롯하여 현재 알려지거나 향후 발명될 어떤 전기적, 기계적 또는 다른 수단을 통해 복사하거나 재생하거나 이용할 수 없음.

■ 도서 A/S 안내

성안당에서 발행하는 모든 도서는 저자와 출판사, 그리고 독자가 함께 만들어 나갑니다.
좋은 책을 펴내기 위해 많은 노력을 기울이고 있습니다. 혹시라도 내용상의 오류나 오탈자 등이 발견되면 *"좋은 책은 나라의 보배"* 로서 우리 모두가 함께 만들어 간다는 마음으로 연락주시기 바랍니다. 수정 보완하여 더 나은 책이 되도록 최선을 다하겠습니다.
성안당은 늘 독자 여러분들의 소중한 의견을 기다리고 있습니다. 좋은 의견을 보내주시는 분께는 성안당 쇼핑몰의 포인트(3,000포인트)를 적립해 드립니다.
잘못 만들어진 책이나 부록 등이 파손된 경우에는 교환해 드립니다.